Öffentliches Ärgernis?

T V Z

Beiträge zu einer Theologie der Religionen 12

Herausgegeben von Reinhold Bernhardt

In der Reihe «Beiträge zu einer Theologie der Religionen» (BThR) bereits erschienen:

I. Reinhold Bernhardt / Perry Schmidt-Leukel (Hg.): Kriterien interreligiöser Urteilsbildung, 2005.

II. Reinhold Bernhardt: Ende des Dialogs? Die Begegnung der Religionen und ihre theologische Reflexion, 2006.

III. Reinhold Bernhardt / Thomas Kuhn (Hg.): Religionsfreiheit. Schweizerische Perspektiven, 2007.

IV. Uwe Gerber: Wie überlebt das Christentum? Religiöse Erfahrungen und Deutungen im 21. Jahrhundert, 2008.

V. Reinhold Bernhardt / Perry Schmidt-Leukel (Hg.): Multiple religiöse Identität. Aus verschiedenen religiösen Traditionen schöpfen, 2008.

VI. Bernhard Nitsche: Gott – Welt – Mensch. Raimon Panikkars Denken – Paradigma für eine Theologie in interreligiöser Perspektive?, 2008.

VII. Reinhold Bernhardt / Klaus von Stosch (Hg.): Komparative Theologie. Interreligiöse Vergleiche als Weg der Religionstheologie, 2009.

VIII. Mathias Tanner / Felix Müller / Frank Mathwig / Wolfgang Lienemann (Hg): Streit um das Minarett. Zusammenleben in der religiös pluralistischen Gesellschaft, 2009.

IX. Sung Ryul Kim: Gott in und über den Religionen. Auseinandersetzung mit der «pluralistischen Religionstheologie» und das Problem des Synkretismus, 2010.

X. Walter Dietrich / Wolfgang Lienemann (Hg): Religionen, Wahrheitsansprüche, Konflikte. Theologische Perspektiven, 2010.

XI. Reinhold Bernhardt / Perry Schmidt-Leukel (Hg.): Interreligiöse Theologie. Chancen und Probleme, 2013.

Öffentliches Ärgernis?

Moscheebaukonflikte in Deutschland, Österreich und der Schweiz

herausgegeben von
Reinhold Bernhardt und Ernst Fürlinger

T V Z
Theologischer Verlag Zürich

Bibliografische Informationen der Deutschen Nationalbibliothek
Die Deutsche Nationalbibliothek verzeichnet diese Publikation in der Deutschen Nationalbibliografie; detaillierte bibliografische Daten sind im Internet über http://dnb.dnb.de abrufbar.

Umschlaggestaltung
Simone Ackermann, Zürich

Druck
ROSCH-BUCH GmbH, Scheßlitz

ISBN 978-3-290-17780-5

www.tvz-verlag.ch

Inhaltsverzeichnis

II. TEIL
ANALYTISCHE PERSPEKTIVEN

Reinhold Bernhardt / Ernst Fürlinger

Einleitung

Konflikte rund um die Errichtung von Moschee- und Minarettbauten in verschiedenen europäischen Ländern haben in den letzten Jahren an Intensität und Schärfe zugenommen. Den bisherigen Höhepunkt dieser politischen und gesellschaftlichen Auseinandersetzungen bildete die Volksinitiative gegen den Bau von Minaretten in der Schweiz, die im November 2009 von einer Mehrheit der Abstimmenden angenommen und mit der ein Bauverbot für Minarette in der Schweizer Bundesverfassung verankert wurde.

Die Errichtung von Moscheen (mit oder ohne Minarette) bildet einen von mehreren Brennpunkten, in denen sich der schwierige und hoch konfliktive Prozess der Inklusion der muslimischen Bevölkerungsteile in den europäischen Nationalstaaten kristallisiert. Die diesbezüglichen politischen und gesellschaftlichen Aushandlungsprozesse und die unterschiedlichen Positionen dazu werden anhand der Moscheebaukonflikte besonders deutlich sichtbar und greifbar.

Im Neubau repräsentativer, großer, markanter Moscheen bzw. multifunktioneller islamischer Gemeindezentren kommt einerseits der praktische Bedarf an einem Ausbau der religiösen Einrichtungen für die gewachsenen muslimischen Communities zum Ausdruck. Gleichzeitig wird in ihnen physisch manifest, dass eine neue Phase der Integration der ehemaligen Migranten begonnen hat: Während man noch bis in die 1990er Jahre von einer Rückkehr der ehemaligen Arbeitsmigranten ausging, wurde immer deutlicher, dass die «Gastarbeiter» bleiben und zu neuen Bürgerinnen und Bürgern werden würden, die – sofern es sich um praktizierende Muslime handelt – ihre religiöse Praxis im neuen Kontext weiterführen werden. Mit dem Verzicht auf die Rückkehroption kam es zu einem Ausbau der muslimischen Infrastruktur in den jeweiligen europäischen Ländern.

Diese neue Dynamik der Ansiedlung großer muslimischer Bevölkerungsgruppen in Europa fiel mit spezifischen politischen Entwicklungen in der islamischen Welt zusammen: einerseits mit dem Aufstieg islamistischer Parteien und Massenbewegungen in verschiedenen Ländern (u. a. in

Ägypten und der Türkei), andererseits mit den verstärkten Aktivitäten salafistisch-djihadistischer Organisationen ab den 1990er Jahren, vor allem mit den Aktionen der al-Qaida. Seither wird der postmigrantische Integrationsprozess der Muslime in Europa von dieser globalen Konfliktkonstellation überlagert. Die dominierenden Narrative eines «clash of civilizations» und eines wesentlich demokratiefeindlichen Islam, der mit den europäischen Rechtsnormen unvereinbar sei, werden pauschal auf Muslime verschiedener Richtungen und auf die Institutionalisierung des Islam in Europa angewendet. Innerhalb dieses Denkrahmens wird die Errichtung einer muslimischen Infrastruktur als Zeichen einer aggressiven «Islamisierung» interpretiert. Damit verbindet sich die Forderung an die europäischen Regierungen, dieser Entwicklung entgegenzuwirken.

Der Vormarsch des sogenannten «Islamischen Staats» im Sommer 2014 und die jüngsten Terroranschläge mit salafistisch-djihadistischem Hintergrund in Europa haben diese Spannungen weiter verschärft. Inmitten angeheizter politischer Emotionen und oft alarmistischer Einschätzungen – sowohl von nicht-muslimischer als auch von muslimischer Seite – ist es wichtig, das nüchterne Augenmaß nicht zu verlieren. Auf Basis empirischer Forschung in den Jahren 1998 bis 2011 beobachtete der US-amerikanische Forscher Jonathan Laurence – mit dem Vorteil der Distanz – eine zweifache, paradoxe Bewegung in der Politik der europäischen Staaten gegenüber ihren muslimischen Bevölkerungsgruppen:[1] Einerseits werde eine restriktive und assimilative Politikstrategie verfolgt, bei der von verschiedenen europäischen Regierungen u. a. Schächtverbote, Burka- und Kopftuchverbote eingeführt und der Moscheebau eingeschränkt wurde. Andererseits schreite die politische Inklusion der muslimischen Gemeinschaften im gleichen Zeitraum (ca. 1990–2010) schnell voran. Die staatlichen Organe suchten die islamischen Verbände (Councils) als offizielle Ansprechpartner, nationale Islamkonferenzen würden gegründet, islamischer Religionsunterricht an öffentlichen Schulen eingerichtet, Zentren für Islamische Theologie an den Universitäten aufgebaut usw. Wie Laurence mit dem Titel seines Buches betont, handelt es sich dabei um einen Emanzipationsprozess der Muslime in Europa, die von «Gastarbeitern» zu Bürgern geworden sind, einen sozialen Aufstieg vollziehen und ihre Rechte in Anspruch nehmen. In dieser schwankenden

[1] Jonathan Laurence: The Emancipation of Europe's Muslims (Princeton Studies in Muslim Politics), Princeton 2012.

Bewegung eines gleichzeitigen «Vor» und «Zurück» in den Beziehungen zwischen Staat und den islamischen Gemeinschaften in Europa wirken sich die Schwierigkeiten und Unsicherheiten des Inklusionsprozesses aus, der durch den globalen Kontext belastet und gefährdet wird.

Ein aktuelles Beispiel aus Österreich: Auf signifikante Weise wird diese Ambivalenz im Handeln staatlicher Instanzen in der Novelle des Islamgesetzes von 1912 sichtbar, die am 25. Februar 2015 nach einer intensiven öffentlichen Debatte vom österreichischen Parlament mit den Stimmen der Regierungskoalition verabschiedet wurde. Die Novelle, die von der Islamischen Glaubensgemeinschaft in Österreich (IGGiÖ) seit über zehn Jahren angestrebt worden war, enthält bedeutende Fortschritte, was die rechtliche Inklusion und Gleichstellung der Muslime betrifft, u. a. die Verankerung des Rechts auf die religiöse Betreuung von Muslimen im Bundesheer, in Gefängnissen, öffentlichen Krankenhäusern und Pflegeanstalten (§11 Islamgesetz), des Rechts auf die Berücksichtigung der muslimischen Speisevorschriften in diesen Institutionen (§12), des staatlichen Schutzes der islamischen Hauptfeiertage und des Freitagsgebets (§13) sowie des Rechts, islamische Friedhöfe auf Dauer anzulegen (§15). Das Gesetz, das sowohl für die sunnitische wie die alevitische Religionsgesellschaft gültig ist, sieht ebenso die Einrichtung einer islamisch-theologischen Ausbildung an der Universität Wien ab 2016 vor. Gleichzeitig enthält das Gesetz Regelungen, die über das allgemeine Religionsrecht hinausgehen und speziell die islamische Glaubensgemeinschaft betreffen, u. a. das Verbot der Finanzierung muslimischer Organisationen durch das Ausland (§6, 2) sowie die explizite Verpflichtung auf die Einhaltung der staatlichen Normen (§2,2). Diese Bestimmungen wurden von der IGGiÖ als auch von österreichischen Verfassungs- und Menschenrechtsexperten als Ungleichbehandlung der Muslime und als Manifestation eines Generalverdachts ihnen gegenüber kritisiert. Das novellierte Islamgesetz von 2015 zeigt in dieser Gestalt – die einerseits liberale und inklusive, andererseits sicherheitspolitisch motivierte diskriminierende Regelungen miteinander verbindet – die von Laurence beschriebene zweifache Tendenz: zum einen die Erweiterung der religiösen Freiheit für die muslimischen Communities, zum anderen eine stärkere staatliche Kontrolle der muslimischen Religionsausübung.[2]

2 Vgl. Laurence: Emancipation, a. a. O., Kap. 1.

Der vorliegende Band greift einen der Konfliktherde in diesem Spannungsfeld auf: die Auseinandersetzungen, die sich an Moschee- und Minarettbauten entzündet haben. Er beleuchtet diese Konflikte erstmals in einer länderübergreifend vergleichenden Perspektive im Blick auf Deutschland, Österreich und die Schweiz. Dabei werden auch die (religions-)politischen Rahmenbedingungen mit einbezogen.

In dieser vergleichenden Perspektive treten Gemeinsamkeiten und Unterschiede deutlich hervor: In allen drei Ländern dominierte in den 1950er und 1960er Jahren – bis zum Anwerbestopp 1973 – ein bestimmtes Migrationsregime, nämlich ein Rotationsmodell, das den Aufenthalt von Arbeitsmigranten aus dem Ausland strikt befristen, eine Rückkehr der Migranten in ihre Herkunftsländer garantieren und damit eine Integration gezielt verhindern sollte («Gastarbeiter-Modell»). In allen drei Ländern zeigte sich aber, dass dieses Modell undurchführbar war und dass die staatliche Steuerung von Migrationsprozessen an Grenzen stieß. Es kam zu einer ungewollten, ungeplanten und ungesteuerten Einwanderung großer Bevölkerungsgruppen, welche die demographische, politische und ethnisch-religiöse Landschaft dieser Länder deutlich verändert hat. In Österreich setzte die Phase der Errichtung von repräsentativen Moscheeneubauten, d. h. das bauliche Sichtbarwerden des Islam im öffentlichen Raum und die damit verbundenen Widerstände, Debatten und Konflikte etwa 15 Jahre später als in Deutschland ein. Während muslimische Organisationen ab Ende der 1980er Jahre mit dem Bau repräsentativer Moscheen in Deutschland begannen,[3] fing diese Entwicklung in Österreich erst 2006 an, als in Bad Vöslau (Niederösterreich) eine große Moschee in einer «neo-osmanischen» Gestalt mit Kuppel und zwei Minaretten durch die ehemaligen Arbeitsmigranten aus der Türkei errichtet wurde.[4] Auch der Bau von Moscheen in einer zeitgenössischen Architektursprache begann in Österreich später als in Deutschland: ab 2012 mit dem Bau der neuen islamischen Zentren in Graz (Steiermark) und Rankweil (Vorarlberg).

In der Schweiz sind die zwei ältesten Moscheen – die 1963 von der Ahmadiyya-Gemeinschaft in Zürich mit Kuppel und Minarett errichtete Mahmud Moschee und die vom saudischen Königshaus finanzierte, vor allem für Diplomaten vorgesehene Mosquée et Fondation Culturelle Islamique 1978 in Genf – als Neubauten entstanden. Der weitaus größte Teil

---

3 Siehe den Beitrag von Thomas Schmitt in diesem Band.

4 Siehe den Beitrag von Ernst Fürlinger in diesem Band.

der insgesamt ca. 250 Gebetsräume und Moscheen wurde in bereits bestehenden Räumlichkeiten zumeist in Gewerbegebieten untergebracht. Die meisten von ihnen sind von außen kaum als Kultusräume erkennbar. Auch die vereinzelten Neubauten in jüngerer Vergangenheit bedienen sich in ihrer Architektur einer eher zurückhaltenden Formensprache. So wird die 2010–2012 erbaute Moschee in Volketswil im Kanton Zürich lediglich durch die Gestaltung ihrer Frontseite als solche erkennbar.[5] Auf ein Minarett musste nach der Verfassungsänderung im Jahre 2009 verzichtet werden.[6]

Auch wenn sich in allen drei untersuchten Ländern heftige Konflikte rund um Moschee- und Minarettbauten ereigneten, so sind doch Unterschiede im staatlichen, politischen und gesellschaftlichen Umgang damit erkennbar. Während in Deutschland sehr große türkische Moscheen in einer «neo-osmanischen» Architekturform (z. B. in Duisburg und Mannheim) ohne große Widerstände und Protestaktionen errichtet werden konnten, reichte in der Schweiz der Antrag auf einen Minarettaufbau auf einem Dach des türkisch-islamischen Zentrums in Wangen bei Olten im Kanton Solothurn aus, um die Volksinitiative für ein landesweites Minarettbauverbot anzustoßen. Um einzelne Moscheeneubauten gab es allerdings auch in Deutschland heftige lokale Konflikte. In Österreich löste der Plan eines türkischen Moscheevereins in Telfs, ein 30 Meter hohes Minarett neben seinem als Moschee adaptierten Zentrum zu errichten, 2005 eine nationale Islamdebatte aus, die die Bundespolitik erreichte. Bereits fast zwei Jahre vor der Verabschiedung des Minarettbauverbots in der Schweiz wurden im Frühjahr 2008 in zwei österreichischen Bundesländern, Kärnten und Vorarlberg, Novellen der Bauordnung und des Raumplanungsgesetzes durchgeführt, um den Bau von Moscheen, die als solche von außen – etwa durch ein Minarett – erkennbar sind, seitens der Landesregierung verhindern zu können.

Die sichtlich größere Intensität der Widerstände gegen Moschee- und Minarettbauten in Österreich und der Schweiz – trotz der gesetzlichen Anerkennung und der Gleichstellung des Islam in Österreich – hat nicht zuletzt mit Unterschieden in der politischen Kultur in diesen Ländern zu tun, vor allem mit der Stärke rechtspopulistischer Parteien, ihrer Beteili-

5 http://sizv.ch/das-zentrum [10.03.15].

6 Siehe den Beitrag von Martin Baumann in diesem Band.

gung an der Regierungsmacht und ihrem Einfluss auf die öffentlichen Debatten. Im Vergleich der drei deutschsprachigen Länder wurde gleichzeitig deutlich, dass eine Betrachtung der Konflikte allein im nationalstaatlichen Rahmen nicht ausreicht, sondern die Dynamik transnationaler Verflechtungen und Austauschprozesse zu berücksichtigen ist. So haben sich etwa die Aktivitäten der FPÖ in Österreich und der SVP in der Schweiz zum Thema Islam, Moschee und Minarett über die Ländergrenzen hinaus gegenseitig beeinflusst und bestärkt.

Zu den Beiträgen und zur Gliederung des Bandes:

Zum Einstieg in die Thematik stellt Nikola Tietze (Hamburg/Paris) die drei Phasen der politischen und rechtlichen Inklusion der muslimischen Bevölkerungsgruppen am Beispiel von Deutschland dar: eine Phase der «religionspolitischen Ignoranz» seitens staatlicher Akteure, in der die Arbeitsmigranten aus der Türkei als türkische «Gastarbeiter» auf Zeit betrachtet wurden; eine Phase «religionspolitischer Differenzierung», in der die islamische Glaubenspraxis der Migranten zum Thema wurde; und die Phase «religionspolitischer Inklusion», in der der Staat mit einer gezielten Integrationspolitik gegenüber muslimischen Organisationen gestaltend auftritt. Damit ist der historische und institutionelle Kontext für die Institutionalisierung des Islam – einschließlich des Moscheebaus – in seiner Entwicklungsdynamik skizziert.

Es folgen zwei große Abschnitte: Im ersten Teil werden die historische Entwicklung und die gegenwärtige Situation des Moscheebaus und der damit verbundenen Konfliktlandschaften aus einer empirisch-deskriptiven Perspektive für die drei Länder Deutschland, Österreich und die Schweiz dargestellt. Alle drei Beiträge basieren auf empirischen Forschungen zu diesem Thema, die innerhalb unterschiedlicher Disziplinen durchgeführt wurden: Religionswissenschaft (Ernst Fürlinger, Wien; Martin Baumann, Luzern) und Geographie (Thomas Schmitt, Erlangen-Nürnberg). Die Darstellung der Situation in der Schweiz wird durch einen Beitrag von Rifa'at Lenzin (Zürich) aus muslimischer Sicht ergänzt. In den Beitrag von Farid Hafez fließen Ergebnisse seiner diskursanalytischen Untersuchungen zu politischen Moscheebaudebatten in Österreich ein.

Der zweite Teil des Bandes bietet analytische Perspektiven unterschiedlicher Disziplinen und Theorieansätze bezüglich der Konflikte rund um die Errichtung von muslimischen Sakralbauten. Die Religionswissenschaftlerin Gerdien Jonker (Berlin) stellt diskursive Motive und Bilder aus den gegenwärtigen Moscheebaukonflikten in den Kontext historischer Narrative zum Islam, die seit dem europäischen Mittelalter und der Neuzeit entwickelt und tradiert wurden. Sie kann so die *longue durée* von spezifischen Alteritätskonstruktionen, hinsichtlich der Repräsentation des Islam im kollektiven Gedächtnis, aufweisen. Jonker erinnert zugleich an gegenläufige Erfahrungen in den Beziehungen zwischen Europa und der islamischen Welt, die durch die gegenwärtige Konfliktgeschichte verschüttet sind – nämlich an den kosmopolitischen Austausch in der Phase zwischen 1880 und der NS-Zeit, in der Städte wie Berlin und Wien zu wichtigen Zentren für muslimische Intellektuelle und Eliten aus verschiedenen Ländern wurden, in denen sich in einem Klima des Aufbruchs und des Experiments vielfältige Beziehungen, Freundschaften und gegenseitige Anregungen entwickelten.

Die Historikerin Yasemin Shooman (Berlin) analysiert die Entwicklung, Motive und Strategien antimuslimischer Diskurse aus einer rassismustheoretischen Perspektive und zeichnet u. a. die wissenschaftliche Debatte rund um den «Islamophobie»-Begriff nach. Sie bezieht dabei auch die jüngsten Entwicklungen rund um die «Pegida»-Demonstrationen ab Oktober 2014 in Dresden ein, einer Protestbewegung, die rasch auch in anderen deutschen Städten und europäischen Ländern aufflammte. Mit ihrem Beitrag stellt Shooman das Phänomen des antimuslimischen Rassismus als wesentlichen Kontext der Konflikte rund um islamische Symbole im öffentlichen Raum (wie die Moschee mit Minarett) in den Vordergrund.

Im Beitrag von Reinhold Bernhardt (Basel) wird – ausgehend von einem Rückblick auf den emotional aufgeladenen Minarettbauverbots-Diskurs im Jahre 2009 nach der Rolle der Kirchen in dieser Auseinandersetzung gefragt. Während sich die Leitungen der römisch-katholischen und der reformierten Kirchen klar gegen die Initiative ausgesprochen haben, votierten die Kirchenmitglieder zu einem Prozentsatz, der über das nationale Abstimmungsergebnis hinausging, dafür. In der Analyse des Diskurses zeigte sich, dass nicht Erfahrungen mit Muslimen vor Ort, sondern diffuse Ängste vor «dem Islam» dabei leitend waren. Die Diskussion um das Minarett wurde von Anfang an als eine allgemeine Islamdebatte geführt. Der Beitrag schließt mit theologischen Überlegungen zur Deutung des Minaretts, der Moschee und des Islam.

Abschließend stellt die Philosophin Isolde Charim (Wien) die Auseinandersetzungen rund um die muslimische Präsenz und deren Sichtbarwerden in Form von Religionsbauten in einen größeren politisch-philosophischen Zusammenhang: Wie muss die Verbindung von Demokratie und Nation so weiter gedacht werden, dass der staatliche, politische und gesellschaftliche Umgang mit ethnisch-religiöser Pluralität dem normativen Kern der Demokratie entspricht? Ihre zentrale Pointe dabei ist – mit Claude Lefort –, dass der Ort der Macht in der Demokratie leer ist und von keiner Instanz dauerhaft vereinnahmt werden darf. Es ist dieser offene, neutrale, öffentliche Raum, in dem Fragen von Zugehörigkeit und Ausschluss verhandelt werden. Am Ende ihres Beitrags präsentiert sie eine überraschende Metapher für demokratische Öffentlichkeiten im 21. Jahrhundert, die mit einer gestiegenen Komplexität unterschiedlicher Weltanschauungen, Identitäten und Bekenntnisse umzugehen haben: die urbane «Begegnungszone», in der der Straßenverkehr nicht durch eine zentrale Machtinstanz geregelt ist, sondern sich selbständig durch die notwendige erhöhte Achtsamkeit für die Anderen regelt und auf diese Weise Zusammenstöße zwischen den verschiedenen Verkehrsteilnehmern (Autos, Radfahrer, Fußgänger) verhindert.

In komplexen pluralen und offenen Gesellschaften, die von ökonomischer Unsicherheit erfasst sind und die von globalen politischen Konfliktlagen affiziert werden, wird das Potential für Spannungen und Konflikte in den Machtverhältnissen zwischen Bevölkerungsgruppen eher ansteigen. Die konfliktfreie Begegnungszone, in der die Verschiedenen einander nicht stören, ist ein Bild, von dem unsere Realität in den postmigrantischen Gesellschaften weit entfernt ist. Doch es bietet einen Zielpunkt, der – selbst wenn er eine Utopie sein und bleiben sollte – dem Aushandeln der Konflikte eine Richtung geben könnte. Die Herausgeber wünschen sich, dass dieser Sammelband einen bescheidenen Beitrag dazu leistet, indem er zu einem besseren Verständnis der komplexen Konfliktdynamik rund um Moscheebauprojekte verhilft und damit eine «Kultur des genauen Hinsehens» (Werner Schiffauer) auf Phänomene in den Einwanderungsgesellschaften fördert.

Der Band geht auf eine internationale Tagung zurück, die vom Lehrstuhl für Systematische Theologie / Dogmatik der Theologischen Fakultät der Universität Basel und dem Department Migration und Globalisierung der Donau-Universität Krems gemeinsam vom 23.–25. Mai 2014 in Augst bei Basel durchgeführt wurde. Diese Tagung wurde mit Mitteln des «Schweizerischen Nationalfonds» (SNF) und der «Freiwilligen Akademischen Gesellschaft» (FAG), Basel, gefördert. Die FAG leistete auch einen Beitrag zu den Publikationskosten, ebenso wie die Reformierten Kirchen Bern-Jura-Solothurn und die Lang-Stiftung. Den genannten Institutionen sei für ihre Hilfe herzlich gedankt. Ebenso danken wir allen Referierenden, die an der Tagung und der Erstellung dieser Publikation mitgewirkt haben. Zu danken haben wir zudem Dr. Christian Mack für die Erstellung der Druckvorlage und Frau Christine Forster und Frau Lisa Briner für die editorische Betreuung des Bandes.

SCHWEIZERISCHER NATIONALFONDS
ZUR FÖRDERUNG DER WISSENSCHAFTLICHEN FORSCHUNG

Freiwillige Akademische
Gesellschaft Basel

Reformierte Kirchen
Bern-Jura-Solothurn
Eglises réformées
Berne-Jura-Soleure

In den folgenden Beiträgen wechselt die Schreibweise von ß/ss zwischen deutscher und schweizerischer Rechtschreibung. Wir haben bewusst auf eine Vereinheitlichung verzichtet.

Nikola Tietze

Phasen der politischen und rechtlichen Inklusion von Muslimen. Der historisch-institutionelle Kontext der Moscheebaukonflikte am Beispiel von Deutschland

In den Moscheebaukonflikten, die im deutschsprachigen und europäischen Raum in jüngster Vergangenheit zu leidenschaftlichen Debatten und nicht selten zu hasserfüllten Auseinandersetzungen geführt haben, überlagern und bedingen sich zwei Konfliktfelder: zum einen das sozialstrukturelle Konfliktfeld der Einwanderung und zum anderen das religionspolitische Konfliktfeld der Inklusion islamischer Religionsausübung in die jeweiligen nationalstaatlichen Institutionenordnungen.[1] Beide Konfliktfelder gehen in Deutschland, Österreich und der Schweiz u. a. aus Prozessen hervor, die die Erwartungen und Bedürfnisse der Einwanderer und ihrer Kinder wie auch diejenigen ihrer nicht-eingewanderten Arbeitskollegen und Arbeitgeber, Nachbarn und Konkurrenten auf dem Ausbildungs- sowie Arbeitsmarkt seit dem Beginn der Anwerbung ausländischer Arbeitnehmer und Arbeitnehmerinnen seit den 1950er und 1960er Jahren durchlaufen haben. Zugleich gründen sie in den Entwicklungen der Versuche der jeweiligen Nationalstaaten, die gesellschaftlichen – u. a. aufgrund der Einwanderung sich wandelnden – Handlungszusammenhänge zu ordnen.

Der folgende Beitrag geht diesen Prozessen und Entwicklungen in Deutschland nach. In dieser Hinsicht nimmt er die Momente und die Themen in den Blick, die muslimische Einwanderer und ihre Kinder oder die Vertreter der deutschen Staats- und Verwaltungspolitik als Probleme in Bezug auf die Teilhabe an den gesellschaftlichen Handlungszusammen-

[1] Unter Religionspolitik wird die Politik verstanden, mit der der Staat die religiösen Bedürfnisse in den gesellschaftlichen Beziehungen adressiert. Religionspolitik ist ein Aspekt der Wohlfahrtsstaatlichkeit und beruht auf Individualrechten, Gesetzgebung und institutionalisierten Verfahren und auf Kategorien, die festlegen, ab wann und unter welchen Umständen eine Gruppe, eine Handlung oder ein Interesse als religiös eingeordnet wird.

hängen oder in Bezug auf die nationalstaatliche Ordnung identifiziert haben. Die Interessen, Erwartungen und Bedürfnisse nicht-eingewanderter Arbeitnehmer, Unternehmer, Nachbarn und Konkurrenten auf dem Ausbildungs- sowie Arbeitsmarkt werden im Folgenden nicht berücksichtigt, obgleich diese in den Auseinandersetzungen zwischen Einwanderern, ihren Kindern und Vertretern deutscher Staats- und Verwaltungspolitik für die jeweilige Konfliktbearbeitung ausschlaggebend sind, ja mitunter die konkreten Konflikte generieren. Doch liegt der Schwerpunkt dieses Beitrags auf den Bedeutungsverschiebungen, die die konkreten Konflikte in den beiden sich überlagernden Konfliktfeldern sichtbar machen oder einleiten. Im Vordergrund stehen dabei die sich wandelnden Bedeutungen, die dem nationalstaatlichen Territorium wie auch die Rechte und Verfahren in den beiden Konfliktfeldern zugeordnet werden.[2] Die Bedeutungsverschiebungen verändern – so die These – die Handlungsorientierungen von Einwanderern und ihren Kindern wie von Staats- und Verwaltungspolitik und werden durch die sich wandelnden Handlungsorientierungen produziert.

Im Hinblick auf die empirisch und in der sozialwissenschaftlichen Literatur zum Thema Immigration auszumachenden Bedeutungsverschiebungen ist der Blick auf die Entwicklung der beiden Konfliktfelder Einwanderung und Religionspolitik in drei analytisch unterschiedene Phasen gegliedert: 1. eine Phase religionspolitischer Ignoranz, 2. eine Phase religionspolitischer Differenzierung und 3. eine Phase religionspolitischer Inklusion.[3] Jede Phase generiert eine spezifische Art und Weise, Probleme zu thematisieren und Auseinandersetzungen zu führen.

---

[2] Das nationalstaatliche Territorium ist für die Staats- und Verwaltungspolitik eine zentrale Kategorie, um die gesellschaftlichen Handlungszusammenhänge, die mit der Einwanderung verbunden sind, zu ordnen. Rechte sowie Verfahren wiederum sind zentrale Ordnungskategorien für die staatliche Religionspolitik, die die Trennung zwischen Staat und Religionsgemeinschaften gewährleistet und das Verhältnis beider zueinander reguliert.

[3] Die Unterscheidung der Phasen beruht auf einer durchgeführten Forschungsarbeit zu Zugehörigkeitskonstruktionen von Muslimen, Kabylen und Palästinensern in Deutschland und Frankreich, vgl. Nikola Tietze: Imaginierte Gemeinschaft. Zugehörigkeiten und Kritik in der europäischen Einwanderungsgesellschaft, Hamburg 2012, 245–342.

1. Phase religionspolitischer Ignoranz

In Deutschland ist die Einwanderung, die mit der Anwerbung ausländischer Arbeiter und Arbeiterinnen Ende der 1950er beziehungsweise Anfang der 1960er Jahre begann, zunächst einmal weder unter religionspolitischen noch unter einwanderungspolitischen Gesichtspunkten wahrgenommen worden. Die deutschen Staats- und Verwaltungsvertreter betrachteten die Personen, die vor allem in der Türkei, aber auch in Jugoslawien, Tunesien oder Marokko angeworben worden waren, gewissermaßen als Zeitarbeitnehmer und verbanden ihre Präsenz mit ökonomischen Erwartungen im Hinblick auf die Produktionssteigerung in der Bundesrepublik. Die Bezeichnung der ausländischen Arbeitnehmer und Arbeitnehmerinnen als sogenannte Gastarbeiter betont dieses Verständnis. Staats- und verwaltungspolitisch gesehen, ging es in der Bundesrepublik darum, den vorübergehenden Arbeitsaufenthalt von Türken, Jugoslawen, Tunesiern oder Marokkanern zu organisieren. In den Augen der bundesrepublikanischen Staats- und Verwaltungsvertreter handelte es sich um eine soziale Gruppe mit spezifischen Problemen: zum Beispiel in Bezug auf Unterbringung, Gesundheit und Arbeitsorganisation, aber nicht im Hinblick auf Religionsausübung.

In diesem Kontext stießen die Forderungen, die die ausländischen muslimischen Arbeitskräfte für ihre Religionspraxis stellten, kaum auf Ablehnung. Im Gegenteil, staatliche Aufsichtsbehörden oder auch private Arbeitgeber kamen den zum Ausdruck gebrachten religionspraktischen Bedürfnissen entgegen, um den sozialen Frieden im Wohnheim oder am Arbeitsplatz zu sichern. Als vorübergehend betrachtet, implizierte der Arbeitsaufenthalt der Türken keine Angehörigkeit zum nationalstaatlichen Territorium und insofern keine religionsrechtlichen Ansprüche. Doch sahen deutsche Staats- und Verwaltungsvertreter wie im Übrigen auch die Arbeitgeber oder Anwerbeagenturen in der islamischen Religionspraxis eine deutliche Bestätigung des ausländischen Status der angeworbenen Arbeiter und Arbeiterinnen. Einzelnen religionspraktischen Forderungen entgegenzukommen, stellte insofern ein Mittel dar, die angeworbenen Arbeiter und Arbeiterinnen in ihrer Bindung an eine als fremd wahrgenommene Kultur zu bekräftigen. Die islamische Religionspraxis bestätigte in den Augen der deutschen Staats- und Verwaltungsvertreter die Prämisse der deutschen Anwerbungspolitik – nämlich, dass die angeworbenen Arbeitskräfte in ihre Herkunftsländer zurückkehren würden. Angesichts dieser Prämisse bestand kein religionspolitischer innerstaatlicher Handlungsbedarf. Die deutschen Staats- und Verwaltungsvertreter konnten die islamische Religionspraxis also religionspolitisch übersehen, weil sie die muslimischen Arbeitskräfte aus dem territorialen Rechtszusammenhang und dem territorialen Identitätsbehälter Deutschlands ausschlossen. Allerdings stellt die Einordnung der islamischen Religionsausübung in eine andere – außereuropäische – Kultur, die sich von der sogenannten christlich-abendländischen Kultur unterscheidet und daher keinen Platz in dem deutschen Territorium besitzt, den Islam in einen immanenten Zusammenhang mit Handlungen, die durch nicht-islamische Elemente geprägt sind – durch ländliche Traditionen, regionale oder lokale Gepflogenheiten, durch Bildungsaspekte, Klassenzugehörigkeit, Sprachgewohnheiten etc. Darüber hinaus verkennt diese kultursemantische Zuordnung des Islam den universalen Anspruch der islamischen Religion.

Dem gegenwärtigen Forschungsstand zufolge machten in der Phase religionspolitischer Ignoranz auch die Arbeitskräfte, die sich als Muslime verstanden, ihre Religionspraxis nicht zum Gegenstand von Auseinandersetzungen mit Staats- und Verwaltungsvertretern oder Arbeitgebern und Anwerbeagenturen. Es gibt nur wenige Studien über die Bedeutungen, die die islamische Religionspraxis für die ausländischen Arbeitnehmer und Arbeitnehmerinnen in der frühen Phase der Arbeitsmigration einnahm. Werner Schiffauer hat mit einer qualitativen Studie über eine Gruppe von angeworbenen Arbeitern und Arbeiterinnen aus einer ländlichen Region in der Türkei allerdings gezeigt, dass sich das Islamverständnis durch den Wanderungsprozess ändern kann:[4] Nach dem Islamverständnis in dieser ländlichen Region stellt der Islam einen selbstverständlichen, nicht thematisierten Teil der Lebenspraxis des Dorfkollektivs dar. Einige der Migranten aus dieser Region trennten im Laufe ihres Wanderungsprozesses den Islam als eine eigenständige Sinnressource aus dieser Kollektivpraxis heraus. Sie begründeten und rechtfertigten ihre muslimische Religionspraxis losgelöst von der Dorfkultur, die sie verlassen hatten und von der sie sich im Prozess der Migration distanzierten.

---

[4] Vgl. Werner Schiffauer: Die Migranten aus Subay, Türken in Deutschland: Eine Ethnografie, Stuttgart 1991; ders.: Religion und Identität. Eine Fallstudie zum Problem der Reislamisierung bei Arbeitsimmigranten, in: Schweizer Zeitschrift für Soziologie 10 (1984), 2, 485–516.

Verallgemeinernde Schlussfolgerungen über das Islamverständnis im Zusammenhang mit der frühen Arbeitsmigration zu ziehen, ist nicht möglich. Festzuhalten ist jedoch, dass sich die ausländischen muslimischen Arbeiter genauso wie ihre Kollegen aus dem katholisch geprägten Südwesten Europas im Allgemeinen in Vereinigungen mit lokalen, regionalen und nationalen Bezügen organisierten. Ihr Islamverständnis und ihre religionspraktischen Bedürfnisse waren also Teil von Zugehörigkeitskonstruktionen, die sich an lokalen, regionalen und nationalen Aspekten in den Herkunftsländern orientierten. In dieser Hinsicht spiegelten diese Zugehörigkeitskonstruktionen politische Bewegungen und Haltungen bezüglich ihrer Herkunftsstaaten wider, wie zum Beispiel Hamit Bozarslan für die türkische Vereinsgeschichte in Deutschland gezeigt hat.[5] Darüber hinaus waren sie eingebettet in Klassenstrukturen, die die muslimischen Arbeiterinnen und Arbeiter sowohl in den Augen der deutschen Staats- und Verwaltungsvertreter als auch in den Augen in Deutschland etablierter Muslime in der Unterschicht verorteten. Zudem sprachen die muslimischen Arbeiter in ihren Vereinigungen vornehmlich ihre Muttersprachen oder wählten ihre Bezugsorganisation im Hinblick darauf, welche Sprache in einem Verein gesprochen wurde. Ihre Religionspraxis beruhte also auf territorialstaatlichen Bezugspunkten, die außerhalb Deutschlands lagen. Insofern positionierten sich die muslimischen Arbeitnehmer selbst als Ausländer. Sie brachten infolgedessen ein Selbstverständnis zum Ausdruck, das mit dem Blick der deutschen Staats- und Verwaltungsvertreter auf den Islam und die Religionspraxis der ausländischen Arbeitskräfte weitgehend deckungsgleich war.

2. Phase religionspolitischer Differenzierung

Die Deckungsgleichheit der Verständnisse endete mit dem deutschen Anwerbestopp ausländischer Arbeitskräfte 1973.[6] Dieser führte dazu, dass die ausländischen Arbeitnehmer oder Arbeitnehmerinnen verstärkt ihre Familien nach Deutschland nachziehen ließen. Mit dem Familiennachzug

---

5 Hamit Bozarslan: État, religion, politique dans l'immigration, in: Peuples Méditerrannéens 1992, 60, 115–133.

6 Marcel Berlinghoff: Das Ende der «Gastarbeit». Die Anwerbestopps in Westeuropa 1970–1974, Paderborn 2013.

wurde die islamische Religionspraxis in der Öffentlichkeit in Deutschland sichtbar. Denn die gesellschaftlichen Beziehungen der ausländischen Arbeitnehmer weiteten sich zwangsläufig über die Arbeitswelt hinaus aus. Nachdem der Arbeiter oder die Arbeiterin ohne ihre Familien in einem von der Mehrheitsbevölkerung isolierten Wohnheim gelebt hatte, ist er oder sie mit der aus dem Herkunftsland nachgekommenen Familie in Stadtteile mit schlecht erhaltenem, aber billigem Mietraum und in Sozialwohnungssiedlungen gezogen.

Dieser Wohnortswechsel kann als Beginn einer Territorialisierung muslimischer Religionspraxis in Deutschland gewertet werden. Im Zuge der veränderten Wohnverhältnisse entstanden für die eingewanderten Familien religiöse Bedürfnisse, die in der von ökonomischen Interessen geprägten Phase der Arbeitsmigration nicht existierten: Es sollten Gebetsräume in den Nachbarschaften eingerichtet, islamische Feste gefeiert und vor allem sollte den nachgezogenen und in Deutschland geborenen Kindern der Islam überliefert werden können. Solche Bedürfnisse empfanden einige eingewanderte Familien umso dringlicher, als sie mit ihnen die Möglichkeit verbanden, ihre Differenz gegenüber dem sozialen Umfeld zu bezeugen. Den Islam in der einen oder anderen Weise zu praktizieren, bestätigte in diesem Fall, Türken, Marokkaner oder auch Tunesier in einer deutschen Stadt zu sein.

Unter dem Gesichtspunkt einer solchen Alteritätsmarkierung identifizierten sich einige unter den ausländischen Arbeitnehmern und Arbeitnehmerinnen wie auch unter den nachgezogenen Familienangehörigen nunmehr explizit als Muslime – wohlgemerkt: bei weitem nicht alle und vor allem nicht alle mit derselben Intensität. Doch fehlte es diesen Muslimen, die als Arbeitskräfte ihre Herkunftsländer vornehmlich aus ökonomischen Gründen verlassen hatten, an theologischer Kompetenz und theologischen Spezialisten in islamischen Bekenntnisangelegenheiten. Zudem waren sie weitgehend isoliert von Muslimen, die sozialstrukturell gesehen der Mittel- und Oberschicht in Deutschland angehörten. Insofern hatten sie Schwierigkeiten, ihre Alterität als Muslime zu begründen, ohne auf nicht islamische Traditionen, Kategorien oder Diskurse und ohne auf Organisationen ihrer Herkunftsländer zurückzugreifen. Claire de Galembert spricht von einer «theologischen Notstandssituation», in der sich die Muslime durch ihre Einwanderung in westeuropäischen Ländern wie Deutschland befanden.[7] Diese theologische Notstandssituation hat maßgeblich zu den Strukturen des religionspolitischen Konfliktfelds beigetragen, in dem über die Inklusion muslimischer Religionspraxis in die deutsche Institutionenordnung gestritten wird. Sie wird in den konkreten Auseinandersetzungen zum Beispiel in den Fragen sichtbar, wer Ansprechpartner für staatliche Vertreter etwa in einem Moscheebaukonflikt oder für den islamischen Religionsunterricht sein oder wie eine bestimmte Religionspraxis, etwa das Schächten, eingeordnet werden kann.

In der Phase religionspolitischer Differenzierung, in der einige Einwanderer und deren Familienangehörigen ihre Nationalität mit einer muslimischen Religionspraxis zu bestätigen suchten, kam es vornehmlich auf der lokalen Ebene zu Konflikten im Stadtteil. Solche lokalen Konflikte am Ende der 1970er und im Laufe der 1980er Jahre stellten die deutschen Staats- und Verwaltungsvertreter vor politische Herausforderungen, die in der Phase religionspolitischer Ignoranz unbekannt waren. Sie warfen den Fokus auf die ausländischen Arbeitnehmerinnen und Arbeitnehmer als Einwanderer, die ihre religiösen Bedürfnisse geltend machten. Konfliktgegenstände waren die Einrichtung von Gebetsräumen, Parkplatzmangel zu Gebetszeiten, nächtlicher Lärm während des Ramadans wie auch die Sichtbarkeit von Vereinslokalen (etwa arabische Schriftzeichen oder türkische Worte). Vornehmlich geführt wurden diese Konflikte über lokale Zeitungen und Beschwerden bei der Stadtverwaltung und Aufsichtsbehörden oder auch weniger legitime Aktionen, wie das Durchstechen von Reifen parkender Autos. Kommunen und Stadtviertel haben sich in dieser Hinsicht als Bühnen erwiesen, auf denen sich der Wandel von einer unsichtbaren und mehr oder weniger unsichtbar gehaltenen Religionspraxis im Wohnheim, Keller oder Hinterhof zu einer in der Öffentlichkeit sichtbaren und Sichtbarkeit einklagenden islamischen Religionspraxis vollzogen hat.[8] Im Unterschied zu den gegenwärtigen Konflikten über die

[7] Claire de Galembert: Die Stadt Mantes-la-Jolie und ihre Moschee. Zur Genese einer neuen lokalen religiös-politischen Ordnung, in: Matthias Koenig / Jean-Paul Willaime (Hg.), Religionskontroversen in Frankreich und Deutschland, Hamburg 2008, 314–348, hier 330.

[8] Vgl. zur Sichtbarkeit muslimischer Religionspraxis in der Öffentlichkeit Nilüfer Göle / Ludwig Ammann (Hg.): Islam in Sicht. Der Auftritt von Muslimen im öffentlichen Raum, Bielefeld 2004.

islamische Religionspraxis wurden die Stadtteilkonflikte der Phase religionspolitischer Differenzierung selten als ein nationales Problem thematisiert. Die gegenwärtigen Kontroversen erhalten demgegenüber gerade dadurch ihre Bedeutung, dass der jeweilige Streitgegenstand als ein nationales Problem für die allgemeine Ordnung der gesellschaftlichen Beziehungen thematisiert wird.

Die Konflikte auf der lokalen Ebene machten die muslimische Religionspraxis zu einer politischen Herausforderung zu einem Zeitpunkt, als politisierte Formen des Islam auf der internationalen Ebene problematisiert wurden.[9] Ereignisse wie die iranische Revolution 1979 und der Iran-Irak-Krieg wandelten das Bild vom Islam als passive (schicksalsergebene) Religion zu dem einer aggressiven Religion. Man kann durchaus vermuten, dass Verwaltungsbeamte und Behördenvertreter die im internationalen Kontext produzierten negativen Islambilder mitunter auf ihre Bearbeitung der Stadtteilkonflikte projizierten. Auf der Basis des Bildes eines aggressiven Islam die ausländischen Einwanderer als Muslime zu erkennen, legte es nahe, nach der Demokratiefähigkeit der Muslime und nach der Vereinbarkeit ihrer Religionspraxis mit der deutschen Verfassung zu fragen. Auf die Plausibilität und Angemessenheit dieser Frage soll an dieser Stelle nicht eingegangen werden. Hier sei lediglich betont, dass diese Frage den muslimischen Einwandern und ihren Kindern nicht erst seit den Attentaten vom 11. September 2001 gestellt wird. Die staats- und verwaltungspolitische Frage nach der Demokratiefähigkeit der Muslime und nach der Vereinbarkeit muslimischer Religionspraxis mit der rechtsstaatlichen Verfassung kam schon Ende der 1970er beziehungsweise Anfang der 1980er Jahre auf – nämlich in dem Moment, in dem die Einwanderung von Muslimen und entsprechende religionspolitische Herausforderungen innerstaatlich sichtbar wurden.

Angesichts des Familiennachzugs, mit dem die angeworbenen Arbeitskräfte auf den Anwerbestopp reagierten, formulierten Staats- und Verwaltungsvertreter die Doktrin, Deutschland sei kein Einwanderungsland. Im Sinne dieser Doktrin entwickelten sie vor allem und verstärkt Maßnahmen, die den eingewanderten Familien einen Anreiz zur Rückkehr ins Herkunftsland bieten sollten. Ein herausragendes Beispiel dafür ist der

9 Vgl. Aristide Zolberg / Long Litt Woon: Why Islam Is Like Spanish. Cultural Incorporation in Europe and the United States, in: Politics & Society 27 (1999), 1, 5–38.

muttersprachliche Unterricht für Kinder aus eingewanderten Familien, in dessen Rahmen im Allgemeinen auch der islamische Religionsunterricht erteilt wurde. Das hieß konkret: Die Kinder aus eingewanderten Familien hatten meistens einen Religionsunterricht, der in türkischer Sprache und vom türkischen Staat erteilt wurde.

Die deutsche Staats- und Verwaltungspolitik verstand die islamische Religionsausübung als einen Faktor zur Verbesserung der Rückkehrbedingungen. Sie schlossen daher die islamische Religionspraxis aus ihrem Umgang mit den Folgewirkungen der Einwanderung nicht aus. Doch suchten sie auch nicht nach innerstaatlichen religionspolitischen Regelungen. Man ließ gewähren, was den islamischen Organisationen in Deutschland einen großen Handlungsspielraum eröffnet hat. Werner Schiffauer hebt hervor, dass dieses Gewähren-Lassen das Diskursfeld organisierter türkischer Muslime dynamisierte und mitunter radikalisierte.[10] Darüber hinaus delegierten die Staats- und Verwaltungsvertreter der Bundesländer Einzelfragen der islamischen Religionsausübung an den türkischen Staat, zum Beispiel war die türkische Behörde für Glaubensangelegenheiten in den 1980er Jahren in allen Bundesländern für den islamischen Religionsunterricht zuständig. Dies zeigt deutlich, dass Staats- und Verwaltungsvertreter islamische Religionsausübung als etwas Exterritoriales verstanden und daher in religionspolitischen Fragen die muslimischen Einwanderer nicht als Territoriumsangehörige betrachteten. Zudem konnten sie sich in dieser exterritorialisierenden Perspektive dadurch bestätigt sehen, dass die eingewanderten Familien aufgrund fehlender Förderung ihrer Sprachkenntnisse nur mangelhaft Deutsch sprachen. Hintergrund dieser Delegation religionspolitischer Fragen an die Türkei ist nicht zuletzt die Vorstellung, dass in Deutschland bis heute religiöse Zugehörigkeit im Allgemeinen als ein kulturelles Merkmal von territorial verorteten Gruppen betrachtet wird. So wird gemeinhin angenommen, dass der Islam zum Türkischsein gehöre – und zwar genauso wie der Katholizismus zu den Bayern oder der Protestantismus zu den Norddeutschen.

Religionszugehörigkeit territorialer – nationaler oder regionaler – Angehörigkeit zuzuordnen, geht auf die Konfessionalisierung der deutschen

---

[10] Vgl. Werner Schiffauer: Die Gottesmänner. Türkische Islamisten in Deutschland, Frankfurt a. M. 2000.

Staaten im 16. und 17. Jahrhundert zurück.[11] Dieses territorial-religiöse Verständnis verweist auf die Idee, dass Religionszugehörigkeit und entsprechende Religionspraxis eine Loyalität zu einer Konfession wie auch eine Loyalität zu einer politischen Einheit zum Ausdruck bringen. Beide Loyalitäten werden über ein kultursemantisch verstandenes Territorium miteinander verknüpft und auf eine Kulturgemeinschaft bezogen, in der die Mitglieder eine gemeinsame Religion besitzen und ein und dieselbe Sprache sprechen. In dieser Hinsicht grenzt das Territorium also nicht nur politische Rechte, sondern auch eine geteilte Religions- und Sprachzugehörigkeit ab. Um staatliches Territorium und Kulturgemeinschaft zusammenzuhalten, stützen sich die Staats- und Verwaltungsvertreter auf eine föderale Ordnung, durch die die regionalen Varianten der Religions- und Sprachzugehörigkeit integriert werden. Zudem tauschen sie sich mit den religiösen Korporationen aus, die die territorialstaatlich und föderal organisierte Kulturgemeinschaft repräsentieren.

Die kulturgemeinschaftliche Staatskonzeption begünstigt die Vorstellung, dass die miteinander verknüpften Loyalitäten der Religionszugehörigkeit und Staatsangehörigkeit auf einer ethnischen Grundlage beruhen, durch «Geburt und Herkunft« abgestützt werden, wie der ehemalige Bundesverfassungsrichter Paul Kirchhof schreibt. Insofern «bewahren [[d]ie europäischen Staaten der Gegenwart] […] ihre Eigenständigkeit in einem durch Geburt und Herkunft verwandten Staatsvolk, einem ihm zugehörigen Raum und der kulturellen Gemeinsamkeit von Sprache, Religion, Kunst und geschichtlicher Erfahrung.»[12] Werden religiöse Gruppen nicht als Teil Deutschlands verstanden, wie etwa diejenigen der eingewanderten Muslime, werden sie ins Ausland verwiesen. Diesem Verständnis kamen die interkulturellen Bildungsprogramme des Europarats aus den 1980er Jahren entgegen. Sie bestätigten deutsche Staats- und Verwaltungsvertreter darin, die Muttersprachen der Einwanderer und deren kulturelle sowie religiöse Bindungen zu fördern. Dabei blieben für die deutsche Staats- und Verwaltungspolitik jedoch die Inklusions- und Partizipationsziele, die der Europarat mit seinen Bildungsprogrammen verfolgte, blinde Flecken.

---

[11] Vgl. Heinz Schilling: Reformation und Konfessionalisierung in Deutschland und die neuere deutsche Geschichte, in: Gegenwartskunde 1998, Sonderheft 5, 11–29.

[12] Paul Kirchhof: Der deutsche Staat im Prozess der europäischen Integration, in: Josef Isensee / Paul Kirchhof, Handbuch des Staatsrechts der Bundesrepublik Deutschland, Heidelberg 1992, 855–887.

Insgesamt betrachtet hat die Phase der religionspolitischen Differenzierung statt angeworbene Arbeitskräfte eingewanderte Familien in den Fokus des Konfliktfeldes Einwanderung gestellt. Mit dieser Fokusveränderung kam die muslimische Religionspraxis in den Blick der deutschen Staats- und Verwaltungsvertreter, weil sie zu Auseinandersetzungen auf der lokalen und regionalen Ebene (Stadt-, Bezirks- und mitunter Länderebene) führte. Infolgedessen wurde sie Teil des religionspolitischen Konfliktfelds, in dem in Deutschland ein komplexes System von individuellen Grundrechten, Gesetzen für korporative Akteure und institutionalisierten Verfahren den klassischen Streit um die Trennung von Religion und Staat einhegt wie bearbeitet worden war, in dem jedoch die islamische Religionsausübung eine zu vernachlässigende Größe dargestellt hatte.[13] Im Zuge dieser Überlagerung des Konfliktfeldes Einwanderung mit dem der Religionspolitik ist in Deutschland eine Ambivalenz erzeugt und verfestigt worden, die in der deutschen Konzeption des staatlichen Territoriums eine Begründung findet. Auf der einen Seite haben die muslimischen Einwanderer sich faktisch eine Territoriumsangehörigkeit über ihre sozialen Alltagsbeziehungen erarbeitet, über Stadtteilkonflikte gewissermaßen erkämpft. Weil sie aber dennoch als Ausländer und nicht als Angehörige des nationalstaatlichen Territoriums wahrgenommen wurden, konnten sie sich dank des religionspolitischen Gewähren-Lassens der deutschen Staats- und Verwaltungsvertreter weitgehende, jedoch aus dem regulierten religionspolitischen Konfliktfeld quasi ausgeschlossene Möglichkeiten für ihre islamische Religionspraxis sichern. Auf der anderen Seite haben das kultursemantische Verständnis des Territoriums und die mit dem Ius-Sanguinis-Prinzip aufrechterhaltene Doktrin, Deutschland sei kein Einwanderungsland, bis weit in die 1990er Jahre hinein die staats- und verwaltungspolitische Vorstellung konsolidiert, dass der Islam nichtdeutsch sei und daher als exterritoriale Angelegenheit verhandelt werden müsse.

---

[13] Vgl. zur Geschichte des Islam in Deutschland Muhammad Salim Abdullah: Geschichte des Islams in Deutschland, Graz u. a. 1981.

3. Phase religionspolitischer Inklusion

Die ab den 1990er Jahren erkennbare Phase religionspolitischer Inklusion zeichnet sich durch einen Prozess aus, in dem Konflikte im Kontext von Einwanderung und muslimischer Religionspraxis als nationale Probleme thematisiert werden und über die Eingliederung islamischer Religionsausübung in die religionspolitischen Institutionen Deutschlands gestritten wird. Im Fokus der Konflikte stehen nicht mehr die eingewanderten Familien, sondern die Nachkommen der Einwanderer, die sich als Muslime wie auch als Bürger und Bürgerinnen in Deutschland verstehen.

In den 1990er Jahren entstanden Studien, die die individuelle Religiosität der in Deutschland sozialisierten Muslime beschreiben. Diese Studien heben hervor, dass diese Muslime sich als Muslime von ihren Altersgenossen oder Kollegen zu differenzieren versuchen.[14] Ihre Alteritätskonstruktionen fokussieren also nicht mehr in zentraler Weise auf eine ausländische Staatsangehörigkeit, sondern auf die Tatsache, sich als Muslim zu verstehen. Im Unterschied zu den vorherrschenden Alteritätskonstruktionen in der Phase religionspolitischer Differenzierung rechtfertigt die muslimische Religionspraxis also nicht mehr ein Anders-Sein als Türke, Marokkaner oder Tunesier, sondern die Religionspraxis rechtfertigt eine muslimische Bekenntnisalterität in Deutschland. Dieser Wandel der Alteritätskonstruktionen lässt sich an den Erklärungen zweier muslimischer Organisationen illustrieren: an der Islamischen Charta des Zentralrats der Muslime in Deutschland e. V. von 2002 und an dem Grundsatzpapier der Schura – Rat der islamischen Gemeinschaften in Hamburg e. V. von 2004. In der Islamischen Charta werden der Religionsausübung Bekenntnissemantiken implizit dadurch zugeordnet, dass die individuelle Freiheit, «die Religion zu wechseln, eine andere Religion

---

[14] Vgl. zum Beispiel Yasemin Karaşoğlu-Aydin: Muslimische Religiosität und Erziehungsvorstellungen: Eine empirische Untersuchung zu Orientierungen bei türkischen Lehramts- und Pädagogik-Studentinnen in Deutschland, Frankfurt a. M. 2000; Grit Klinkhammer: Moderne Formen islamischer Lebensführung. Eine qualitativ-empirische Untersuchung zur Religiosität sunnitisch geprägter Türkinnen der zweiten Generation in Deutschland, Marburg 2000; Sigrid Nökel: Die Töchter der Gastarbeiter und der Islam. Zur Soziologie alltagsweltlicher Anerkennungspolitiken. Eine Fallstudie, Bielefeld 2002.

oder gar keine Religion zu haben», anerkannt wird.[15] Der Islam ist insofern nicht nur eine angeborene Identität oder erlernte Kultur, sondern auch ein religiöses Bekenntnis, das eine Person annehmen oder aufgeben kann. Die Autoren des Grundsatzpapiers der Hamburger Schura, das den Titel «Muslime in einer pluralistischen Gesellschaft» trägt, setzen wiederum ein bekenntnissemantisches Verständnis der islamischen Religionspraxis voraus. Von diesem Verständnis ausgehend beschreiben sie das Selbstverständnis und die soziale Verantwortung von Muslimen in der «plurale[n] Gesellschaft», wie sie die Bundesrepublik in ihren Augen darstellt.[16]

Die Tatsache, dass Muslime in Deutschland vermehrt eine islamische Bekenntnisalterität in den gesellschaftlichen Beziehungen thematisieren, ändert nicht die islamische Religionsausübung, aber das Konfliktfeld, das sich um die islamische Religionsausübung in Deutschland etabliert. Und zwar aus zwei Gründen: Erstens führt sie – häufig in Form von Generationskonflikten – zu Kontroversen in den Organisationen der Muslime und durchbricht Allianzen und Hierarchien, die in diesen Organisationen herrschen.[17] Die Organisationen der Muslime in Deutschland haben die kultur- und identitätsorientierte Perspektive der deutschen Staats- und Verwaltungsvertreter über lange Zeit immer wieder bestätigt, weil sie ihre muslimische Religionspraxis in eine affektive, organisatorische, mitunter ökonomische und politische Verbindung mit der Türkei gestellt haben. Darüber hinaus haben sie ihre religionspolitischen Forderungen gegenüber deutschen Behörden und in der Öffentlichkeit im Rahmen einer kultur- und identitätsorientierten Perspektive begründet. Zweitens zeugt die offenkundig werdende Bekenntnisalterität von einem veränderten Verhältnis zu Deutschland. Als Muslime in Deutschland – gleichgültig wel-

---

[15] Zentralrat der Muslime in Deutschland e. V.: Islamische Charta Artikel 11, vgl. Ludwig Ammann: Cola und Koran. Das Wagnis einer islamischen Renaissance, Freiburg u. a. 2004.

[16] Schura-Rat der islamischen Gemeinschaften in Hamburg e. V., Grundsatzpapier.

[17] Vgl. Werner Schiffauer: Die Islamische Gemeinschaft Milli Görüş – ein Lehrstück zum verwickelten Zusammenhang von Migration, Religion und sozialer Integration, in: Klaus J. Bade / Michael Bommes / Rainer Münz (Hg.): Migrationsreport 2004, Fakten – Analysen – Perspektiven, Frankfurt a. M. / New York 2004, 67–96.

cher Staatsangehörigkeit – beziehen sie ihre mit dem islamischen Bekenntnis begründete Alterität auf staatliche Institutionen, wie die Schule oder andere Bildungseinrichtungen, auf Rechte sowie Gesetze im Arbeitsleben etc. Sie differenzieren sich also nicht mehr ausschließlich in der Alltagspraxis des eigenen Wohnviertels, sondern stellen ihre alltagspraktische Differenzierung in den Kontext allgemeiner staatlicher Institutionen in Deutschland. Dies wird unter anderem offenkundig in den Rechtsstreitigkeiten, die die Muslime vor Gericht führen. Indirekt unterstreichen die Muslime mit ihrem Gang zum Gericht, dass sie sich als Territoriumsangehörige Deutschlands verstehen. Zugleich stellen sie sich mit diesem Verständnis implizit der exterritorialisierenden Perspektive entgegen, die die deutsche Staats- und Verwaltungspolitik auf ihre islamische Religionsausübung wirft.

Relativ unbeachtet von Politik und Öffentlichkeit entschieden Verwaltungs- und Arbeitsrichter zu Beginn der 1990er Jahre in individuellen Streitfällen über die religionspolitische Eingliederung der Muslime in das institutionelle System Deutschlands.[18] In dieser Hinsicht begann in den 1990er Jahren, unter den deutschen Staats- und Verwaltungsvertretern der Konsens über die Delegation der Regelungen islamischer Religionsausübung an die Türkei zu bröckeln. 1993 erkannte das Bundesverwaltungsgericht zum Beispiel den Anspruch muslimischer Mädchen auf Befreiung vom koedukativen Sportunterricht für den Fall an, dass deren Schule keinen nach Geschlechtern getrennten Sportunterricht anbietet.[19] Das Urteil, das abgesehen von einigen Pädagogen, Schulvertretern und Juristen zunächst nicht weiter wahrgenommen wurde, hat «Äußerungen der religiösen Überzeugung wie die Beachtung von religiös begründeten Bekleidungsvorschriften» unter den Schutz der Religionsfreiheit gestellt.[20] Es behandelt die muslimische Religionspraxis also wie jede andere in Deutschland anerkannte Bekenntnispraxis. Es gibt weitere solche Urteile, zur islamischen Religionsausübung beim Militärdienst, zu der Ermöglichung des Betens am Arbeitsplatz etc.

---

[18] Vgl. Matthias Koenig: Gerichte als Arenen religiöser Anerkennungskämpfe – eine rechtssoziologische Skizze, in: Astrid Reuter / Hans G. Kippenberg (Hg.): Religionskonflikte im Verfassungsstaat, Göttingen 2010, 144–164.

[19] Bundesverwaltungsgericht, 6 C 8.91, Befreiung einer Schülerin islamischen Glaubens vom koedukativen Sportunterricht, Urteil vom 25.8.1993.

[20] Ebd.

Unter staats- und verwaltungspolitischen Gesichtspunkten haben die Richter mit ihren Urteilen nolens volens einen entscheidenden Beitrag zur religionspolitischen Eingliederung der Muslime geleistet. In dem Maße nämlich, in dem sie ihre Urteile mit der individuellen Religionsfreiheit begründet haben, haben sie die Bekenntnisbedeutungen der muslimischen Religionspraxis hervorgehoben beziehungsweise bestätigt. Dadurch haben sie zugleich in der ihnen eigenen Fall-zu-Fall-Logik die kulturgemeinschaftliche Konzeption des deutschen Territoriums durchbrochen und deren rechtliche Bedeutung aufgewertet.

Erst 1998, als eine Kopftuch tragende Lehramtsanwärterin aufgrund des verweigerten Zugangs zum Staatsdienst das Land Baden Württemberg verklagte und bis zum Bundesverfassungsgericht ging, erkannten die deutschen Staats- und Verwaltungsvertreter das Problem der einzelnen Rechtsprechungen in Sachen islamischer Religionsausübung für ihre Konzeption der nationalen kulturgemeinschaftlichen Integration Deutschlands. Die Verfassungsrichter entschieden, dass es nach den damals gegebenen rechtlichen Bestimmungen keine Begründung dafür gäbe, eine Lehrerin mit islamischem Kopftuch aus dem Staatsdienst auszuschließen. Allerdings stünde es dem Landesgesetzgeber frei, «die bislang fehlende gesetzliche Grundlage zu schaffen.»[21] «Der mit zunehmender religiöser Pluralität verbundene gesellschaftliche Wandel», so die Richter in ihrer Entscheidungsbegründung, «kann Anlass zu einer Neubestimmung des zulässigen Ausmaßes religiöser Bezüge in der Schule sein.»[22] Die Verfassungsrichter forderten die Legislative und Exekutive also dazu auf, den religionspraktischen Pluralismus in den gesellschaftlichen Beziehungen politisch aufzugreifen und nicht weiter durch Zugangsverbote zu Staatsinstitutionen oder auch durch exterritorialisierende Verweisungen ins Ausland zu negieren.

Mit der Aufforderung, den religionspraktischen Pluralismus politisch statt juristisch zu verhandeln, setzte ein Kopftuchstreit in deutscher Version ein. Die Politik stritt nunmehr über das Für und Wider eines Kopftuchverbots für Lehrerinnen und andere institutionelle Vertreterinnen. Der ehemalige Bundespräsident Johannes Rau etwa erklärte in seiner Rede zum 275. Geburtstag Gotthold Ephraim Lessings, «dass ein Kopftuchver-

---

[21] Bundesverfassungsgericht, 2 BvR 1436/02, Lehrerin mit Kopftuch, Urteil vom 24.9.2003, in: Neue Juristische Wochenschrift 2003, 43, 3111–3122.

[22] Ebd.

bot der erste Schritt auf dem Weg in einen laizistischen Staat ist, der religiöse Zeichen und Symbole aus dem öffentlichen Leben verbannt. Ich will das nicht.» Und an anderer Stelle: «Unser Staat ist kein religionsfeindlicher und auch kein religionsfreier Staat. Im Gegenteil: Unser Staat schützt die Religionsfreiheit aller.»[23] Der weltanschaulich neutrale Staat sei auf die Überzeugungen unterschiedlicher gesellschaftlicher Gruppen angewiesen, «die Werte haben und die Orientierung wollen. Dazu gehören in besonderer Weise Kirchen und Religionsgemeinschaften, die ihre Vorstellungen in die Gesellschaft einbringen.» Der ehemalige Bundestagspräsident Wolfgang Thierse wiederum befürwortete ein Verbot des islamischen Kopftuchs für Lehrerinnen, denn «das Kopftuch [ist] eben nicht nur ein religiöses, sondern auch ein kulturelles und politisches Symbol, in dem die Unterdrückung der Frau enthalten ist. Das ist der Unterschied. Das Christentum hat die klare Trennung von Religion und Staat respektiert, während im Islam genau dies nicht der Fall ist. Ein Kreuz ist kein Symbol von Unterdrückung, das Kopftuch für viele muslimische Frauen schon.»[24]

Der Streitpunkt in den deutschen Kopftuchauseinandersetzungen war nicht, ob das Kooperationsverhältnis des Staats mit den Religionsgemeinschaften angesichts des religionspraktischen Pluralismus wie bisher aufrecht erhalten, sondern ob die islamische Religionspraxis in diesem Kooperationsverhältnis zu gleichen Maßen berücksichtigt werden kann. Die Mehrheit der Bundesländer entschied mit den Änderungen ihrer Schulgesetze, dass zumindest im Hinblick auf die Kleidungsfrage des Lehrpersonals der islamischen Religionspraxis nicht mit denselben Maßstäben wie der christlichen Religionspraxis zu begegnen sei: Sie nahm «die Darstellung christlicher und abendländischer Bildungs- und Kulturwerte oder Traditionen» aus dem allgemeinen Neutralitätsgebot für Lehrerinnen und Lehrer heraus.[25]

Insgesamt betrachtet tritt in den Gesetzesnovellen das kulturgemeinschaftliche Verständnis des deutschen Territoriums deutlich vor Augen. Staats- und Verwaltungsvertreter verstehen im Hinblick auf die islamische Religionspraxis die Bundesrepublik als einen kulturgemeinschaftlichen

---

[23] Johannes Rau: Religionsfreiheit heute – zum Verhältnis von Staat und Religion in Deutschland, 22.1.2004, http://www.bundespraesident.de/SharedDocs/Reden/DE/Johannes-Rau/Reden/2004/01/20040122_Rede.html [13.10.2015].

[24] Epd-Dokumentation: Kreuz und Kopftuch nicht vergleichbar, 20.1.2004, 15.

[25] Abs. 2 Art. 38 Schulgesetz für Baden-Württemberg.

Identitätsbehälter. Deswegen rufen sie «christlich-abendländische Kulturwerte» auf und stellen sich dem kulturneutralen Verständnis entgegen, das in der Entscheidung des Bundesverfassungsgerichts zu der Kopftuch tragenden Lehramtsanwärterin aus Baden Württemberg oder in den verschiedenen Verwaltungsgerichtsurteilen zu einzelnen Praktiken der islamischen Religionsausübung aufscheint. Faktisch – gewissermaßen den kulturgemeinschaftlichen Vorstellungen zum Trotz – findet dennoch über die Gerichtsentscheidungen eine Eingliederung der muslimischen Religionspraxis in das religionspolitische Institutionengefüge statt. Allerdings verschwindet aufgrund des kulturgemeinschaftlichen Verständnisses des deutschen Territoriums und des Gewichts dieses Verständnisses die Bekenntnisalterität der Muslime aus dem Blickfeld der Staats- und Verwaltungsvertreter.

Für die institutionelle Inklusion der islamischen Religionsausübung besteht das Schlüsselereignis in der Reform der Staatsangehörigkeitsgesetzgebung im Jahr 2000. Durch diese Reform wird das Ius-Sanguinis-Prinzip zugunsten des Ius-Soli-Prinzips in den Einbürgerungsbestimmungen neu justiert. Diese Veränderung hat die religionspolitische Regelung islamischer Religionsausübung zu einer innerstaatlichen Angelegenheit werden lassen, weil sie die Muslime in potentielle deutsche Staatsbürger verwandelt hat. Nunmehr gilt es, «den Islam ein[zu]bürgern», wie die ehemalige Bundesbeauftragte für Ausländerfragen Marieluise Beck es formulierte.[26] Dieses staatlicherseits etwas vermessene Motto, eine Weltreligion in territorialstaatliche Regelungen integrieren zu wollen – denn allenfalls lassen sich Muslime einbürgern und islamische Organisationen inkorporieren – zielt letztendlich darauf, die islamische Religionspraxis nach deutschem Muster zu konfessionalisieren und dergestalt zu territorialisieren.

Die exterritorialisierende Perspektive auf die islamische Religionspraxis gehört somit zur Vergangenheit deutscher Islampolitik. Dies zeigt nicht zuletzt die Deutsche Islam Konferenz (DIK), die im September 2006 vom ehemaligen Bundesinnenminister Wolfgang Schäuble eingerichtet wurde. Offizielles Ziel der DIK war, so die Worte auf der Website der DIK unter Schäuble, die «religions- und gesellschaftspolitische Integration der muslimischen Bevölkerung in Deutschland» zu verbessern. Die staatliche Einladung zum «institutionalisierten Dialog zwischen dem deutschen Staat

[26] Die Beauftragte der Bundesregierung für Ausländerfragen: Bericht über die Lage der Ausländer 2005, 5.

und den in Deutschland lebenden Muslimen», wie es wiederum in der Regierungserklärung Schäubles zur Eröffnung der DIK heißt, beruhte auf einer Verknüpfung von religionspolitischen Zielvorstellungen zur Eingliederung der Muslime in das institutionelle System einerseits mit sozialstrukturellen Überlegungen andererseits. So «belasten» laut Schäuble «das Zusammenleben mit den Muslimen» nicht nur Probleme wie «Religionsunterricht in Koranschulen und staatlichen Schulen, Kopftuch, Imamausbildung» und «das Schächten», sondern ebenfalls «die Rolle der Frauen und Mädchen», «die hohe Arbeitslosigkeit insbesondere der Muslime der zweiten und dritten Generation», «zu niedrige[s] Qualifikationsniveau[...]« und «Ängste[...] und Argwohn» in Bezug auf «islamistische[n] Terror».[27]

Religionspolitische Herausforderungen und sozialstrukturelle Probleme miteinander zu vermischen, entspricht nicht der religionsrechtlichen Ordnung in Deutschland. Die Vermischung verhindert vielmehr den institutionell abgesicherten gleichberechtigten Dialog, den diese Ordnung zwischen Staatsvertretern und Religionsgemeinschaftsvertretern vorsieht. Stattdessen lässt sie den Eindruck entstehen, dass ein sorgender Staat sich den Defiziten einer problematischen Bevölkerungsgruppe annimmt. Darüber hinaus wird der Islam durch den hergestellten Zusammenhang mit sozialstrukturellen Problemen von Einwanderern und deren Nachkommen zu einer Kategorie, die das gesellschaftliche Leben der Muslime in ganzheitlicher Weise bestimmt. Das deutsche Religionsverfassungsrecht isoliert aber – gemäß dem Prinzip säkularisierter Rechtsstaatlichkeit – die religiösen Überzeugungen und Praktiken als einen zu differenzierenden Aspekt des gesellschaftlichen Lebens. Den Islam in seinem Ganzheitsanspruch gegenüber dem Leben und der Welt zu verstehen, mag der Konzeption der Muslime von ihrer Religionspraxis entsprechen, entspricht jedoch nicht einer rechtsstaatlichen Konzeption von Staat und Verwaltung.

[27] Bundesinnenministerium: Deutsche Islam Konferenz – Perspektiven für eine gemeinsame Zukunft, Regierungserklärung des damaligen Bundesministers des Innern, ursprünglich http://www.deutsche-islam-konferenz.de/nn_1318820/SubSites/DIK/DE/DieDIK/AufgabenZiele/aufgabenziele-inhalt.html [12.7.2009]; Deutsche Islam Konferenz – Perspektiven für eine gemeinsame Zukunft, Regierungserklärung des damaligen Bundesministers des Innern, http://www.bmi.bund.de/SharedDocs/Reden/DE/2006/09/bm_bt_regierungserklaerung_zur_islamkonferenz.html [13.10.2015].

Nach liberalem, säkularem Staatsverständnis sind religionspraktische Fragen von anderen gesellschaftlichen Fragen differenziert zu behandeln und unterliegen daher besonderen Regelungen. Darüber hinaus besitzt das Bundesinnenministerium in Deutschland keine religionspolitische Kompetenz. Die Zuständigkeit liegt vielmehr bei den Landesregierungen und entsprechenden Verwaltungen der Bundesländer. Insofern bietet die DIK den Muslimen in Deutschland lediglich einen Dialog an, der auf symbolischer Ebene die territorialstaatliche Inklusion der Muslime bestätigt. Ihre institutionelle Inkorporation hat sich gemäß der föderalen und korporativen Grundstruktur deutscher Staats- und Verwaltungspolitik auf der Länderebene zu vollziehen.

Dass eine faktische Inkorporation dennoch stattfindet, zeigen unter anderem die Versuche der Bundesländer, einen islamischen Religionsunterricht in der Schule zu etablieren. Da der islamische Religionsunterricht auf Türkisch und im Rahmen des muttersprachlichen Unterrichts sowohl von Muslimen als auch von Vertretern der Schulbehörden als zunehmend unbefriedigend empfunden wurde, wurden in den einzelnen Ländern andere Modelle für den islamischen Religionsunterricht entwickelt. Diese Modelle deutschen gewissermaßen den islamischen Religionsunterricht ein. In den meisten Bundesländern wird dieser Unterricht nunmehr auf Deutsch erteilt und die Lehrpläne in einer Kooperation zwischen islamischen Organisationen und Schulbehörden oder den Kirchen erstellt. Die verschiedenen Modelle spiegeln unterschiedliche Kompromisse wider, die die Staats- und Verwaltungsvertreter auf der Länderebene zwischen ihrem kulturgemeinschaftlichen Verständnis des deutschen Territoriums und der notwendigen wie auch geforderten Eingliederung der islamischen Religionsausübung erarbeitet haben.

4. Paradoxe Normalisierung der Inklusionskonflikte

Die Deutsche Islamkonferenz (DIK) hat sich für die gegenwärtige Legislaturperiode zum Ziel gemacht, sich auf «Themen der religionsrechtlichen und gesellschaftlichen Teilhabe der Muslime und ihrer Organisationen» zu konzentrieren.[28] «Allgemeine Themen der Integration oder der öffentlichen Sicherheit sollen in anderen dafür zuständigen Gremien außerhalb der DIK erörtert werden.»[29] Mit anderen Worten, die DIK hat sich davon verabschiedet, religionspolitische Herausforderungen und sozialstrukturelle Probleme einer Bevölkerungsgruppe miteinander zu vermischen. An verschiedenen Universitäten in Deutschland werden sogenannte Zentren für Islamische Studien eingerichtet. Man hat also damit begonnen, islamische Religionslehrer und Theologen an deutschen Universitäten auszubilden. Die «theologische Notstandssituation», die im Kontext der Arbeitsmigration entstanden und immer wieder zu Konflikten unter den Einwanderern wie auch zwischen Einwanderern und staatlichen Behörden geführt hat, hat die deutsche Staats- und Verwaltungspolitik als gesellschaftliches Problem erkannt. Dieses Problem versucht sie zu lösen, indem sie den Aufbau der Zentren für Islamische Studien finanziell unterstützt und in die etablierten universitären Strukturen eingliedert. In vielen Bundesländern sind in den letzten Jahren Staatsverträge mit islamischen Organisationen geschlossen worden. Diese Staatsverträge regeln einzelne Elemente des deutschen Religionsverfassungsrechts, zum Beispiel die Erteilung eines islamischen Religionsunterrichts in der Schule. In Hamburg ist sogar ein allgemeiner Staatsvertrag mit einer Föderation muslimischer Organisationen unterzeichnet worden. Diese Föderation ist somit, wie die christlichen Kirchen, in allen religionsrechtlichen Fragen bezüglich der islamischen Religionsausübung der Gesprächs- und Kooperationspartner der Hamburger Landesregierung. Diese kurz skizzierten Entwicklungen deuten eine Normalisierung des Verhältnisses zwischen deutscher Staats- und Verwaltungspolitik und Muslimen an.

Die Normalisierung geht damit einher, dass Konflikte über muslimische Religionspraxis auf Seiten des Staats und auf Seiten der Muslime zunehmend religionspolitisch definiert werden. Vor diesem Hintergrund lassen sich diese Konflikte als Inklusionsmodus in die Institutionenordnung Deutschlands verstehen. Doch löst dieser Inklusionsmodus die Ambivalenzen nicht auf, die sich im Laufe der verschiedenen Phasen herausgebildet und verfestigt haben. Ein – trotz Bekräftigung des Ius-Soli-Prinzips in

[28] Deutsche Islam Konferenz: Gemeinsames Programm der DIK 2014, http://www.deutsche-islam-konferenz.de/SharedDocs/Anlagen/DIK/DE/Downloads/LenkungsausschussPlenum/arbeitsprogramm-dik-2014.html [13.10.2015].

[29] Ebd.

der Staatsbürgerkonzeption – fortbestehendes kulturgemeinschaftliches Territoriumsverständnis, das Islam und muslimische Religionspraxis als etwas Fremdes und Nicht-Dazugehörendes festlegt, widerspricht in der staats- und verwaltungspolitischen Praxis der religionspolitischen institutionellen Inklusion. Infolgedessen finden die Positionierungen in konkreten Konflikten – wie etwa über Moscheebauten – weiterhin Anschlusspunkte, um Muslime zu exkludieren, die Legitimität ihrer Teilhabe an der Institutionenordnung zu hinterfragen wie auch ihren sozialen Aufstieg zu übersehen und Islamfeindlichkeit zu rechtfertigen.[30] Das Paradox zwischen institutioneller religionspolitischer Inklusion islamischer Religionsausübung und ihrer ideellen Exklusion aus dem nationalen Identitätsbehälter generiert somit Konfliktdynamiken, die Staats- und Verwaltungsvertreter wie auch die Vertreter muslimischer Organisationen weder religionspolitisch noch einwanderungspolitisch bearbeiten können. Denn gestritten wird letztendlich über das, was Deutschland sein sollte.

[30] Vgl. dazu Naika Foroutan: Muslimbilder in Deutschland. Wahrnehmungen und Ausgrenzungen in der Integrationsdebatte, Bonn 2012.

I. TEIL

MOSCHEEBAU UND MOSCHEEBAU-KONFLIKTE IN DEUTSCHLAND, ÖSTERREICH UND IN DER SCHWEIZ IM VERGLEICH

Thomas Schmitt

Moscheebau und Moscheebaukonflikte in Deutschland

Der vorliegende Beitrag bietet zunächst einen deskriptiven Überblick zur Errichtung von Moscheebauten in Deutschland. Im zweiten Teil werden Moscheekonflikte in Deutschland eingeordnet und analysiert.[1]

1. Moscheebauten in Deutschland – ein kurzer historischer Abriss

Mohammed Salim Abdullah, einer der Ersten der Geschichtsschreibung des Islam in Deutschland, verfolgte die Sichtbarwerdung des Islam bis in die Zeiten von Absolutismus und Aufklärung zurück: bis hin zu jenen muslimischen Tartaren, die im 18. Jahrhundert für Preußen kämpften und offensichtlich in Potsdam beteten. 1731 machte der Herzog von Kurland dem preußischen König Friedrich Wilhelm I. (1713–1740) zwanzig muslimische Tataren zum Geschenk, damit diese ihm in der preußischen Armee dienen sollten. Für die Tartaren ließ Friedrich Wilhelm I. 1732 einen Saal in Potsdam als vermutlich erste, wenn auch nur vorübergehende Moschee in Deutschland herrichten.[2] Für jegliche Geschichtsschreibung gilt, dass sie eine soziale Konstruktion darstellt und unter Umständen «der

---

[1] Der vorliegende Beitrag fußt auf eigenen Forschungen zu Moscheen und Moscheekonflikten in Deutschland seit 1998; in ihn gehen ältere Veröffentlichungen des Autors ein, insbesondere Thomas Schmitt: Moscheen in Deutschland. Konflikte um ihre Errichtung und Nutzung (= Forschungen zur deutschen Landeskunde Bd. 252, zgl. gekürzte und überarbeitete Fassung der Dissertation TU München 2002), Flensburg 2003; Thomas Schmitt: Moschee-Konflikte und deutsche Gesellschaft, in: Dirk Halm / Hendrik Meyer (Hg.): Islam und die deutsche Gesellschaft, Wiesbaden 2013, 145–166; sowie eigene Texte aus Sabine Kraft / Thomas Schmitt: Islamische Sakralbauten und Moscheekonflikte in Deutschland, in: Die alte Stadt 3 (2008) 264–280.

[2] Vgl. Muhammad Salim Abdullah: … Und gab ihnen sein Königswort. Berlin – Preußen – Bundesrepublik. Ein Abriß der Geschichte der islamischen Minderheit in Deutschland, Altenberge 1987, 17.

Selbstdefinition einer Gruppe»[3] dient. Das trifft sicher auch auf die «Geschichte des Islams in Deutschland» von Abdullah zu,[4] wenn er diese, für viele Leserinnen und Leser vermutlich zunächst einmal überraschend, bis in das 18. Jahrhundert, zurückverfolgt und mit der Geschichte des deutschen Kernstaates Preußen verknüpft. Allerdings blieben die Tartaren, auf die sich Abdullah bezieht, offensichtlich nur wenige Monate in Preußen. Die durchaus verbreitete Konstruktion Abdullahs einer ersten islamischen Gemeindebildung im 18. Jahrhundert erscheint damit angesichts dieser historischen Situation als problematisch.[5]

Die älteste bis heute in Deutschland erhaltene repräsentative Moschee in Deutschland wurde in den 1920er Jahren von einem Zweig der Ahmadiyya-Bewegung in Berlin-Wilmersdorf errichtet; sie sollte neben den parallel errichteten Moscheen in Paris und London als Stützpunkt einer – man muss es heute betonen: immer nur friedlich gedachten – Europa-Mission dienen. Entsprechend der Herkunft der Bewegung vom indischen Subkontinent (konkret: dem heute in Pakistan liegenden Lahore) ließ sich der Architekt K. A. Herrmann bei der Außengestaltung der Moschee von der Bauikone *Tadj Mahal* inspirieren. Damit stellt die Wilmersdorfer Moschee bis heute ein Unikat in der Moscheearchitektur Deutschlands dar.

Auch die zeitlich folgenden repräsentativen Moscheen in Deutschland wurden unabhängig und teilweise bereits vor dem Einsetzen der Arbeitsmigration errichtet. 1959 eröffnete die *Ahmadiyya Muslim Jamaat* eine kleine Kuppelmoschee im Frankfurter Stadtteil Sachsenhausen; in Hamburg projektierten persische Kaufleute 1961 das schiitisch geprägte Islamische Zentrum Hamburg. An den beiden Hochschulstandorten Aachen und München mit einem relativ hohen Zulauf von arabischen Studenten wurden in den 1960er Jahren zwei weitere Moscheeneubauten unter dem Namen «Islamisches Zentrum» auf den Weg gebracht – beide Bauten zeigten sich in damals überraschend moderner, im Falle des Aachener Zent-

---

[3] Günter Wolkersdorfer: Raumbezogene Konflikte und die Konstruktion von Identität – die Umsiedlung des sorbischen Dorfes Horno, in: Berichte zur deutschen Landeskunde 74 (1/2000), 55–74, hier 64.

[4] Muhammad Salim Abdullah: Geschichte des Islams in Deutschland (= Islam und westliche Welt 5), Graz/Wien/Köln 1981.

[5] Vgl. Thomas Lemmen: Muslime in Deutschland. Eine Herausforderung für Kirche und Gesellschaft (zgl. Diss. St. Augustin 1999), Baden-Baden 2001.

rums jedoch nicht unbedingt ästhetisch ansprechender Architektursprache. Diese Bauten setzen sich damit auch architektonisch von den späteren sichtbaren Moscheen der Arbeitsmigranten deutlich ab.

Doch erst nachdem im Zuge des westdeutschen Wirtschaftswunders 1961 mit der Türkei das «Abkommen zur Anwerbung türkischer Arbeitskräfte für den deutschen Arbeitsmarkt» abgeschlossen worden war, kam es zu einer auch quantitativ bedeutsamen Einwanderung von Muslimen nach Deutschland. Die türkischen Arbeitnehmer sollten gemäß dem Rotationsmodell nur wenige Jahre in Deutschland bleiben und lebten deshalb häufig selbst zunächst in provisorischen Unterkünften, etwa in Arbeiterwohnheimen. Dies galt zum Beispiel auch für die türkischen Arbeitnehmer des damaligen «Mannesmann»-Hüttenwerks im Duisburger Süden. Den religiösen Grundbedürfnissen der Arbeiter trug man dort insoweit Rechnung, als 1965 in mehreren Wohnheimen Gebetsräume eingerichtet werden konnten.[6] Als Vorbeter fungierten die Hüttenarbeiter selbst. Solche Gebetsräume kann man als erste Moscheen (also «Orte, an denen man sich zum Gebet niederwirft») der Arbeitsmigranten in Deutschland betrachten. Das Rotationsprinzip entsprach nun tendenziell weder den Interessen der Unternehmer (die es vorzogen, ihre angelernten Mitarbeiter zu behalten, statt ständig neue Mitarbeiter in den Arbeitsprozess einzuführen) noch denen vieler türkischer Arbeitnehmer. Eine sich einstellende vorläufige Bleibeorientierung der türkischen Arbeitnehmer dürfte der zentrale Grund gewesen sein, warum es *um 1970* zur Einrichtung der ersten Moscheen von Arbeitsmigranten in den industriellen Ballungszentren Westdeutschlands kam. Von früheren Gebetsräumen in Wohnheimen oder Privatwohnungen unterschieden sie sich dadurch, dass die Räumlichkeiten von den Muslimen selbst mit dem Ziel der Einrichtung der Gebetsstätte angemietet wurden und der Moscheegemeinde eine gewisse Vereinsstruktur zugrunde lag. Teilweise fassten bereits in den sechziger Jahren in einzelnen Städten solche Kultur- oder islamischen Vereine Fuß, die sich personell und von ihrer religiösen und politischen Ausrichtung her den später gegründeten türkisch-sunnitischen Dachverbänden zuordnen lassen und die sich eng an bestimmten türkischen Parteien oder religiösen Bewegungen in der Türkei orientierten: So tendierten zum Beispiel manche Moscheen

---

6 Interview mit Serdar Bozkurt, ehemaliges Belegschaftsmitglied, August 1999.

in Richtung der «Idealisten» bzw. «Grauen Wölfe», also der nationalistischen türkischen Partei MHP, oder es bildeten sich örtliche Gruppen der «Süleymanci», die sich später im Verband der Islamischen Kulturzentren (VIKZ) zusammenschlossen. Andere Moscheegemeinden sympathisierten mit der Ideologie Necmettin Erbakans und sind als Vorläuferorganisationen der Islamischen Gemeinschaft Milli Görüş (IGMG) anzusehen. Die aufgeheizte innenpolitische Situation in der Türkei der 1970er und frühen 1980er Jahre machte sich damals auch in den türkisch geprägten Moscheen und Verbänden in Deutschland bemerkbar. Islamistische und nationalistische Ideologien prägten zu einem nicht geringen Anteil das geistige Klima in den Moscheen. Eine Folge dieser Situation war die 1982/84 erfolgte Gründung des Dachverbandes DITIB als eine Art Ableger der staatlichen türkischen Religionsbehörde *Diyanet*. Innerhalb weniger Jahre schlossen sich zahlreiche türkisch-sunnitische Moscheevereine der DITIB an, welche den lokalen Moscheevereinen Imame, die Beamte der türkischen Religionsbehörde waren, zur Verfügung stellte und auch deren Gehalt trug. DITIB wollte, auch im originären Interesse des türkischen Staates, dafür sorgen, dass das religiöse «Vakuum» unter den türkischen Muslimen in Deutschland nicht «von bestimmten fanatisch-politischen Gruppen mißbraucht» würde.[7] Das Konzept von DITIB ging insoweit auf, als zahlreiche, einst unabhängige oder anderen Verbänden zugehörige Moscheen sich zur DITIB orientierten oder neue «Konkurrenzmoscheen» seitens der DITIB gegründet wurden. DITIB repräsentierte für viele türkische Muslime die aus dem Herkunftsland vertraute Organisationsform des sunnitischen Islam und stand zunächst einmal für eine Religionsausübung «ohne Politik» bzw. ohne scharfe politische Agitation. Tezcan schrieb der DITIB metaphorisch eine Art volkskirchlichen Charakter zu.[8]

In mehrfacher Hinsicht betraten die Migranten Neuland, als sie Moscheevereine in Deutschland gründeten. Sowohl in der laizistischen Türkei als auch in arabischen Ländern war und ist es Aufgabe des Staates, «die

[7] So eine von Heine zitierte, von diesem nicht näher bezeichnete Selbstdarstellung der DITIB: Peter Heine: Halbmond über deutschen Dächern. Muslimisches Leben in unserem Land, München 1997, 118f.

[8] Vgl. Levent Tezcan: DITIB – eine Institution zwischen allen Stühlen (2005). Zit. nach: http://www.migration-boell.de [2013].

organisatorisch-technische und personelle Infrastruktur für die Religionsausübung zu gewährleisten».[9] Der *Staat* sorgte in den Herkunftsländern für den Bau und Unterhalt der Moscheen und für die Ausbildung und Bezahlung der Theologen. In Deutschland (und in den anderen europäischen Einwanderungsländern) stellte sich die Situation als eine völlig andere dar: «Selbstorganisation und Selbstverwaltung» durch die Migranten waren «das Gebot der Stunde».[10] Der Islam nahm damit in Deutschland eine gänzlich andere Organisationsstruktur an, als sie den Gläubigen aus den Heimatländern bekannt war. Die Rechtsform des *eingetragenen Vereins* bildete in der Regel den rechtlichen und organisatorischen Rahmen für die Bildung von Moscheegemeinden.

Repräsentative Moscheen	**Dachverband / ethnische Orientierung**	**Anzahl (ca.)**
Moscheen des **türkisch-sunnitischen** Islam	Moscheen der DITIB – Türkisch-Islamische Union der Anstalt für Religion	80
	Sonstige Moscheen des türkisch-sunnitischen Islam (VIKZ – Verband der Islamischen Kulturzentren; IGMG – Islamische Gemeinschaft Milli Görü°, ATIB – Union der Türkisch- Islamischen Kulturvereine in Europa)	10
Sonstige sunnitische Moscheen	Unabhängige arabisch geprägte, sunnitische Moscheen	8
	Bosnisch geprägt, sunnitische Moschee	1
	Multiethnische, sunnitische Moscheen (Islamische Gemeinde Penzberg)	1
Schiitische Moscheen	Schiitische Moschee (Islamisches Zentrum Hamburg)	1

[9] Bernhard Priesmeier: Die Entstehung islamischer Gemeinden in der Bundesrepublik Deutschland infolge der Anwerbung von Arbeitskräften, in: Herbert Even / Lutz Hoffmann (Hg.): Moscheen bei uns. Probleme von Organisation und Praxis des Islam in der Bundesrepublik Deutschland (Referat einer Tagung in Bielefeld am 21.11.1987; = Islam heute 6) Altenberge 1988, 53–71, hier 59.

[10] Priesmeier: Entstehung, a. a. O.

Moscheen der **Ahmadiyya**	Moscheen der Ahmadiyya Muslim Jamaat in der Bundesrepublik Deutschland e. V.	25
	Moschee der Ahmadiyya Andjuman Ischaat el-Islam Lahore (erste repräsentative Moschee Deutschlands, um 1925, in Berlin)	1
Summe		**127**

Tab. 1: Repräsentative Moscheen in Deutschland nach Dachverbänden bzw. ethnischer Orientierung in Deutschland 2011

Quelle: Eigene Erhebungen; vgl. auch Thomas Schmitt: Städtebaulich markante Moscheen, in: Nationalatlas online, Leibniz-Institut für Länderkunde, Leipzig 2011. Die Tabelle berücksichtigt lediglich Moscheen mit sichtbaren Formen, wie sie in der islamischen Architektur traditionell verwendet werden, insbesondere also mit Minaretten und/oder Kuppeln. Die Tabelle beruht auf umfangreichen eigenen Recherchen; nichtsdestoweniger sind die Zahlen mit einer Unsicherheit behaftet; die tatsächliche Anzahl repräsentativer Moscheen dürfte höher als die angegebenen Werte sein.

Die Moscheen der 1970er und frühen 1980er Jahre kann man in der Regel als «Laden- oder Hinterhofmoscheen» bezeichnen. Sie wurden also häufig in angemieteten, ehemals gewerblich genutzten Räumen eingerichtet. Kleine Moscheen umfassten neben dem Gebetsraum (weitgehend nur von Männern benutzt) und den Waschgelegenheiten eine Teestube, häufig «Lokal» genannt. Größere Moscheen konnten und können, je nach Raumangebot und Ausrichtung des Moscheevereins, zum Beispiel Frauen- und Jugendräume, eine Bibliothek, einen Vorstandsraum mit Büro, eine «Kantine» mit Lebensmittelverkauf oder gelegentlich eine Friseurecke umfassen. Nicht selten wurden die Räumlichkeiten der Moscheen mit der Zeit durch Anbauten erweitert. Mit wachsender Konsolidierung wurde auch die Inneneinrichtung verbessert, und nach Möglichkeit wurden kleinere durch größere, peripher gelegene durch günstiger gelegene Räumlichkeiten ersetzt.

Die Arbeitsmigration von Muslimen nach Deutschland führte erst Ende der 1980er bis Anfang der 1990er Jahre, also mit einer Zeitverzögerung von mehr als zwei Jahrzehnten, zu repräsentativen Moscheeneubauten. Zu diesen Bauten gehören die DITIB-Moscheen in Werl und Wesseling (beide: Grundsteinlegung 1988), Marl und Pforzheim (jeweils 1990). Bereits anhand dieser kurzen Aufzählung kann verdeutlicht werden, dass (1) Moscheebauprojekte zu einem beträchtlichen Anteil durch Vereine des Dachverbandes DITIB vorangetrieben wurden und werden, (2) sich ein Großteil der repräsentativen Moscheen in den industriellen Ballungsräumen Westdeutschlands (Rhein-Ruhr, Rhein-Main, Rhein-Neckar) befindet und (3) viele der ersten repräsentativen Moscheen in mittelgroßen Städten errichtet wurden, während in echten Großstädten wie Köln repräsentative Bauprojekte deutlich später initiiert wurden oder zum Teil sogar bis heute fehlen.

Im Hinblick auf die Minarettform und die Gestalt des zentralen Baukörpers orientierten sich die meisten Moscheeneubauten bislang, entsprechend dem meist türkischen Hintergrund der Moscheevereine, am Typus der osmanischen Kuppelmoschee mit ihren runden Minaretten. Maghrebinisch anmutende Moscheen fehlen in Deutschland, anders als in Frankreich, bislang völlig. Von Seiten der Architekturkritik wurde bemängelt, dass die bisherigen Moscheebauten – anders als etwa die Synagogenneubauten der letzten Jahrzehnte – selten eine zeitgemäße Architektursprache aufweisen.[11] Trotz der prinzipiellen Orientierung an traditionellen Elementen islamischer Architektur wie dem Kuppelbau und dem Minarett gelangen allerdings bei einer Reihe von Moscheeneubauten durchaus überzeugende Verbindungen moderner mit postmodernen Architekturkonzepten, so insbesondere bei der 1995 eröffneten DITIB-Moschee im Mannheimer Stadtteil Jungbusch. Die von einem holländisch-türkisch-deutschen Architektenteam konzipierte Moschee greift in ihrer Außengestaltung postmoderne Elemente auf und gliedert sich, ohne ihre Identität als Sakralbau zu leugnen, mittels ihrer Baukubatur gut in die bestehende Bebauung ein.[12] 2008 wurde die bis dato größte Moschee in Deutschland im Duisburger Stadtteil Marxloh eröffnet. Nachdem in den 1990er Jahren

[11] Siehe dazu ausführlich Sabine Kraft: Islamische Sakralarchitektur in Deutschland. Eine Untersuchung ausgewählter Moschee-Neubauten (zgl. Diss., Marburg 2000), Münster 2002; Kraft/Schmitt: Islamische Sakralbauten, a. a. O.

[12] Vgl. Sebastian Klusak: Untergang des Abendlandes? Zum Streit um islamische Gotteshäuser: Mannheims Moschee wird eröffnet, in: Frankfurter Allgemeine Zeitung, 2.3.1995; Andreas Schenk: Architekturführer Mannheim. Berlin 1999; Kraft: Islamische Sakralarchitektur, a. a. O., 131–163.

ein heftiger Streit um die von zwei Moscheegemeinden beantragte Einführung des lautsprecherverstärkten islamischen Gebetsrufs die Duisburger Stadtgesellschaft spaltete,[13] trugen im Falle des Marxloher Neubaus die Stadtspitze, Stadtverwaltung, die beiden großen christlichen Kirchen und auch die Duisburger Synagogengemeinde das Bauvorhaben des DITIB-Vereins mit. Der interreligiöse Beirat und die Konzeption einer Begegnungsstätte trugen zum Erfolg und zur bundesweiten Wahrnehmung der Moschee bei – wenn auch inhaltliche Spannungen zwischen den Exponenten der Begegnungsstätte und dem Vorstand der Moschee sowie Steuerdelikte im Zuge mit dem Betrieb der Begegnungsstätte diese Erfolgsbilanz trübten. In formaler Sicht greift die Duisburger Moschee das konventionelle Konzept der osmanischen Kuppelmoschee wieder auf, wenn auch mit größerem Bauvolumen als bei den bisherigen Moscheebauten in Deutschland. Damit dürfte dieser Bau zumindest den Seh- und Erwartungsgewohnheiten vieler Muslime wie Nichtmuslime in Bezug auf Moscheebauten entsprechen.

Der expressive Entwurf der DITIB-Moschee in Köln-Ehrenfeld durch den Architekten Paul Böhm wurde in den vergangenen Jahren überregional kontrovers diskutiert. Der Moschee mit ihrer selbstbewussten, kühnen Architektursprache, gelegen am Sitz der Bundeszentrale der DITIB, kam bundesweit eine hohe Aufmerksamkeit zu. DITIB mobilisierte in ganz Deutschland für Spenden für die Kölner Moschee; andere Moscheebauprojekte mussten dafür zurückstecken. Baumängel und eine Zerrüttung des Verhältnisses zwischen Bauherr und Architekt führten dazu, dass die Moschee bis heute (Stand: Frühjahr 2015) nicht eröffnet wurde.

Die Ahmadiyya-Gemeinschaft stellte im vergangenen Jahrzehnt nach der DITIB den größten Bauträger neuer Moscheen dar. Entsprechend der vergleichsweise geringen Mitgliederzahlen handelt es sich dabei um relativ kleine Moscheen, die aber regelmäßig über ein Minarett und eine Kuppel verfügen. Da die Ahmadiyya von sunnitischen (wie schiitischen) Muslimen in der Regel als häretisch angesehen wird, werden deren Moscheen von sonstigen Muslimen normalerweise auch nicht zum Gebet aufgesucht.

Einen bemerkenswerten Moscheebau errichtete Mitte der 2000er Jahre die unabhängige, bewusst multiethnische und sich als dezidiert liberal darstellende Islamische Gemeinde in der oberbayerischen Kleinstadt Penzberg. Die Kunsthistorikerin Sabine Kraft beurteilt diesen Bau wie folgt:

---

[13] Vgl. ausführlich Schmitt: Moscheen in Deutschland, a. a. O., Kap. 11.

«Dem Architekten Alen Jasarevic ist es geglückt, das Selbstbewusstsein der jungen muslimischen Gemeinde und ihre Öffnung nach außen hin architektonisch zum Ausdruck zu bringen. Der schlichte, kubische Baukörper wird durch steinerne Elemente ebenso geprägt wie durch eine kühne Glasfront, die das Innere durch ihren mosaikartigen Aufbau aus Scherben in blaues Licht taucht und Einblicke von draußen gewährt. Die Transparenz des Gebäudes reflektiert das Selbstverständnis der heterogen strukturierten Gemeinschaft als Teil der Ortsgemeinde; gerade ihre ethnische Vielfalt scheint die Überwindung des konventionellen Moscheetypus zu fördern und einen Duktus zuzulassen, der zwar unerhört modern wirkt, der aber den Maßstab des Ortes aufgreift».[14]

2. Moscheekonflikte in Deutschland – eine Übersicht

Während die Berlin-Wilmersdorfer Moschee in den 1920er Jahren zumindest in der Lokalzeitung als exotische Bereicherung des Stadtteils begrüßt wurde,[15] werden die neuen Moscheebauten der Migrantencommunities seit den 1990er Jahren von lokalen Konflikten begleitet. Echte stadtgesellschaftliche Konflikte, die über Nachbarschaftsreibereien hinausgehen, entzündeten sich bislang aber (mit wenigen Ausnahmen) nur um echte Moscheeneubauten, nicht um die sogenannten Laden- und Hinterhofmoscheen in umgewidmeten Gebäuden. Dieser Umstand lässt sich plausibel durch das Zusammenwirken von zumindest zwei Faktoren erklären: Zum einen sorgt das baurechtliche Procedere einschließlich einer möglichen Abstimmung im Stadt- bzw. Gemeinderat, der möglichen Diskussion des Bauvorhabens in Bürgerversammlungen und die damit einhergehende Presseberichterstattung dafür, dass potentielle Gegner auf das Vorhaben aufmerksam werden, sich organisieren können und Anknüpfungspunkte für Interventionen und Aktionen erhalten. Zum anderen scheint die sichtbare Moschee mit ihren baulichen Symbolen islamischer Architektur wie insbesondere dem Minarett besonders geeignet, Gegnerschaft zu mobilisieren. Zumindest beziehen sich Moscheegegner regelmäßig bei ihrer diskursiven Ablehnung auf das Minarett als symbolische Form; das Symbol

14 Sabine Kraft, in: dies./Schmitt: Islamische Sakralbauten, a. a. O., 273f.

15 Siehe die Darstellung in Schmitt: Moscheen in Deutschland, a. a. O., 49f.

erzeugt einen Mehrwert gegenüber der Funktion des religiösen Versammlungsortes und sozialen Treffpunktes.

Die Radikalisierung von Muslimen in Richtung eines gewaltbereiten Islamismus fand jedoch offenkundig, wenn nicht über das Internet vermittelt, vor allem in Laden- und Hinterhofmoscheen statt und nicht in denjenigen Moscheegemeinden, die über einen Moscheeneubau verfügen.

Bereits die Moscheebaukonflikte der 1990er Jahre, wie etwa in der bayrischen Kleinstadt Bobingen, sorgten für überregionale Medienaufmerksamkeit in der Tagespresse, aber vereinzelt auch in Nachrichtensendungen. Einen erkennbar ersten Höhepunkt lokaler islambezogener Konflikte in der Bundesrepublik stellten 1995/96 die Duisburger Auseinandersetzungen zur beantragten Einführung des lautsprecherverstärkten Gebetsrufs dar; zwei der rund 40 Duisburger Moscheegemeinden hatten dazu entsprechende Anträge bei der Stadt gestellt. Mit einer großformatigen Zeitungsanzeige sprach sich das Presbyterium der evangelischen Kirchengemeinde Duisburg-Laar, angeführt vom evangelikalen Pastor Dietrich Reuter, gegen den öffentlichen Gebetsruf aus. In zwei Bürgerversammlungen entluden sich nach Teilnehmerbeschreibungen pogromhaft wirkende Stimmungen. Die Konflikteinhegung wurde erst erreicht, als sich die antragstellenden Moscheevereine mit der Stadt darauf einigten, bis auf weiteres auf den lautsprecherverstärkten Gebetsruf zu verzichten; umgekehrt wurden den muslimischen Vereinen alternative Formen der Anerkennung in der Stadtgesellschaft von Seiten der Stadtspitze zugebilligt.[16]

Um 2005 konnte zunächst der Eindruck entstehen, dass Moscheekonflikte in Deutschland an Heftigkeit und Ausmaß verlören. Allerdings erreichte um 2006 die Planung eines Moscheebauprojekts der DITIB im Münchener Stadtteil Sendling die überregionalen Schlagzeilen. Während die SPD-geführte Stadtspitze den Bau vorbehaltlos unterstützte, sprachen sich Bewohnergruppen im Stadtteil und auch die CSU im Münchner Rathaus gegen den Bau aus. Nach zermürbenden Auseinandersetzungen gab die Münchener DITIB 2010/11 auf; dabei spielten Finanzierungsprobleme und offenkundig auch die Wahrnehmung lokaler Verantwortlicher, von Seiten des Bundesverbandes der DITIB keine ausreichende Rückendeckung zu erfahren, eine entscheidende Rolle. Im Berliner Stadtteil Heinersdorf kämpften 2006/07 die lokale CDU, aber auch die NPD, letztlich

[16] Schmitt: Moscheen in Deutschland, a. a. O., Kap. 11.

erfolglos, gegen einen Neubau der Ahmadiyya-Gemeinschaft.[17] An den Münchener und Berliner Auseinandersetzungen zeigte sich, dass Moscheekonflikte (ebenso wie Moscheebauten) kein reines Phänomen von kleineren und mittelgroßen Städten sind, sondern sich auch in den Metropolen der Republik ereignen, auch deren Stadtgesellschaften spalten können. Zwar war in beide Auseinandersetzungen die gesamtstädtische Politik involviert; die jeweiligen Bürgerproteste hatten aber eher einen stadtteilbezogenen Charakter. Dies galt nicht mehr für den Konflikt um die DITIB-Moschee in Köln-Ehrenfeld, welcher zweifellos den bislang markantesten Moschee-Konflikt in Deutschland darstellt. Dessen Eskalation wurde wesentlich durch das Agieren der rechten Wählervereinigung *Pro Köln* vorangetrieben, welche mit einem dezidiert antiislamischen Programm auftritt. In Wahlkämpfen verwenden *Pro Köln* und die aus ihr hervorgegangene Regionalpartei *Pro NRW* zumindest seit 2007/08 regelmäßig das in seiner Form an ein Verkehrszeichen (das «bedingte Haltevebot») erinnernde Symbol einer durchgestrichenen Moschee und beherrschten dabei symbolisch zu Wahlkampfzeiten eine ganze Reihe von Kölner Ausfallstraßen. Demonstrationen und Veranstaltungen gegen die Moschee und Gegendemonstrationen für die Moschee, letztere mit prominenten Aktivisten wie Musikern der Kölner Rockgruppe BAP, waren die öffentlichen Eskalationshöhepunkte der Kölner Auseinandersetzungen.

Die Moschee-Konflikte der 1990er Jahre nahmen die späteren gesamtgesellschaftlichen Debatten um die Stellung des Islam in Deutschland bzw. den westlichen Staaten gewissermaßen lokal vorweg.[18] Zum Jahreswechsel 2014/15 prägten, bisweilen gar als «Aufmacher»-Thema in den Nachrichtensendungen, die Dresdener «Montags»-Demonstrationen der «Pegida»-Bewegung die bundesweite Debatte. Neu an den Demonstrationen der Pegida-Anhänger (der sich selbst so bezeichnenden *Europäische[n] Patrioten gegen die Islamisierung des Abendlandes*) war der Umstand, dass ohne konkreten lokalgesellschaftlichen Anlass, insbesondere ohne ein Moscheebauprojekt, gegen die Etablierung des Islam in Deutschland demonstriert wurde. Damit bildet das Auftauchen der Pegida ein potentielles

---

[17] Vgl. Thilo Gulasch: Streitthema Moscheebau? (= http://www.deutsche-islam-konferenz.de/DIK/DE/Magazin/Gemeindeleben/StreitthemaMoscheebau [3.2.2013]). Siehe auch: Christoph Hohage, Moschee-Konflikte. Wie überzeugungsbasierte Koalitionen lokale Integrationspolitik bestimmen, Wiesbaden 2013.

[18] Vgl. Schmitt: Moscheen in Deutschland, a. a. O., 13.

Gegenbeispiel zum *Nimby*-Konzept (*«not in my backyard»*), demzufolge Bürgerprotest gegen (technische oder soziale) Infrastrukturvorhaben wesentlich durch die persönlichen, in der Regel räumlich gebundenen Eigeninteressen, die durch ein solches Projekt tangiert würden, motiviert sei. Wie die Pegida-Proteste offenbaren, braucht es mittlerweile – anders als in den 1990er Jahren – also weder ein Moscheebauvorhaben noch eine nennenswerte Präsenz von Muslimen in der jeweiligen Region, um gegen die Präsenz des Islams in Deutschland zu protestieren. Den Anfang 2015 vorlegten Ergebnisse des Bertelsmann-Religionsmonitors zufolge sieht mittlerweile eine Mehrheit der Deutschen den Islam als eine Bedrohung an.[19] Es ist m. E., vor dem Hintergrund dieser repräsentativen Umfragen, eine Fehleinschätzung, Pegida lediglich als ein lokales Phänomen deuten zu wollen.[20] Vielmehr artikulieren sich in den Dresdner Demonstrationen Ressentiments, Vorbehalte und – wie angesichts der jüngeren Terroranschläge von Islamisten deutlich wurde – nicht nur unbegründete Ängste, welche auch in anderen Teilen der Bundesrepublik anzutreffen sind.

In Moscheekonflikten überlagern sich permanent raumbezogene, ethnisch-kulturelle und religionsbezogene Konfliktaspekte, und es ist das Zusammenspiel dieser Aspekte, die für die Eskalation von Moscheekonflikten verantwortlich zeichnet.[21] Eine entsprechende Überlagerung lässt sich nachweisen für (1) die diskursive Ebene der öffentlich vorgetragenen Argumentationen (vgl. dazu die Übersicht in Tab. 2), aber auch (2) für –

---

[19] Bertelsmann Stiftung (Hg.), Religionsmonitor. Sonderauswertung Islam 2015. Die wichtigsten Ergebnisse im Überblick (download v. www.bertelsmann-stiftung.de [8.1.2015])

[20] So bei Simon Teune: Im Pegida-Fieber, in: Süddeutsche Zeitung (28.1.2015) Nr. 22/2015: 2.

Bei zahlreichen Alltagsbeobachtungen in unterschiedlichen bayerischen Städten, aber auch bei Zugfahrten in Regionalzügen konnte ich im Dezember 2014 / Januar 2015 nachverfolgen, dass die Pegida-Demonstrationen von Personengruppen diskutiert und dabei häufig positiv konnotiert wahrgenommen wurden. Solche Alltagsbeobachtungen können selbstverständlich weder repräsentative Erhebungen noch mögliche elaborierte qualitative Projekte ersetzen, und für sich alleine können sie keine Aussagekraft behaupten. Aber sie passen zu dem Bild über die Wahrnehmung des Islams in Deutschland, wie es auch die Ergebnisse des Bertelsmann-Religionsmonitors nahelegen.

[21] So die zentrale These in Schmitt: Moscheen in Deutschland, a. a. O.

sofern rekonstruierbar – die dahinter liegenden Motivationen von Akteuren, und sie gilt (3) für die Involvierung unterschiedlicher Institutionen, Normbereiche und Akteursgruppen, welche man unter diese Bereiche subsumieren kann: etwa das Baurecht und Stadtplanungsämter (raumbezogener Aspekt), Integrationsbeauftragte und Integrationsbeiräte (ethnisch-kultureller Aspekt), Kirchengemeinden, in einigen Fällen auch jüdische Gemeinden und selbstverständlich die Moscheegemeinden (religionsbezogener Aspekt). Es ist dabei eine Eigenheit von Moscheekonflikten, dass ein Großteil der Moscheegegner wie auch der Moscheebefürworter sich gleichzeitig, etwa innerhalb eines Interviews oder Statements, sowohl auf raumbezogen-städtebauliche, ethnisch-kulturelle und religionsbezogene Argumentationen beziehen kann.

Die zentrale Konfliktlinie für oder gegen die Moschee verläuft normalerweise nicht entlang ethnischer oder religiöser Grenzziehungen, sondern geht oftmals quer durch die Akteursgruppen der – sofern man diesen Begriff noch als adäquat betrachtet – Mehrheitsgesellschaft. In den Konflikten der 1990er und 2000er Jahre traten als Konfliktgegner der Moscheevereine häufig lokale Bürgerinitiativen bzw. Bürgergruppen auf, deren Mitglieder sich, wie etwa im Falle des Konflikts in Lünen/Ruhrgebiet 1997/98, großenteils aus Bewohnern des Wohnviertels rekrutierten, in dem die Moschee errichtet werden sollte. Die Fraktionen der etablierten Parteien im Stadtrat agierten in einigen Städten weitgehend geschlossen zugunsten des Moscheebauprojekts (z. B. in Lauingen an der Donau mit damaligem CSU-Bürgermeister), oder sie waren diesbezüglich gespalten (München: hier agierte die CSU gegen die Sendlinger Moschee), oder sie waren mehrheitlich gegen das Moscheebauprojekt (Bobingen bei Augsburg). Während lokale Repräsentanten der beiden großen christlichen Kirchen in den 1990er Jahren sich teils pro, teils kontra Moscheen positionieren konnten, haben diese nach meinem Eindruck in den letzten Jahren sich in den allermeisten Fällen unterstützend zum Moscheebauprojekt positioniert – zumindest sofern keine stärkeren Bedenken etwa im Hinblick auf die Verfassungstreue des Bauträgers bekannt waren. Eine neuere, aber vermutlich folgenreiche Entwicklung bezüglich der Moscheekonflikte in Deutschland stellt die Etablierung zumindest von lokalen Wählervereinigungen und einer Regionalpartei (*Pro NRW*) mit dezidiert antiislamischer Programmatik dar. Hier zeigen sich Parallelen mit und Einflüsse aus politischen Verschiebungen im benachbarten europäischem Ausland (Niederlande, Frankreich, Schweiz). Man kann von einer Internationalisierung oder einem internationalen Kontext von Moscheekonflikten sprechen. In den 1990er Jahren trat bereits bundesweit die christlich-fundamentalistische *Christliche Mitte* als Partei mit dezidiert antiislamischer Programmatik in Erscheinung. Mit Zeitschriften und Buchveröffentlichungen wie *Moscheen in Deutschland. Stützpunkte islamischer Eroberung*[22] sorgte sie, wie mir auch z. T. aus den eigenen Fallstudien bekannt ist, für die argumentative Unterstützung von Moschee-Gegnern vor Ort. Allerdings erhielt sie nie die Öffentlichkeitswirksamkeit und vergleichbare Stimmanteile bei Wahlen wie etwa die Partei bzw. Wählervereinigung *Pro NRW / Pro Köln*. Ein christlich-fundamentalistisch basierter Antiislamismus (wie im Falle der *Christlichen Mitte*) spricht in Deutschland offensichtlich deutlich weniger Bevölkerungsgruppen an als eine antiislamische Einstellung, welche auch für nicht religiös gebundene Personen offensteht.

Besonders markante Moscheen wie in Köln und Duisburg und Berlin wurden in den letzten Jahren zudem Zielobjekte von Demonstrationen aus rechten bis rechtsextremen Milieus. Anschläge, die zu Sachbeschädigungen und Fassadenverunstaltungen an Moscheen in Deutschland führten, dürfen nicht unerwähnt bleiben.

Konflikt-dimensionen	**Raumbezogen-städtebauliche (v. a. physisch-materielle Raum-kategorien)**	**Ethnisch-kulturelle sowie sozialgeographische**	**Religions-bezogene**
Lokale Ebene: *Kontra Moschee*	Moschee sei baurechtlich nicht zulässig Architektonischer Entwurf passe nicht ins Stadtbild, sei fremd, ggfs. Rückwärtsgewandt (oder dominant, riesig)	Furcht vor Veränderung/ «Orientalisierung» des Stadtteils	Behauptete mangelnde Verfassungstreue bzw. extremistische Einstellung des Bauträgers bzw. von muslimischen Besuchern

[22] Christliche Mitte (Hg.): Muslime erobern Deutschland. Eine Dokumentation, Lippstadt 1998.

	Park- und Verkehrsprobleme (insbesondere Freitags, im Ramadan) Umliegende Gebäude verlören an Wert		
Lokale Ebene: *Pro Moschee*	Moschee baurechtlich (prinzipiell) zulässig Moschee als architektonische Bereicherung für das Stadtbild	Moscheegemeinde als wichtiger Netzwerkpartner im Stadtteil Moschee als Beitrag zur und Ausdruck der Integration muslimischer Bevölkerungsgruppen	Dialogfähigkeit, Friedfertigkeit oder Liberalität der örtlichen Muslime der Moscheegemeinde
Überregionale Ebene (National – Global): *Kontra Moschee*	Kulturräumliche Argumentation: Moschee (Minarett, Islam) gehöre nicht nach Europa (nach Deutschland, in das Abendland) Behauptete generelle Überfremdung in Deutschland		Islam und Christentum inkompatibel; Islam sei antichristlich Islam passe nicht zu säkularem, demokratischen Rechtsstaat; Koran sei mit Grundgesetz und Menschenrechtsschutz inkompatibel Menschenrechtsverletzungen und Terroranschläge

		durch islamistische Terrorgruppen
Überregionale Ebene (National – Global): *Pro Moschee*	Islam gehöre nach Deutschland (Europa) Jahrhundertalte Tradition des geistigen und kulturellen Austausches Europas mit der islamischen Welt	Grundrecht auf freie Religionsausübung schütze Moscheebau Dialog der Religionen und Kulturen als wichtiges Anliegen Islam sei prinzipiell mit Grundgesetz, Demokratie und Menschenrechtsschutz vereinbar

Tab. 2: Typische und häufige Argumentationen pro und kontra Moscheebau in Moscheekonflikten

Quelle: Eigene Zusammenstellung, aufgrund älterer Synthesen (Schmitt, Moscheen in Deutschland, a. a. O.) und unter Einbeziehung neuerer Entwicklungen

3. Reaktionen des Staates sowie kirchlicher Institutionen auf Moscheebaukonflikte

Schon in Moscheebaukonflikten der 1990er Jahre wurden Gerichte von Bauträgern wie Gegnern von Moscheebauvorhaben angerufen. Anhand der weitgehend konsensualen zentralen Punkte in den Urteilen wurde in den 1990er Jahren Folgendes deutlich: Die Errichtung sichtbarer Moscheen, auch mit Minarett, fällt unter das Grundrecht auf Religionsfreiheit (Art. 4 GG). Der Bau von Moscheen ist, ebenso wie der Bau von Kirchen oder von sonstigen kulturellen Einrichtungen, z. B. in Wohngebieten, Kerngebieten (unter diesen baurechtlichen Begriff fallen z. B. Citygebiete) und ausnahmsweise auch in Gewerbegebieten zulässig.[23] Einzelbestimmungen etwa betreffend den Nachweis ausreichender Parkplätze oder etwa zur Nichtverschattung von Nachbargebäuden können im Zweifelsfall dazu führen, dass ein konkreter Bauentwurf für ein konkretes Grundstück als nicht genehmigungsfähig eingeschätzt wird, doch besteht bei der Anwendung entsprechender Bestimmungen zweifellos ein gewisser Ermessensspielraum.

Unter dem damaligen Bundesinnenminister Wolfgang Schäuble (CDU) wurde im Jahre 2006 die Deutsche Islam Konferenz (DIK) erstmals einberufen, in welcher die Bundesregierung, ferner Vertreter muslimischer Verbände, weiterer gesellschaftlicher Gruppen und auch Einzelpersonen über Grundfragen des Zusammenlebens von Muslimen und Nichtmuslimen in Deutschland beraten. Eine Arbeitsgruppe der DIK hat 2008 Empfehlungen zum Thema Moscheebau in Deutschland formuliert und dabei unter anderem festgestellt: «Der Moscheebau ist ein wichtiger Schritt zur Integration des Islam in Deutschland».[24]

Was die großen christlichen Kirchen betrifft, so hat sich insbesondere die katholische Kirche klar zugunsten des Rechts islamischer Gemeinden zum Moscheebau positioniert. 1998 hat das Bistum Rottenburg-Stuttgart in einer Erklärung den Bau von Moscheen, die auch von außen durch Symbole erkennbar sind, ausdrücklich begrüßt. 2008 verabschiedete die katholische Deutsche Bischofskonferenz eine Orientierungshilfe zum Thema «Moscheebau in Deutschland», welche sich an Verantwortliche in Kommunen und Kirchengemeinden richten will. In dieser differenziert auf interreligiöse, aber auch z. B. auf sozialgeographische Aspekte eingehenden Stellungnahme wird festgestellt: «Unzweifelhaft gehört zu dieser [= des Zweiten Vatikanum, T. S.] Sicht der Religionsfreiheit auch das Recht der Muslime auf den Bau würdiger Moscheen».[25] Im weiteren Verlauf des Textes wird aber den Beteiligten auch zu einer Beachtung sozialräumlicher Aspekte oder von Belangen des Denkmalschutzes beim

[23] Ausführlich Schmitt: Moscheen in Deutschland, a. a. O., 84f, 204; siehe auch die Aufbereitung in Johanna Schoppengerd: Moscheebauten in Deutschland (Dortmunder Beiträge zur Raumplanung 131), Dortmund 2008, 62.

[24] Deutsche Islam Konferenz: Empfehlungen der DIK zu Moscheebau, 2008 (= http://www.deutsche-islam-konferenz.de/DIK/DE/Magazin/Gemeindeleben/AG2Moscheebau/ag2-moscheebau-node.html [3.1.2015]).

[25] Sekretariat der Deutschen Bischofskonferenz (Hg.): Moscheebau in Deutschland. Eine Orientierungshilfe (Die deutschen Bischöfe 88) Bonn 2009, 9.

Neubau von Moscheen geraten. Diese grundsätzliche «Befürwortung des Rechtes zum Moscheebau schließt» für die Deutschen Bischöfe dabei «das Recht auf Kritik im Einzelfall nicht aus».[26]

Die großen Makroinstitutionen wie Staat und Kirchen in der Bundesrepublik haben sich also im Verlauf des letzten Jahrzehnts auf Grundlage des Grundrechts auf Religionsfreiheit darauf verständigt, dass der Neubau von Moscheen ein prinzipiell legitimes Anliegen darstellt, welches lediglich aufgrund spezifischer Gegebenheiten etwa städtebaulicher Natur oder aufgrund der in Zweifel gezogenen Verfassungstreue des Bauträgers kritisiert beziehungsweise abgelehnt werden soll. Ein Abebben von Moscheekonflikten ist ungeachtet dieses Konsenses in diesen bundesdeutschen Makroinstitutionen jedoch derzeit nicht in Sicht.

[26] A. a. O., 11.

Ernst Fürlinger

Moscheebau und Moscheebaukonflikte in Österreich

Wie in anderen europäischen Ländern verläuft der Ausbau der muslimischen Infrastruktur, vor allem in Form von Moschee- und Minarettbauten, in Österreich äußerst kontrovers. Traten vereinzelte lokale Konflikte bereits in den 1990er Jahren auf, so erreichten diese Auseinandersetzungen ab 2005 die bundesweite Politik und Öffentlichkeit. Die Moscheebauprojekte wurden zum Anlass für eine nationale Islamdebatte, wie sie z. B. in Frankreich ab 2003 anhand des islamischen Kopftuchs geführt wurde. Die Diskussionen lösten sich rasch von den konkreten Bauvorhaben und entwickelten sich zu intensiv geführten Debatten über den Islam in Europa bzw. in Österreich. Die Moscheebaukonflikte können von daher als öffentliches nationales Forum verstanden werden, auf dem – vielleicht zum ersten Mal in so breiter Form – Haltungen gegenüber den Migranten mit muslimischem Bekenntnis und gegenüber dem Islam in Österreich verhandelt werden. Dabei stehen sich zwei politisch-rechtliche Grundoptionen gegenüber: Die «Türken»/«Muslime» werden auf Basis eines primär ethnisch-kulturellen Verständnisses der Nation als Ausländer und Fremde aus dem Selbstbild der nationalen Gemeinschaft und Solidarität ausgeschlossen – oder Menschen muslimischer Konfession wird auf Basis eines republikanisch-politischen Verständnisses der Nation und der europäischen Werte zugestanden, als neue Bürger ihre Rechte im Verfassungsstaat, vor allem das Recht auf Religionsfreiheit, in Anspruch zu nehmen. Diese unterschiedlichen Grundoptionen prägen die jeweiligen Argumente und Diskurslinien in den Moscheebaukonflikten.

In diesen Konflikten und Debatten wurde unmittelbar eine Dynamik der globalisierten Gesellschaft greifbar, die mit dem Begriff der «Glokalisierung» (Roland Robertson) erfasst werden könnte: die enge Verschränkung des Globalen und Lokalen. Globale Kriege, Konflikte und Krisen rund um den djihadistischen Terror der al-Qaida und den «Krieg gegen den Terror» der von den USA geführten Koalition ab 2003 und die damit zusammenhängen internationalen Islam-Debatten bildeten den dominierenden Rahmen, in dem die lokalen Bauprojekte in Österreich wahrgenommen und interpretiert wurden.

Für die österreichische Situation sind dabei einige spezifische Faktoren zu berücksichtigen:

(1) Der überwiegende Teil der muslimischen Bevölkerung ist türkischer Herkunft, und der Moscheebau wird von türkisch-muslimischen Dachverbänden geprägt, primär dem Dachverband ATIB, der dem türkischen Religionsamt (Diyanet) in Ankara untersteht. Dadurch befindet sich die Frage der Errichtung von Moscheen in Österreich inmitten der starken politischen Spannungen und Auseinandersetzungen zwischen der Integrationspolitik der österreichischen Regierung und der nationalistisch orientierten Diasporapolitik der AKP-Regierung unter Erdoğan, die die türkische Bevölkerung in Westeuropa als Teil der türkischen Nation versteht.

Im Fall der ehemaligen Arbeitsmigranten aus der Türkei verbinden sich soziale, ethnische und religiöse Identitätszuschreibungen. Negative Grenzziehungen gegenüber den «Gastarbeitern», den «Türken» und den «Muslimen» überlagern und verstärken sich gegenseitig. Das historische Motiv des «Türken» als Erzfeind spielt im kollektiven Gedächtnis der österreichischen Nation eine besondere Rolle und wurde durch verschiedene Phasen der österreichischen Geschichte hindurch – bis in die Gegenwart – immer wieder politisch aktualisiert und instrumentalisiert.[1]

(2) Die politische Landschaft in Österreich ist durch die Existenz einer rechtspopulistischen Partei (FPÖ) geprägt, die zu den stärksten und erfolgreichsten Rechtsparteien in Westeuropa gehört. Die FPÖ kam bei der letzten Nationalratswahl 2013 auf 20,5 % der Stimmen und damit auf den dritten Platz, bei den Gemeinderatswahlen in Wien 2010 bereits auf 25,77 % und erreichte den zweiten Platz nach der SPÖ. Das Islamthema rückte innerhalb der Strategie der FPÖ erst in der zweiten Hälfte der 1990er Jahre in den Vordergrund; seit den Wiener Gemeinderatswahlen

---

1 Siehe dazu Michael Mitterauer: Politischer Katholizismus, Österreichbewußtsein und Türkenfeindbild. Zur Aktualisierung von Geschichte bei Jubiläen, in: Beiträge zur historischen Sozialkunde 4 (1982), 111–120; Peter Rauscher: Die Erinnerung an den Erbfeind. Die «Zweite Türkenbelagerung» Wiens 1683 im öffentlichen Bewusstsein Österreichs im 19. und 20. Jahrhundert, in: Gabriele Haug-Moritz / Ludolf Pelizaeus (Hg.): Repräsentation der islamischen Welt im Europa der Frühen Neuzeit, Münster 2010, 278–305; Johannes Feichtinger / Johann Heiss (Hg.): Geschichtspolitik und «Türkenbelagerung» (Kritische Studien zur «Türkenbelagerung» 1), Wien 2013.

2005 mobilisiert die Partei intensiv mit dem Thema Islam und Moscheebau.[2] In diesem Jahr erfolgte die Spaltung der FPÖ; seither befanden sich FPÖ und BZÖ (gegründet vom ehemaligen FPÖ-Obmann Jörg Haider) in einer Konkurrenz um die radikalere und effektivere Gegnerschaft zu Moschee- und Minarettbau in Österreich, welche die öffentlichen Auseinandersetzungen stark beeinflusste.

(3) Aufgrund des Islamgesetzes von 1912 ist der Islam den christlichen Kirchen und anderen anerkannten Religionsgesellschaften rechtlich gleichgestellt. Die heftigen Widerstände gegen die Errichtung von muslimischen Bauten – seien sie von außen als Sakralbauten erkennbar oder in einer neutralen Außengestalt errichtet – machen deutlich, dass die rechtliche Anerkennung und Gleichstellung nicht mit einer sozialen und gesellschaftlichen Anerkennung der muslimischen Bevölkerung korrespondiert.

(4) Für den österreichischen Historiker Oliver Rathkolb ist eines der Charakteristika Österreichs als «paradoxe Republik», dass die aktive und offene Auseinandersetzung mit der NS-Herrschaft im Vergleich zu Deutschland aufgrund des Selbstbilds als «Opfer» der NS-Politik verspätet – erst ab der Waldheim-Affäre 1986 – erfolgte und immer noch als blockiert erscheint.[3] Damit könnte zusammenhängen, dass die Sensibilität für die normative, grundrechtliche Dimension im Widerstand gegen den Moscheebau mangelhaft ausgeprägt ist – nämlich für die Problematik, «nationsfremde, orientalische» Bauten im öffentlichen Raum verhindern zu wollen, die Rechte einer religiösen Minderheit im Nationalstaat zu beschneiden, sie als «Gemeinschaftsfremde» und als Bürger zweiter Klasse zu behandeln. Durch die Geschichte der Judenverfolgung in der NS-Zeit in Österreich könnte man die Lektion lernen, wie rasch diskriminierende Bestimmungen und sprachliche Ausgrenzungen unter bestimmten politischen Bedingungen eskalieren und in Gewalt umschlagen können. Im Zuge der Moscheebaukonflikte lässt sich beobachten, dass die Ähnlichkeit zu Mustern in der Haltung gegenüber Synagogenbauten in der jüngeren Geschichte Österreichs in der Regel nicht bewusst sind. Antisemitismus ist in Österreich seitens des Staates und der Politik heute geächtet und

---

[2] Vgl. Farid Hafez: Islamophober Populismus. Moschee- und Minarettbauverbote österreichischer Parlamentsparteien, Wiesbaden 2010, 19.

[3] Oliver Rathkolb: Die paradoxe Republik. Österreich 1945 bis 2015, Wien 2015.

stellt ein Tabu dar, während die Toleranzschwelle gegenüber antimuslimischem Rassismus teilweise höher zu liegen scheint.

Der folgende Beitrag ist in zwei Abschnitte gegliedert. Im ersten Teil stelle ich die Entwicklung der Einrichtung von muslimischen Gebetsräumen seit den 1970er Jahren und der Errichtung von repräsentativen Moscheen in Österreich dar. Im zweiten Teil gebe ich einen Überblick zu den Konflikten rund um den Bau von Moscheen und Minaretten, die ich in sieben Phasen eingeteilt habe. Meine Ausführungen basieren auf den Ergebnissen eines Projekts im Bereich der empirischen Religionsforschung, das ich mit Unterstützung des FWF zwischen 2009 und 2012 an der Universität Wien durchgeführt habe.[4]

1. Moscheen in Österreich

Historische Entwicklung: Überblick

In der ersten Jahrhunderthälfte lebten in Österreich nur wenige Muslime – bei der Volkszählung 1910 zählte man 1450 Muslime, davon 390 in Wien. Pläne der Stadt Wien unter Bürgermeister Lueger für eine große weiße Moschee mit Minarett bestanden bereits vor 1909. Den Hintergrund bildete das politische Bündnis zwischen der Donaumonarchie und der Türkei.[5] Das Projekt wurde auch während des Ersten Weltkriegs weiter betrieben und von Kaiser Karl finanziell unterstützt.[6] Aufgrund der schwierigen wirtschaftlichen Bedingungen nach dem Krieg wurde das Großprojekt eingestellt.

Erst in der zweiten Hälfte der 1960er Jahre entstand eine neue Initiative für den Bau einer großen repräsentativen Moschee in Wien, in Form

4 Ernst Fürlinger: Moscheebaukonflikte in Österreich. Nationale Politik des religiösen Raums im globalen Zeitalter (Wiener Forum für Theologie und Religionswissenschaft 7), Göttingen 2013.

5 Das Projekt einer Moschee in Wien: Neues Wiener Journal 29, 1.2.1921, 2.

6 Kriegsarchiv B/999: XXI (Nachlass Reinhold Lorenz), fol. 763. Hinweis: Wolfdieter Bihl: Zur Stellung des Islam in Österreich, in: Österreichische Osthefte 33:3 (1991), 585–597, hier 597, Fußnote 13.

der 1967 gegründeten Stiftung «Vienna Islamic Centre», die von den Botschaften der islamischen Länder in Wien getragen wurde, die an der Peripherie von Wien, in der Nähe der UNO-City, ein Grundstück für eine Moschee kaufte. 1979 wurde die neue Moschee, das «Vienna Islamic Centre», eröffnet, die hauptsächlich von Saudi-Arabien finanziert wurde und verwaltet wird – damals die erste Moschee in der klassischen architektonischen Form mit Kuppel und einem Minarett in Österreich. Während dieser erste als Moschee errichtete und sichtbare Sakralbau in Österreich in der Öffentlichkeit als positives Zeichen der Internationalität Wiens gefeiert wurde, war die Reaktion des «Moslemischen Sozialdienstes» rund um Dr. Smail Balić, der zu dieser Zeit die rechtliche Anerkennung des Islam vorantrieb, äußerst kritisch. Die intellektuelle muslimische Elite in Wien missbilligte die isolierte Randlage der «Diplomaten-Moschee», die keinerlei Bezug zu den österreichischen Muslimen und den Arbeitsmigranten hatte. Der «Moslemische Sozialdienst» stand vor allem der puritanischen wahhabitischen Strömung des Islam ablehnend gegenüber, deren Einfluss auf die Entwicklung des Islam in Österreich über die neue Wiener Moschee man befürchtete.

Mitte der 1960er Jahre – als man den Bau der ersten repräsentativen Moschee in Österreich initiierte – existierte nur ein kleiner Gebetsraum in Wien, 1964 eingerichtet vom «Moslemischen Sozialdienst», der von Dr. Smail Balić und anderen Muslimen bosnischer Herkunft 1962 gegründet worden war. Ab den 1960er Jahren wuchs die muslimische Bevölkerung durch die Arbeitsmigration aus der Türkei und Jugoslawien rasch an, besonders in den Jahren 1969 bis 1973.[7] Bei der Volkszählung 1971, bei der man zum ersten Mal auch das islamische Religionsbekenntnis angeben konnte, wurden rund 22 000 Personen mit muslimischem Bekenntnis gezählt, 1981 rund 77 000 Personen, die Mehrheit davon in Wien, Vorarlberg und Niederösterreich.[8]

---

[7] Vgl. Rainer Münz / Peter Zuser / Josef Kytir: Grenzüberschreitende Wanderungen und Ausländische Wohnbevölkerung: Struktur und Entwicklung, in: Heinz Faßmann / Irene Stacher (Hg.): Österreichischer Migrations- und Integrationsbericht. Demographische Entwicklungen – sozio-ökonomische Strukturen – rechtliche Rahmenbedingungen, Klagenfurt/Celovec 2003.

[8] Vgl. Statistik Austria: Volkszählungen / Bevölkerung nach demographischen Merkmalen / Bevölkerung nach dem Religionsbekenntnis und Bundesländern 1951 bis 2001 (http://www.statistik.gv.at/web_de/statistiken/ bevoelkerung/

Ab Mitte der 1970er Jahre begann man dort, wo eine größere Zahl muslimischer Familien lebte und arbeitete, kleine, bescheidene Gebetsräume einzurichten – meistens gemietete Kellerräume, die man für das gemeinsame Gebet und als Treffpunkt anfangs notdürftig adaptierte und in einigen Fällen im Lauf der Jahre ausbaute. Das erste große türkisch-muslimische Zentrum in Wien, das sich nicht mehr in einem Keller befand, war die «Ayasofya Camii» im siebten Bezirk, für die man ab etwa 1984 Räume in einem Wohnhaus mietete. 1987 wurden in ganz Österreich 52 Gebetsräume mit angeschlossenem Vereinslokal türkisch-sunnitischer Vereine gezählt, davon allein 14 in Wien.[9]

Mit dem Bosnienkrieg Anfang der 90er Jahre und der Fluchtmigration bosnischer Muslime entwickelte sich die zweite große Gruppe des Islam in Österreich. Die bosnisch-muslimische Gemeinschaften in Österreich begannen ebenfalls, eine Infrastruktur aufzubauen. Der erste bosnische Gebetsraum außerhalb von Wien wurde 1991 in Gmunden (Oberösterreich) eingerichtet, danach 1993 in Klagenfurt (Kärnten).

In den 1990er Jahren gingen muslimische Vereine in Österreich verstärkt dazu über, Wohnungen und Häuser zu kaufen, um darin ihre Zentren einzurichten. In diesen großen, langfristigen Investitionen in Österreich kommt die Einsicht zum Ausdruck, dass man sich hier auf Dauer ansiedeln wird – aus Migranten waren neue Bürgerinnen und Bürger geworden. Es erfolgte zu dieser Zeit eine Umorientierung von der vorgesehenen Rückkehr ins Herkunftsland auf Österreich als Ort, an dem man bleiben wird.

In den letzten 15 Jahren entstanden in Österreich islamische Zentren, die hauptsächlich drei unterschiedliche Bautypen repräsentieren:

(a) Einrichtung von Zentren in großen bestehenden und umgewidmeten Gebäuden, v. a. großen Betriebsgebäuden;

(b) Neubauten in einer architektonisch neutralen Form, bei der die Funktion der Moschee von außen nicht erkennbar ist;

(c) Neubauten in einer architektonischen Form, bei der die Funktion der Moschee durch bauliche Elemente wie Kuppel, Minarette etc. sichtbar ist.

---

volkszaehlungen_registerzaehlungen/bevoelkerung_nach_demographischen_merkmalen/022885.html [3.5.2014]).

[9] Vgl. Kirstin Arat: Der Islam in Österreich, in: Cibedo-Beiträge 4 (1987), 97–128, hier 111ff.

(a) Entstehung großer islamischer Zentren in bestehenden und umgewidmeten Gebäuden:
Ab etwa 2000 entstanden vor allem in den großen Städten große multifunktionale islamische Zentren, die häufig Platz für rund 1000 Personen bieten. Sie wurden in umgebauten Gebäuden eingerichtet, in ehemaligen Firmengebäuden und Lagerhallen, die von außen kaum als islamische Zentren erkennbar sind und keine oder kaum sichtbaren Merkmale einer Moschee aufweisen. Diese Form islamischer Zentren bildet nach wie vor die Regel, vor allem aus Kostengründen.[10]

An bisher zwei Orten in Österreich wurde zu diesen umgewidmeten Gebäuden nachträglich ein Minarett dazu gebaut: In Saalfelden wurde 2001 bis 2005 eine ehemalige Lagerhalle am Ortsrand als Zentrum des Vereins ATIB umgebaut und 2003 ein neun Meter hohes Minarett neben dem Gebäude errichtet. Der Bau des ersten Minaretts in Salzburg löste keinerlei Kontroverse oder Opposition aus. Die Stadtführung war froh gewesen, dass die Muslime aus dem Zentrum von Saalfelden an den Ortsrand umgesiedelt waren. Die Existenz des zweiten Minaretts in Österreich – nach der Wiener Moschee von 1979 – wurde erst 2009 einer größeren Öffentlichkeit bekannt.[11] 2006 wurde in Telfs neben der ehemaligen Rettungszentrale, die ATIB Telfs als islamisches Zentrum umgebaut hatte, ein 15 Meter hohes Minarett errichtet. Es handelt sich um das erste und bisher einzige Minarett in Tirol, das – im Gegensatz zu Saalfelden – zum Gegenstand eines sehr heftigen politischen und gesellschaftlichen Konflikts wurde.

(b) Neubauten in einer neutralen äußeren Gestalt, bei der die Funktion als Moschee von außen nicht erkennbar ist:
Neben der Umwidmung von bestehenden Gebäuden werden vereinzelt Neubauten islamischer Zentren in einer neutralen Außengestalt, ohne tra-

---

[10] Zum Beispiel in Bregenz (Dachverbände ATIB und VIKZ), Hohenems (ATIB und VIKZ), Feldkirch (AIF), Wien, 21. Bezirk (ATIB), Wien, 20. Bezirk (IF), Wien, 10. Bezirk (IF), Klagenfurt (Dachverband bosnisch-muslimischer Vereine).

[11] Claudia Lagler: Das Minarett, das keiner kennt, in: Die Presse, 5.12.2009.

ditionelle bauliche Elemente einer Moschee wie Kuppel und Minarett, errichtet.[12] Minarette werden bei diesen neugebauten Moscheen nicht errichtet: Bei mehreren Bauprojekten stellen Bürgermeister als Baubehörde erster Instanz bereits in den informellen Vorgesprächen mit den muslimischen Bauherren klar, dass ein Minarettbau nicht erwünscht ist und sorgen so dafür, dass es erst gar nicht zu einer Einreichung des Moscheebauprojekts mit einem Minarett kommt. Im Fall des Moscheebauprojekts in Nenzing (Vorarlberg) verlangte der Bürgermeister nach Protesten aus der Bevölkerung die vertragliche Vereinbarung mit dem muslimischen Verein, dass ein Neubau nur ohne Kuppel und Minarett errichtet wird.[13] Bei anderen Projekten verzichten die muslimischen Vereine von vornherein darauf, ein Minarett einzuplanen, um Schwierigkeiten und Verzögerungen zu vermeiden.

Beide Seiten, sowohl die Politiker als auch die muslimischen Organisationen, ziehen dabei die Lehren aus den heftigen Konflikten rund um Moscheebauprojekte ab 2005, in denen meistens besonders das Minarett als bauliches Symbol des Islam und der Präsenz einer muslimischen Gemeinschaft im Zentrum stand. Gleichzeitig waren aber auch Neubauten in einer völlig neutralen Gestalt, ohne irgendwelche äußere Kennzeichen einer Moschee,[14] und selbst Innenumbauten bestehender Gebäude[15] Gegenstand von intensiven Protesten und parteipolitischer Instrumentalisierung.

---

[12] Zum Beispiel in Gänserndorf, Niederösterreich (ATF, Eröffnung 2002); Reisenberg, Niederösterreich (UIKZ, 2012); Enns, Oberösterreich (Verband der bosnisch-muslimischen Vereine, 2012); Frastanz, Tirol (ATIB, 2012); Herzogenburg, Niederösterreich (IF, im Bau).

[13] Saskia Jungnikl: «Ich habe für den Standort gestimmt» (Interview mit Bürgermeister Florian Kasseroler), in: derStandard.at, 22.5.2009 (http://derstandard.at/1242316416333/FPOe-Ich-habe-fuer-den-Standort-gestimmt [4.5.2014]).

[14] Zum Beispiel in Mauthausen (in den Jahren 2007/08), Hörbranz (2007/08), Leoben-Donawitz (2010) oder Wiener Neustadt (2011). S. Ernst Fürlinger: The politics of non-recognition. Mosque construction in Austria, in: Stefano Allievi (Hg.): Mosques in Europe. Why a solution has become a problem. London 2010, 183–216; ders.: Moscheebaukonflikte, a. a. O., 205f.

[15] Zum Beispiel im Fall der Adaptierung eines ehemaligen kleinen Bauernhauses durch den Verein ATIB Spittal an der Drau (Kärnten) in den Jahren 2007

(c) Neubauten, in deren architektonischer Außengestalt die Funktion der Moschee sichtbar ist:

Dreißig Jahre nach der Wiener Moschee entstand in Österreich ein weiteres, als Moschee errichtetes Gebäude, und zwar in Bad Vöslau (Niederösterreich), in der Nähe von Baden bei Wien. Der Bau mit Zentralkuppel und zwei Minaretten wurde im März 2008 begonnen und im Oktober 2009 eröffnet. Es handelt sich um die erste repräsentative Moschee in Österreich, die von einem Verein ehemaliger Arbeitsmigranten aus der Türkei erbaut wurde, der zum Dachverband ATIB gehört.

Ab September 2012 errichtete ein bosnisch-muslimischer Verein in Rankweil (Vorarlberg) eine neue Moschee – der erste Neubau einer Moschee in Vorarlberg. Das Gebäude wurde als zweistöckiger Flachbau in einer zeitgenössischen Architekturform von einer Vorarlberger Architektin geplant. Obwohl ein Minarett als architektonisches Symbol der Moschee ein Wunsch des Vereins gewesen war, hatte der Verein von vornherein darauf verzichtet, um die Genehmigung für den Bau rasch zu bekommen.

Im September 2013 wurde der Neubau der Moschee des Vereins ATIB Ternitz (Niederösterreich) eröffnet. Die Architektur weist mit Rundbogenfenstern und einer Glaskuppel auf die Funktion als islamischer Sakralbau hin. Zusätzlich wurde das auf dem Grundstück befindliche Betriebsgebäude renoviert.

2014 wurde die neue Moschee des bosnischen Vereins «Nur» in Linz-Kleinmünchen (Oberösterreich) fertiggestellt. Die Funktion des Gebäudes als Moschee wird vor allem durch eine zentrale Glaskuppel sowie durch die oben abgerundeten Fenster angezeigt. Damit handelt es sich um den ersten von außen erkennbaren islamischen Sakralbau in Oberösterreich. Die Errichtung war von der Stadt Linz mit 10 % der Baukosten finanziell unterstützt worden.

Im Frühjahr 2013 begann ein bosnisch-muslimischer Verein in Graz mit dem Bau eines großen Zentrums – der ersten neugebauten Moschee in der Steiermark und dem ersten Moscheebauprojekt in Österreich, für das ein Architekturwettbewerb ausgeschrieben wurde. Den Wettbewerb gewann der Entwurf eines Grazer Architekten in einer zeitgenössischen Architektursprache, der eine würfelförmige Moschee, ein 22 Meter hohes

---

bis 2009 oder der Adaptierung von Betriebsgebäuden in Wien (10. und 20. Bezirk), die von mehreren Anrainerinitiativen und teilweise von vermeintlichen «Bürgerinitiativen», die direkt von der FPÖ gegründet wurden, bekämpft werden.

Minarett und u. a. eine Multifunktionshalle für rund 1000 Menschen und einen Kindergarten vorsieht. Der Rohbau wird zurzeit fertiggestellt und das Richtfest findet am 30. Mai 2015 statt.[16]

Diese wenigen, architektonisch teilweise anspruchsvollen und in ihrer Funktion von außen erkennbaren Bauten bilden weiterhin die Ausnahme. An dieser Stelle ist auch der Gebetsraum am islamischen Friedhof Vorarlberg in Altach zu erwähnen, der in einer sehr ansprechenden zeitgenössischen Architektursprache vom Vorarlberger Architekten Bernardo Bader entworfen und innen von der Künstlerin Azra Akšamija gestaltet wurde. Der Mitte 2012 eröffnete Friedhof – der zweite islamische Friedhof in Österreich nach dem im Oktober 2008 eröffneten Friedhof in Wien – erhielt 2013 den Aga Khan Award for Architecture.[17]

Insgesamt wird die Zahl der Moscheen – im Sinn multifunktionaler muslimischer Zentren mit einem Gebetsraum, die überwiegend in umgewidmeten Gebäuden eingerichtet sind – von der Islamischen Glaubensgemeinschaft in Österreich (IGGIÖ), der staatlich anerkannten Körperschaft des sunnitischen Islam, gegenwärtig mit 205 angegeben.[18] Die IGGIÖ listet allerdings nur die bei ihr registrierten Moscheen auf – man kann davon ausgehen, dass die tatsächliche Zahl etwa doppelt so hoch sein dürfte.

2. Moscheebaukonflikte in Österreich: sieben Phasen

In Österreich sind gesellschaftliche und politische Konflikte rund um die schrittweise Institutionalisierung des Islam in Form von Bauten kein neues Phänomen. Ihre Intensität verstärkte sich aber in den letzten Jahren, vor allem ab 2005, ab dem Minarettstreit in Telfs. Ebenso verstärkte sich die

[16] Website Islamisches Kulturzentrum Graz: http://www.islamgraz.org.

[17] Siehe dazu Eva Grabherr: Das Sichtbarwerden des Islam in den europäischen Regionen. Ein Friedhofsprojekt als integrationspolitisches ›Lernfenster‹ für eine Region (Vortrag bei der NECE-Conference «Rethinking Citizenship Education in European Migration Society», 26.–28. April 2007, Lissabon/Portugal). Quelle: http://www.bka.gv.at/DocView.axd?CobId=43930 [13.10.2015].

[18] Website der Islamischen Glaubensgemeinschaft in Österreich / Einrichtungen / Moscheen (http://www.derislam.at [30.3.2015]).

mediale und öffentliche Aufmerksamkeit für dieses Thema, die nun bis auf die Ebene der bundesweiten Medien und Politik reichte.

Für die Entwicklung der Politisierung des Moschee- und Minarettbauthemas in Österreich können folgende sieben Phasen unterschieden werden:[19]

Phase 1: Vereinzelte lokale und regionale Diskussionen rund um die Einrichtung von Moscheen in den 1980er Jahren.

Beispiel: das Projekt des Neubaus einer Moschee in Telfs 1981. Gemeinderäte und der Pfarrer vertraten die Meinung, dass eine Moschee nicht nach Telfs gehöre.[20] Der muslimische Verein gab das Vorhaben auf und mietete 1986 mit Hilfe des damaligen Bürgermeisters eine große Wohnung für die Durchführung des Freitagsgebets.

Phase 2: Beginn der politischen Instrumentalisierung des Moschee-Themas ab 1993

Das erste bekannte Beispiel für die politische Mobilisierung mit Hilfe des Themas «Moschee» findet sich in Österreich im Vorfeld der Salzburger Landtagswahl am 13. März 1994. Die FPÖ-Landespartei Salzburg verwendete bei ihrer Wahlkampagne den Slogan «Wenn schon eine Moschee in Salzburg, dann auch eine Kirche in Mekka».[21] Hintergrund bildet das Vorhaben eines Moscheevereins, der zum Dachverband «Islamische Föderation» (*Milli Görüş*) gehört, eine neue Moschee mit Kuppel und Minarett in Salzburg-Gnigl zu errichten. Vertreter der Stadtregierung hielten in den ersten Gesprächen fest, dass das Minarett keinesfalls höher sein dürfte als der Kirchturm im Stadtviertel. Zu einer Einreichung kam es nicht, der Verein benutzt bis heute ein adaptiertes Firmengebäude. Der lokale Konflikt rund um das Moscheebauprojekt blieb einer breiteren Öffentlichkeit damals unbekannt.

---

[19] Fürlinger: Moscheebaukonflikte, a. a. O., 196–225. Die dortige Einteilung von Phasen wird in diesem Beitrag überarbeitet und modifiziert.

[20] Telfs: Bedenken wegen Moschee: Tiroler Tageszeitung Nr. 172, 28. Juli 1981, 3.

[21] Zitiert nach Alfred Pfeiffenberger: Wahlkampf damals. Mafia, Transit, U-Bahn, in: Salzburger Nachrichten 20.2.1999, 3; vgl. Smail Balić: Zur Geschichte der Muslime in Österreich I: Lebensräume und Konfliktfelder, in: Susanne Heine (Hg.): Islam zwischen Selbstbild und Klischee. Eine Religion im österreichischen Schulbuch. Köln/Weimar/Wien 1995, 23– 35, hier 31.

Phase 3: Der erste überregional bekannte Moscheebaukonflikt – Traun (1998–2001)

Der erste Konflikt rund um die Einrichtung eines muslimischen Gebetsraums in Österreich, von dem in regionalen und bundesweiten Medien über Jahre berichtet wurde, betraf das kleine Zentrum eines islamischen Vereins in Traun (Oberösterreich). Der Verein adaptierte 1998 einen Kiosk im Stadtzentrum als Vereinslokal mit Gebetsraum, ohne eine Genehmigung für den Innenumbau erhalten zu haben. Gegen das Verbot der Baubehörde, das Gebäude zu nutzen, wurde das Zentrum im Mai 1998 eröffnet. Im November ordnete der Bürgermeister den Abbruch des Gebäudes aus feuerpolizeilichen Gründen an. Es kam zu Protestmaßnahmen der Muslime, u. a. zu öffentlichen Freitagsgebeten im Stadtzentrum im Juni 2000. Das Gebäude wurde im März 2001 unter Polizeischutz abgerissen.

Phase 4: Einsetzen nationaler Islamdebatten anhand des Themas Moschee- und Minarettbau ab 2005: Minarettbau in Telfs, Moscheebau in Bad Vöslau

Ab 2005 erfolgte in Österreich eine Zuspitzung und Intensivierung der politischen und gesellschaftlichen Auseinandersetzungen rund um das Thema Islam, und zwar nicht – wie in z. B. Frankreich – anhand des Themas Kopftuch, sondern aufgehängt am Thema Moschee und Minarett. Die Debatte wird vor allem durch die beiden Rechtsparteien FPÖ und BZÖ geprägt, die in eine Konkurrenz um effektivere Abwehrmaßnahmen gegenüber Moscheebau traten.

Der Bau des ersten Minaretts in Tirol bildete 2005 den Auslöser einer ersten, äußerst intensiv geführten Debatte, die nun auch die Landes- und Bundespolitik erfasste. Geplant war ursprünglich die Errichtung eines 30 Meter hohen Minaretts neben dem bestehenden Vereinsgebäude von ATIB Telfs. In den Gesprächen mit der Stadtgemeinde hatte der muslimische Verein von vornherein auf den Gebetsruf vom Minarett verzichtet, und die Vereinbarung wurde ins Grundbuch eingetragen. Der Bürgermeister, der Landeshauptmann und der katholische Bischof der Diözese Innsbruck betonten das Recht der Muslime auf Religions- und Kultusfreiheit, die das Recht einschließe, einen Gebetsturm zu errichten. Nach einer Petition gegen den Minarettbau, die 2400 Personen unterzeichneten, dem Einspruch eines Anrainers und einem massiven öffentlichen Druck schlug der Verein ATIB Telfs vor, die Höhe des Minaretts von der eingereichten

Höhe von 20 Metern auf 15 Meter zu reduzieren. In dieser Form wurde das Minarett genehmigt und 2006 errichtet.

Die Auseinandersetzung um das erste Tiroler Minarett strukturierte den Rahmen, in dem die nächsten muslimischen Bauprojekte in Österreich interpretiert wurden:[22]

(a) die Dominanz eines bestimmten «Framing», das primär durch rechtspopulistische Parteien geprägt wird: Moschee- und Minarettbau als Skandal, als Provokation von islamistischen Gruppen, die man in die Schranken weisen müsse; als Zeichen einer wachsenden «Islamisierung», als Störung der nationalen Kultur und Landschaft, die es zu verhindern gilt;

(b) die Erfahrung, dass der Aufbau eines massiven öffentlichen Drucks die muslimischen Bauherren zum Nachgeben bewegt;

(c) die Lernerfahrung rechtspopulistischer Parteien, dass in einem Klima sich verstärkender Islamangst und Islamfeindlichkeit über das Moscheethema mit wenigen Mitteln eine starke politische Mobilisierung und hohe öffentliche Aufmerksamkeitsgewinne erzielt werden können.

Es wird als natürlich und selbstevident empfunden, die eigene Kultur, das vertraute Ortsbild zu schützen und dieses Interesse über das Recht auf Religionsfreiheit der Minderheit zu stellen. Das «Framing», dass muslimische Organisationen beim Moschee- und Minarettbau ihr Grundrecht auf Religions- und Kultusfreiheit in Anspruch nehmen, kam in den öffentlichen Debatten zwar vor, trat jedoch bedeutend leiser und weniger dominant in Erscheinung.

Dieser dominierende Rahmen bestimmte die nächsten großen Auseinandersetzungen rund um Bauprojekte von muslimischen Gemeinschaften ehemaliger Arbeitsmigranten aus der Türkei.

2006 reichte der Verein ATIB Bad Vöslau den Plan für einen Neubau einer Moschee im Bauamt ein, der u. a. eine zentrale Kuppel über der Gebetshalle mit 12,5 Meter Durchmesser, sieben kleine Kuppeln über dem Eingangsbereich sowie zwei 15 Meter hohe Minarette vorsah.[23] Das Vorhaben wurde in dieser Phase sowohl vom muslimischen Bauherren als

---

[22] Vgl. Fürlinger: Moscheebaukonflikte, a. a. O., 204.

[23] Siehe die Fallstudie zum Moscheebaukonflikt Bad Vöslau a. a. O., Kap. VI.

auch vom Bürgermeister geheim gehalten und wurde erst bekannt, nachdem eine unbekannte Person den Entwurf für die Moschee im Bauamt kopierte und einer lokalen Zeitung zuspielte. Nach dem Publikwerden der Pläne setzte eine intensive Kampagne der FPÖ Niederösterreich gegen das Bauvorhaben ein. Parallel dazu startete eine anonym agierende Gruppe eine Unterschriftenaktion gegen den Bau, die sich hauptsächlich aus Mitgliedern einer evangelikalen Gruppe und Funktionären der lokalen FPÖ zusammensetzte. Weil dem Bürgermeister klar war, dass der Bau in dieser Form von den gesetzlichen Grundlagen her ohne Einschränkung zu genehmigen sei, erreichte er in Gesprächen mit dem muslimischen Verein, dass dieser die Einreichung stoppte und sich zu einer Mediation bereit erklärte.

Als Ergebnis der sechsmonatigen Verhandlungen zwischen der Stadtregierung und dem Verein ATIB wurde die Sichtbarkeit der Moschee stark eingeschränkt. Da man eine völlig neutrale Außengestalt nicht durchsetzen konnte, war das Ziel der Stadtregierung, Kuppel und Minarette so zu gestalten, dass die Moschee von der Straße aus nicht erkennbar ist. Für diesen Zweck wurde vereinbart, dass vor der Kuppel eine Sichtblende errichtet wird, dass die Minarette aus Glasscheiben errichtet werden, um ihre Begehbarkeit von vornherein zu unterbinden, und dass die auf 13,5 Metern verkürzten Minarette auf dem Boden errichtet werden, sodass sie nur etwa 50 cm über die Gebäudehöhe ragen. Von der Straßenseite bzw. aus der näheren Umgebung ist die Moschee dadurch nicht mehr sichtbar.

Diese Vorgangsweise wird seither in Österreich weithin als positives Modell betrachtet wird, wie Moscheebaukonflikte gelöst werden können. Eine solche Interpretation des Konflikts ignoriert die konkreten Bedingungen, unter denen die Mediation stattfand: Den Vertretern der Stadtregierung je nach Fraktionsstärke (insgesamt 14 Personen) saß eine fünfköpfige Vertretung des Vereins ATIB Bad Vöslau (plus ein Berater) gegenüber, für die man in Hinblick auf die Deutschkenntnisse einerseits den Obmann und vier junge Mitglieder der türkischen Community ausgesucht hatte. Faktisch diente die Meditation in dieser asymmetrischen Konstellation dafür, dass die Mehrheit der Minderheit ihre Vorstellung von der Gestaltung einer Moschee mit mehr oder weniger sanftem Druck überstülpte, vor allem was ihre Sichtbarkeit im öffentlichen Raum betrifft.

Phase 5: Kontroversen um die Errichtung islamischer Zentren in einer neutralen Außengestalt, ohne traditionelle bauliche Elemente einer Moschee (ab 2007)

In den großen Moscheebaudebatten ab 2005 stand vor allem das Minarett im Brennpunkt. Das bedeutet aber nicht, dass eine neutrale Gestalt von Moscheen solche Projekte vor massiven Kontroversen bewahren würde. Auch bei Neubauprojekten islamischer Zentren in einer neutralen äußeren Form kam es zu heftigen Protesten gegen die Errichtung, die teilweise den Bau verzögern oder verhindern konnten.

Das gilt selbst für den Ausbau bestehender islamischer Zentren in einer neutralen Form, z. B. im Fall der Projekts der Errichtung eines Verwaltungs- und Veranstaltungszentrums des Vereins ATIB Dammstrasse in Wien, das ab 2007 von einer Anrainerinitiative unter dem Titel «Moschee ade» über mehrere Jahre – bis zum Baubeginn im Frühjahr 2013 – bekämpft wurde.[24] Das Bauprojekt wurde in diesen Jahren zum Kristallisationspunkt der ethnopolitischen Mobilisierung der FPÖ in Wien, primär im Zusammenhang mit dem Wahlkampf zu den Wiener Gemeinderatswahlen vom Oktober 2010. Bei den beiden großen Demonstrationen gegen das Bauprojekt in der Dammstraße im September 2007 und Mai 2009 marschierten neben der Anrainerinitiative und Vertretern der FPÖ auch Mitglieder rechtsextremer Organisationen wie die «Nationale Volkspartei» (NVP) und rechtskonservativer Gruppen wie die Splitterpartei «Die Christen».

Die lokalen Konflikte in einigen Bundesländern, die weitgehend unbekannt blieben, müssen ebenfalls berücksichtigt werden, um das Ausmaß der Auseinandersetzungen rund um muslimische Bauprojekte in Österreich einschätzen zu können, u. a. in Leoben-Donawitz (Steiermark), in Mauthausen (Oberösterreich) und in Nenzing (Vorarlberg).[25] Ein Beispiel: Gegen das in Linz-Kleinmünchen (Oberösterreich) geplante große

---

[24] Siehe dazu Jana Kübel / Daniela Pfeffer / Katharina Stöbich: «Ka Moschee wär schee». Ein Fall aus dem 20. Wiener Gemeindebezirk zum Thema «Islam und Öffentlichkeit», in: Österreichische Zeitschrift für Politikwissenschaft 37:4 (2008), 471–487 (Schwerpunktthema des Heftes: Islam im öffentlichen Raum); Jana Kübel: «moscheeade oder moschee.at?» Eine Konfliktanalyse zu der Frage, inwiefern oder ob Islamophobie in Österreich tatsächlich existiert (Diplomarbeit, Universität Wien, Institut für Politikwissenschaft 2008).

[25] Siehe dazu Ernst Fürlinger: The politics of non-recognition. Mosque construction in Austria, in: Stefano Allievi (Hg.) Mosques in Europe. Why a solution

Moscheebauprojekt des 2006 gegründeten «Kulturvereins al-Andalus» startete die FPÖ eine Kampagne; ebenso bildete die rechtsextreme NVP die Initiative «Keine Moschee». In der Nacht auf den 1. Jänner 2008 wurden auf dem vorgesehenen Baugelände Schweineköpfe auf drei Pflöcken aufgespießt. Das Bauprojekt scheiterte schließlich an der Finanzierung.[26]

Phase 6: Gesetzliche Maßnahmen in einzelnen Bundesländern, um über die Bau- und Raumordnung die Errichtung von Moscheen und Minaretten verhindern zu können (2008: Kärnten, Vorarlberg; 2010: Niederösterreich)

2007 erfolgte eine zunächst lokale Auseinandersetzung um das Projekt des Vereins ATIB Spittal an der Drau (Kärnten), ein kleines Bauernhaus innen umzubauen und dort einen Gebetsraum und andere Räume für den Verein einzurichten.[27] Eine Veränderung der äußeren Gestalt des Gebäudes war nicht vorgesehen. Dennoch ließ sich das BZÖ, das Jörg Haider nach der Abspaltung von der FPÖ 2005 gegründet hatte, die Gelegenheit nicht nehmen, das Bauprojekt in Spittal zu skandalisieren und das Thema Moscheebau politisch einzusetzen. Haider kündigte im Juni 2007 beim Auftakt für den Grazer Wahlkampf an, er werde ein rechtliches Instrument gegen den Bau von Moscheen schaffen: «Die Bauordnung wird so verschärft, dass gewisse Dinge, die gegen unsere Baukultur verstoßen, nicht stattfinden, und ein Minarett hat bei uns nichts verloren».[28] Drei Wochen vorher hatte die FPÖ im Parlament den Antrag eingebracht, ein Bauverbot von Minaretten in die österreichische Bundesverfassung aufzunehmen – offenbar inspiriert von der Schweizer Initiative in diese Richtung, die im Frühjahr 2007 offiziell angemeldet worden war. Es war deutlich, dass Haider im politischen Wettbewerb mit der FPÖ das Minarett-Thema besetzen und seine Funktion als Kärntner Landeshauptmann dafür nutzen wollte, um sich mit der Verabschiedung gesetzlicher Maßnahmen an die Spitze der Anti-Minarett-Bewegung setzen zu können.

---

has become a problem. London 2010, 183–216; Fürlinger: Moscheebaukonflikte, a. a. O., 207–210.

[26] Vgl. Fürlinger: Moscheebaukonflikte, a. a. O., 207.

[27] Siehe Fallstudie zum Moscheebaukonflikt Spittal an der Drau: Fürlinger: Moscheebaukonflikte, a. a. O., 273–288.

[28] Dr. Jörg Haider, Rede beim Bundeskonvent des BZÖ in der «Seifenfabrik» in Graz am 24. Juni 2007. Quelle: BZÖ: Starke Worte in der Seifenfabrik: Wiener Zeitung Online, 24.6.2007 (vgl. Fürlinger: Moscheebaukonflikte, a. a. O., 277).

Die Änderung der Kärntner Bauordnung wurde im Landtag im Februar 2008 beschlossen. Sie sieht vor, dass bei Bauvorhaben, die von der «örtlichen Bautradition wesentlich abweichen», von der Gemeinde ein Gutachten der «Ortsbildpflege-Sonderkommission» der Landesregierung eingeholt werden müsse. Dem Land wird mittels dieser Kommission eine Vetomöglichkeit im Fall von «ortsüblichen Traditionen widersprechenden Bauten» eingeräumt. Zurzeit ist ein Gesetzesentwurf der neuen Kärntner Landesregierung (SPÖ-Grüne-Koalition) bis 5. Februar 2015 in Begutachtung, mit dem die beschlossenen Maßnahmen von 2008 teilweise geändert werden. Die Verpflichtung, bei dieser Art von Bauten ein Gutachten der Ortsbild-Pflegekommission einzuholen, soll jedoch weiterhin gelten.

Im Jänner 2008 wurde das Vorhaben des Vereins ATIB Bludenz in Vorarlberg öffentlich bekannt, auf dem Parkplatz neben dem bestehenden Gebäude eine neue Moschee mit einem 15 Meter hohen Minarett zu errichten. Der Bau wäre die erste Moschee mit Minarett in Vorarlberg gewesen. Obwohl zu diesem Zeitpunkt noch keine Pläne bekannt waren und keine Einreichung erfolgt war, löste allein die Absicht eine massive politische Reaktion seitens der Landesregierung aus, die damals aus einer Koalition zwischen ÖVP und FPÖ bestand. Der Bau wurde zu einem hochgradigen Symbol für die staatliche, politische und gesellschaftliche Haltung gegenüber den Muslimen und ihrer schrittweisen Emanzipation u. a. in Form von sichtbaren, repräsentativen Bauten. Dabei konzentrierte sich die Ablehnung primär auf den geplanten Bau eines Minaretts, der z. B. vom Landesrat für Inneres, Sicherheit und Integration als «Signal für Integrationsunwilligkeit» und als «Akt der Konfrontation» seitens türkischer Migranten interpretiert wurde, denen es entgegenzutreten gälte.[29]

Bereits zwei Wochen nach Bekanntwerden des Vorhabens stellte die FPÖ im Landtag einen Antrag auf eine Regierungsvorlage zur Änderung der Bau- und Raumordnung in Vorarlberg, «durch die der Bau von Minaretten in Vorarlberg verhindert wird».[30] Die Landesregierung schuf mit der Novelle die Möglichkeit, sowohl auf der Ebene der Gemeinden als

---

[29] Vgl. Fürlinger: Moscheebaukonflikte, a. a. O., 252.

[30] FPÖ Vorarlberg, Antrag «Keine Minarette in Vorarlberg» vom 15. Jänner 2008. Quelle: Vorarlberger Landtag, Parlamentarische Materialien, Protokoll der 3. Sitzung des 28. Vorarlberger Landtags am 9.4.2008 (vgl. Fürlinger: Moscheebaukonflikte, a. a. O., 253).

auch des Landes ein Veto gegen den Bau von Moscheen mit Minaretten einlegen zu können.[31] Im Raumplanungsgesetz wurde die Bestimmung eingefügt, dass die Gemeinde verordnen kann, dass «publikumsintensive Veranstaltungsstätten» (u. a. «Anlagen zu Kultuszwecken»), die für mehr als 150 Besucher ausgelegt sind, nur auf Basis einer Sonderwidmung errichtet werden dürfen.[32] In das Baugesetz wurde die Bestimmung eingefügt, dass bei bestimmten Bauvorhaben, die «aufgrund von Art, Größe oder Form die Interessen des Schutzes des Orts- und Landschaftsbildes besonders berühren», ein Gutachten des Amtssachverständigen der Landesregierung einzuholen ist.[33]

Diese Novelle der Bau- und Raumplanung wurde im April 2008 im Vorarlberger Landtag beschlossen.[34]

Das ursprünglich geplante Moscheeprojekt mit Minarett in Bludenz wurde nie eingereicht. Der Moscheeverein informierte später, dass man nur einen kleinen Anbau an das bestehende Gebäude vorhabe und ein Minarett nicht mehr vorgesehen sei. Wie das Projekt eines Neubaus in Bludenz nun realisiert wird und welche architektonische Gestalt geplant ist, ist zurzeit öffentlich nicht bekannt.

Im Oktober 2010 wurde auch in Niederösterreich die Bauordnung novelliert, indem unter § 56 der niederösterreichischen Bauordnung der Absatz 3 eingefügt wurde: «Bei besonders ortsbildwirksamen Bauwerken (z. B. Veranstaltungsgebäude, Vergnügungsstätten, Monumental- und Sakralbauten) ist weiters auf deren Wirkung in Bezug auf das regionalspezifische sowie bau- und kulturhistorisch gegebene Erscheinungsbild Bedacht

[31] Zu den in der Novelle enthaltenen Maßnahmen s. Fürlinger: Moscheebaukonflikte, a. a. O., 258.

[32] Land Vorarlberg, Raumplanungsgesetz, § 16a «Publikumsintensive Veranstaltungsstätten». Website Vorarlberger Landtag, Landesgesetze, Voris, Raumplanungsgesetz (http://www.vorarlberg.at/landtag/landtag/landesgesetze/landesrecht/voris.htm [17.5.2014]).

[33] Land Vorarlberg, Baugesetz, Baugesetz § 50a «Besonderes Verfahren zum Schutz des Orts- und Landschaftsbildes», Abs.1. Website Vorarlberger Landtag, Landesgesetze, Voris, Baugesetz (http://www.vorarlberg.at/landtag/landtag/landesgesetze/landesrecht/voris.htm [17.5.2014].

[34] Zu den Debatten im Kärntner und Vorarlberger Landtag rund um die Änderung der Bau- und Raumordnungen siehe Farid Hafez / Richard Potz: Moschee- und Minarettbauverbote in Kärnten und Vorarlberg, in: John Bunzl / Farid Hafez (Hg.): Islamophobie in Österreich, Innsbruck/Wien 2009, 144–156.

zu nehmen.»[35] Aus dem Kontext der politischen Diskussion, v. a. seitens der FPÖ Niederösterreich, geht klar hervor, dass es sich um eine «Lex Bad Vöslau» handelt, mit der man in Hinkunft die Errichtung großer, repräsentativer Moschee- und Minarettbauten im Bundesland verhindern will. Im Gegensatz zur Änderung der Bauordnung in Kärnten erfolgte im Fall von Niederösterreich keine öffentliche Diskussion.

Phase 7: Anzeichen einer Deeskalation der Konflikte rund um Moschee- und Minarettbauten / «Autoritäre Integration» und gebauter religiöser Raum

Im Rückblick betrachtet erscheint die Phase zwischen 2005 und 2009 als bisheriger Höhepunkt der politischen Mobilisierung gegen muslimische Bauten, die entweder im öffentlichen Raum sichtbar auftreten oder in einer neutralen, funktionalistischen Außengestalt errichtet werden.

Aus den vergangenen massiven Auseinandersetzungen hat man seine Lektionen gelernt – auf verschiedenen Ebenen: Moscheevereine haben gelernt, dass es besser ist, dem Druck der Mehrheit nachzugeben und auf einen Minarettbau zu verzichten, um erhebliche Widerstände und Verzögerungen zu vermeiden. Einzelne politische Gemeinden, muslimische Organisationen und NGOs, die Moscheebauprojekte begleiten, versuchen, zu einer Versachlichung und Normalisierung beizutragen und die konkreten Bauvorhaben so weit wie möglich einer parteipolitischen Instrumentalisierung zu entziehen. Bei einzelnen Bauprojekten – wie z. B. dem Bau der neuen Moschee in Rankweil – ist das gelungen. Auch der Neubau eines großen islamischen Zentrums in Graz, der von der Stadtregierung unterstützt wird, ist bisher ohne große Protestaktionen verlaufen.[36] Neubauten von Moscheen, die in den beiden letzten Jahren fertiggestellt wurden – wie z. B. 2012 in Reisenberg, 2013 in Ternitz und 2014 in Linz – verliefen ohne große Auseinandersetzungen und wurden auch deshalb einer größeren Öffentlichkeit gar nicht bekannt.

---

[35] Landtag von Niederösterreich, Landtagsdirektion, Eingang: 18.6.2010, Ltg.-584/A-1/36–2010, 5.

[36] Allerdings kam es vier Tage vor der feierlichen Grundsteinlegung am 12.5.2012 zu einem Gewaltakt: Unbekannte Täter warfen in der Nacht auf den 8. Mai mehrere Schweinekopfhälften in das provisorische Zelt auf dem Bauplatz und beschmierten die Zeltwände mit Blut. Vgl. Unbekannte deponierten Schweineköpfe auf dem Bauplatz für Moschee, in: Der Standard 8. Mai 2012 (http://derstandard.at/1336435257155/Graz-Unbekannte-deponierten-Schweinekoepfe-vor-Bauplatz-fuer-Moschee [30.3.2015])

Die Frage ist aber, wie diese Bauprojekte verlaufen wären, hätten alle diese muslimischen Vereine (außer dem Grazer Projekt) nicht auf den Bau eines Minaretts verzichtet – entweder (a) bereits von vornherein, (b) auf Basis eines Vertrags, in dem der Verzicht auf Kuppel und Minarett fixiert wird (wie im Fall von Nenzing), oder (c) auf Basis der mündlichen informellen Vorgabe des Bürgermeisters schon vor der offiziellen Einreichung, also in verdeckter Form, wie im Fall der Neubauten in Linz-Kleinmünchen und Ternitz.

Insgesamt wird ein Muster erkennbar, das diese Phase des staatlichen, politischen und gesellschaftlichen Umgangs mit dem Sichtbarwerden der Muslime im Raume der Öffentlichkeit in Form von Religionsbauten und baulicher Symbole bestimmt. Diese vorherrschende Tendenz kann mit einem Begriff von Olivier Roy als «autoritäre Integration» charakterisiert werden, die auf der Annahme einer prinzipiellen Kluft zwischen Islam und Westen basiert:[37] Durch explizite gesetzliche Vorschriften, durch informelle Vorgaben und direkte Eingriffe der Baubehörden in den Planungsprozess von Moscheebauten wird versucht, eine assimilative Politik des öffentlichen und religiösen Raums durchzusetzen. Eine Folge davon ist, dass hybride bauliche Formen entstehen, bei denen die Außengestalt unauffällig, neutral, funktionalistisch gestaltet ist und erst der Innenraum seine eigenständige Identität entfaltet.

Anfang Oktober 2014 legte die Regierung dem österreichischen Nationalrat den Entwurf für die Novelle des Islamgesetzes von 1912 vor, die am 25. Februar 2015 mit den Stimmen der Regierungskoalition vom Parlament beschlossen wurde.[38] Vor dem Hintergrund der Offensive des IS im Irak ab Juni 2014 war es zu mehreren Verschärfungen der Gesetzesvorlage gekommen, u. a. zu einem Verbot der Finanzierung der gewöhnlichen Tätigkeit der islamischen Religionsgesellschaft aus dem Ausland (§6 Abs. 2 Islamgesetz), die heftige Proteste der Islamischen Glaubensgemeinschaft in Österreich als offizielle Vertretung der sunnitischen Muslime gegenüber dem Staat, anderer muslimischer Organisationen und seitens

---

[37] Olivier Roy: Al Qaeda in the West as a Youth Movement. The Power of a Narrative, in: CEPS Policy Briefs 112 (2008), 1–8, hier 2 (http://www.ceeol.com/aspx/issuedetails.aspx?issueid=3671ea5b-9620-4ae5-8eff-01ebe6467598&articleId=d77ea48d-965e-478b-8897–334ec9625bb3 [30.3.2015]).

[38] Republik Österreich – Parlament: Bundesgesetz über die äußeren Rechtsverhältnisse islamischer Religionsgesellschaften (446 d. B.) (http://www.parlament.gv.at/PAKT/VHG/XXV/I/I_00446/index.shtml#tab-Uebersicht).

zahlreicher Fachleute aus den Bereichen Verfassungs-, Religionsrecht und Menschenrechte auslöste, die auf das Problem der rechtlichen Ungleichbehandlung der islamischen Religionsgemeinschaft im Verhältnis zu den anderen anerkannten Religionsgemeinschaften in Österreich hinwiesen.[39]

Diese Bestimmung betrifft vor allem den türkisch-muslimischen Dachverband ATIB: Die wichtigste Konsequenz dieser neuen gesetzlichen Bestimmung berührt die Entsendung von 65 Imamen durch das türkische Religionsamt (*Diyanet*), die in den Moscheevereinen von ATIB in Österreich tätig sind und deren Gehälter als Beamte vom türkischen Staat bezahlt werden. Diese Imame können nach der einjährigen Übergangsfrist ab Ende Februar 2016 auf dieser Basis nicht mehr in Österreich tätig sein. Ein Ersatz ist völlig unklar, da eine islamisch-theologische Ausbildung an der Universität Wien erst ab 2016 eingerichtet werden soll. Es zeichnet sich bereits ab, dass ATIB-Moscheevereine in dieser Situation Imame der islamistisch orientierten *Milli Görüş*-Bewegung übernehmen und Mitglieder der ATIB-Vereine zu anderen Moscheeverbänden abwandern. Diese durch die staatliche Religionspolitik angestoßene Entwicklung – die wohl nicht intendiert war oder bedacht wurde – kann man als Ironie der Geschichte auffassen: Denn ATIB (wie DITIB in Deutschland) wurde vom türkischen Religionsamt gegründet, um den – unter den türkischen Arbeitsmigranten in Westeuropa tätigen – radikal-islamistischen Organisationen aus der Türkei etwas entgegenzusetzen.

Es ist zu vermuten, dass die über Jahre laufenden öffentlichen Diskussionen und Konflikte rund um die Moscheebaupolitik des Dachverbands ATIB und die jahrelange Kampagne der FPÖ und anderer Gruppen gerade gegen diesen Dachverband zur Einführung dieser gesetzlichen Bestimmung beigetragen haben dürften. Insofern sich das Verbot der Finanzierung aus dem Ausland auf die «gewöhnliche Tätigkeit» der Religionsgemeinschaft bezieht, dürfte die finanzielle Unterstützung von Moscheebauten durch ausländische Geldgeber von dieser Bestimmung nicht betroffen sein.

---

[39] Martin Fritzl: Experten gegen Islamgesetz: Die Presse 23.10.2014 (http://diepresse.com/home/politik/innenpolitik/4195325/Experten-gegen-Islamgesetz [30.3.2015]).

Farid Hafez

Moscheebau und Moscheebaukonflikte in Österreich aus sozialwissenschaftlicher Perspektive

Es ist kein Leichtes, eine Response auf einen Artikel zu verfassen, der im Wesentlichen das Kernstück einer Habilitationsschrift bildet. Nicht nur die beschränkte Zeichenanzahl würde ein solches Vorhaben verunmöglichen. Insofern werde ich mich auf nur einige wenige Aspekte der Ausführungen im Artikel von Ernst Fürlinger beschränken. Zum einen möchte ich in aller Kürze eine Forschung zusammenfassen, in der ich parlamentarische Moschee- und Minarettbauverbotsdebatten analysiert habe. Anhand dieser mithilfe der Kritischen Diskursanalyse nach Ruth Wodak gewonnenen Ergebnisse wird die Moschee als Metapher projektiver Vorstellungen über den Islam gelesen. Diese Deutungen werden vor dem Hintergrund von deren Wirkung auf das muslimische Subjekt in die Diskussion eingeführt. Mich interessiert hier die zentrale Frage, was diese Diskurse mit den Musliminnen und Muslimen machen, wie sie auf sie wirken und wie im Zuge eines hegemonialen islamophoben Diskurses vor dem Hintergrund asymmetrischer Machtbeziehungen im Geflecht von Diskurs und Macht das muslimische Subjekt geschaffen wird.

1. Die Moschee als Symbol der islamischen Bedrohung

In Österreich kam es nicht bereits unmittelbar nach dem 11. September, sondern aufgrund der Regierungsverantwortung der rechtspopulistischen Freiheitlichen Partei Österreichs (FPÖ) ab 2000 und ihrer damit einhergehenden relativen Zähmung durch den Koalitionspartner, die Österreichischen Volkspartei (ÖVP), verspätet zu einer Verwendung islamophober Argumentationen für Wahlkämpfe. Erst nach der Abspaltung der Regierungsmitglieder von der FPÖ und der Gründung des «Bündnis Zukunft Österreich» (BZÖ) begann die FPÖ – zurück in der Oppositionsrolle – islamophobe Wahlkampfkampagnen zu starten.[1] Nachdem

---

[1] Farid Hafez: Österreich und der Islam – eine Wende durch FPÖVP? Anmerkungen zur Rolle von Islamophobie im politischen Diskurs seit der Wende,

in der Schweiz Anfang 2007 Interesse an einer Initiative «gegen den Bau von Minaretten» bekundet wurde, sollte auch die FPÖ das Thema aufgreifen. Diese hatte sich bereits 2005 erstmals anlässlich der Auseinandersetzungen um das Minarett in Telfs/Tirol dem Thema gewidmet.[2] Am 6. Juni 2007 brachte sodann die FPÖ im Nationalrat einen Entschließungsantrag «betreffend Verbot des Bauens von Minaretten sowie die Verpflichtung für nicht abendländische Religionen zur Verwendung der deutschen Sprache bei der Abhaltung von Gottesdiensten und Predigten» im Nationalrat ein.[3] Dieser Antrag der Oppositionspartei FPÖ erhielt keine weitere Aufmerksamkeit. Aus der Oppositionsrolle heraus konnte nichts erreicht werden.[4]

Eine veränderte Lage ergab sich, nachdem der damals amtierende Landeshauptmann Jörg Haider am 26. August 2007 bekundete, ein Moschee- und Minarettbauverbot in Kärnten einführen zu wollen. Nach Fürlinger ging diese Initiative auf den Vorfall rund um ein Gebetsstättenprojekt in Spittal an der Drau zurück.[5] Doch muss die Politik Haiders auch im europäischen Kontext (v. a. der Schweiz) sowie im Kontext des Wettbewerbs mit der FPÖ betrachtet werden. Es ist zu beachten, dass Haider im darauffolgenden Nationalratswahlkampf, in dem er sich erfolgreich als regierungsfähiger, sachlicher Politiker positionierten konnte, einen Wahlkampf führte, in dem er das BZÖ als Partei darstellte, die «wie die FPÖ nicht nur

---

in: Frederick Baker / Petra Herczeg: Die beschämte Republik. Zehn Jahre nach Schwarz-Blau in Österreich, Wien 2010, 130–141.

[2] Strache: Muezzin-Rufe im «heiligen Land Tirol»? Utl.: FPÖ unterstützt besorgte Telfser Bürger. 10.11.2005 http://www.ots.at/presseaussendung.php?schluessel=OTS_20051110_OTS0076&ch=politik [01.03.2009]

[3] Vgl. Entschließungsantrag, eingebracht am 6.6.2007: http://www.parlament.gv.at/PG/DE/XXIII/A/A_00248/fname_080124.pdf [10.04.2009].

[4] Kurt Richard Luther: Electoral Strategies and perfomance of Austrian right-wing populism 1986–2006, in: Gunter Bischof / Fritz Plasser (Hg.): The Changing Austrian Voter, New Brunswick N. J. 2008, 111f; Hubert Sickinger: Jörg Haider, in: Anton Pelinka / Hubert Sickinger / Karin Stögner: Kreisky – Haider. Bruchlinien österreichischer Identitäten, Wien 2008; Farid Hafez: Islamophober Populismus, Wiesbaden 2010.

[5] Vgl. Ernst Fürlinger: The politics of non-recognition. Mosque construction in Austria, in: Stefano Allievi (Hg.): Mosques in Europe. Why a solution has become a problem, London 2010, 194.

redet, sondern handelt».[6] Zurückzuführen ist die Initiative auf die – im Gegensatz zur FPÖ auf Bundesebene – politisch günstigen Verhältnisse. In Koalition mit der Kärntner Volkspartei konnte das Vorhaben tatsächlich in die Realität umgesetzt werden. Im März 2008 folgte dem Vorschlag Haiders der damalige Landeshauptmann von Vorarlberg, der mit seiner Volkspartei eine Alleinregierung stellen konnte, aber mit den Freiheitlichen koalierte, um ein mögliches Moschee- und Minarettbauverbot auch in seinem Bundesland zu diskutieren.[7]

Während in Kärnten erst am 18. Dezember 2008 durch eine Novellierung der Kärntner Bauordnung (K-BO) 1996 und des Kärntner Ortsbildpflegegesetzes 1990 die Grundlagen für ein solches Moscheebauverbot gelegt werden sollten, ist es umso bemerkenswerter, dass in Vorarlberg mit den Stimmen der Volkspartei bereits am 20. Juni 2008 – d. h. ein halbes Jahr früher – durch Novellierung sowohl des Ortsbildschutzrechts als auch des Veranstaltungsstättenrechts davor ein implizites Moschee- und Minarettbauverbot umgesetzt wurde. Man versuchte bei der Regelung der Gefahr zu entkommen, den Text offensichtlich verfassungswidrig zu formulieren.[8] Auf diskursiver Ebene war die Intention hingegen eindeutig. Eine Untersuchung der Landtagsdebatten in Kärnten und Vorarlberg ergab eine eindeutige Absicht seitens der dortigen Volksparteien, der Freiheitlichen und des BZÖ. Die Moschee diente dazu, eine Vielzahl islamophober Stereotype auf sie zu projizieren, die im Folgenden aufgelistet sind:

---

[6] Stefan Petzner: Reduzierung auf das Wesentliche, in: Thomas Hofer / Barbara Tóth: Wahl 2008. Strategien, Sieger, Sensationen, Wien 2008, 65–72. Vgl. Jörg Haider: Kärnten mit Gesetz gegen Moscheen-Bau als Wegweiser in Europa – Zeichen gegen schleichende Islamisierung setzen – Republik soll islamische Religionslehrer selbst wählen können (Presseaussendung, OTS0162, 12. Februar 2008). http://www.ots.at/presseaussendung/OTS_20080212_OTS0162/lh-haider-kaernten-mit-gesetz-gegen-moscheen-bau-als-wegweiser-in-europa [6.3.2015]).

[7] Hafez: Islamophober Populismus, a. a. O.

[8] Vgl. Farid Hafez / Richard Potz: Moschee- und Minarettbauverbote in Kärnten und Vorarlberg, in: John Bunzl / Farid Hafez (Hg.), Islamophobie in Österreich, Bozen / Innsbruck / Wien 2009, 143–155.

Verwendete Topoi	Partei			
	BZÖ	ÖVP	FPÖ	SPÖ
Topos des «Kriegs der Kulturen»	X			
Topos der «Terrorgefahr»	X	X		
Topos des «Schutzes der christlichen, abendländischen, traditionellen mitteleuropäischen Bau- und Leitkultur»	X	X	X	
Topos der «Vertretung der Mehrheit der Musliminnen und Muslime»	X			
Topos der «Vertretung der Interessen der Menschen»	X	X	X	
Topos der «Islamisierung»	X		X	
Topos der «islamischen Übervölkerung»			X	
Topos der «islamis(tis)chen Weltverschwörung»	X		X	
Topos des «Fanatismus»	X		X	
Topos der «Reziprozität»		X	X	
Topos der «Gewalttätigkeit (Frauenunterdrückung)»		X		
Topos der «kulturellen Andersartigkeit»		X		
Topos des «politischen Islam»	X	X	X	X
Topos des «Herrschaftsverlusts»	X			

Tabelle 1: Islamophober Populismus im Kärntner Diskurs[9]

[9] Hafez: Islamophober Populismus, a. a. O.

Verwendete Topoi	*Partei*		
	ÖVP	*FPÖ*	*SPÖ*
Topos des «Kriegs der Kulturen»	X	X	
Topos der «Vertretung der Mehrheit der Musliminnen und Muslime»			X
Topos der «Vertretung der Interessen der Menschen»	X	X	
Topos der «islamis(tis)chen Weltverschwörung»		X	
Topos der «Gewalttätigkeit (Frauenunterdrückung)»	X	X	
Topos der «kulturellen, religiösen und zivilisatorischen Andersartigkeit»	X		
Topos der «Religion der Fremden / fremden Religion»	X	X	
Topos der «Islamisierung»	X	X	
Topos der «nachzuholenden / fehlenden Aufklärung»	X	X	
Topos des «politischen Islam»	X	X	

Tabelle 2: Islamophober Populismus im Vorarlberger Diskurs[10]

Die Moschee samt Minarett wird mit einer Vielzahl von Stereotypen verbunden, die in islamophoben Diskursen als Legitimierung für eine aggressive und ablehnende Haltung gegen das imaginierte Muslimische herangezogen werden. Die Moschee steht als Symbol für die Islamisierung, Terror und Fremdheit. Die Bedeutung der Moschee als Gotteshaus, Haus des Friedens und der Zusammenkunft – wie Musliminnen und Muslime ihre Orte des Gebetes eher verstehen würden – kommt in diesem politischen Diskurs überhaupt nicht vor. Das Muslimische wird damit unsichtbar und ist mit einer negativen Identifizierung als anders, fremd und bedrohlich gekoppelt. Fürlinger erklärt in seiner Darstellung der Phase *«Autoritäre*

---

[10] Ebd.

Integration» und gebauter religiöser Raum, dass die muslimischen Moscheevereine es gelernt hätten, «dem Druck der Mehrheit nachzugeben und auf einen Minarettbau zu verzichten, um erhebliche Widerstände und Verzögerungen zu vermeiden». Den «staatlichen, politischen und gesellschaftlichen Umgang mit dem Sichtbarwerden der Muslime» beschreibt er mit Bezug auf Olivier Roys Begriff der «autoritären Integration»:

«Durch explizite gesetzliche Vorschriften, durch informelle Vorgaben und direkte Eingriffe der Baubehörden in den Planungsprozess von Moscheebauten wird versucht, eine assimilative Politik des religiösen Raums durchzusetzen. Eine Folge davon ist, dass hybride bauliche Formen entstehen, bei denen die Außengestalt unauffällig, neutral, funktionalistisch gestaltet ist und der religiöse Raum erst innen seine eigenständige Identität entfaltet.»[11]

Die Moschee ohne Minarett ist das Ergebnis einer anerzogenen politischen Selbstpositionierung. Sie sagt weit mehr über das muslimische Subjekt aus und berührt weit mehr als nur die Frage der architektonischen Umsetzung eines Moscheebaus.

2. Die Moschee als Symbol der islamischen Bedrohung

In diesen Anmerkungen beziehe ich mich nicht auf den Subjektbegriff des späten Foucault, wo es ihm darum geht, Technologien des Selbst zur Emanzipierung des Subjektes für die Herausforderung existierender Machtbeziehungen zu benutzen. Im Gegenteil geht es mir darum, vor dem Hintergrund der Verflechtung von Macht, Wissen und Diskursen im Sinne von Stuart Halls Rezeption von Foucault[12] darauf hinzuweisen, dass ein jedes Subjekt sich Regeln und Konventionen zu unterwerfen hat.[13] Bei Foucault heißt es: «Das Wort Subjekt hat zwei Bedeutungen: es bezeichnet das Subjekt, das der Herrschaft eines anderen unterworfen ist und in seiner Abhängigkeit steht; und es bezeichnet das Subjekt, das durch

[11] Vgl. den Beitrag von Ernst Fürlinger in diesem Band.

[12] Stuart Hall (Hg.): Representation: Cultural Representations and Signifying Practices, Milton Keynes 1997, 55–56.

[13] Vgl. Michel Foucault: Schriften, Band IV, 1980–1988, Frankfurt a. M., 2005, 759.

Bewusstsein und Selbsterkenntnis an seine eigene Identität gebunden ist.»[14]

Auf erstere Definition beziehe ich mich hier primär. Das muslimische Subjekt kann im Kontext der assimilativen Moscheebaupolitik als diszipliniertes Subjekt gedeutet werden, dass sich im asymmetrischen Verhältnis des Bittstellers den ideologischen Normen homogen konstruierter nationaler Identität unterwirft, die in ihrer architektonischen Konsequenz ein Unsichtbar-Werden bedeuten.[15] Der Islam wird nicht als Symbolsystem im öffentlichen Raum anerkannt und gestaltet nur in begrenzter Weise das architektonische Umfeld mit.

Die Folge dieses Unsichtbar-Werdens, die ja die Islamizität nicht vollständig zum Erlöschen bringt, aber in den privaten Bereich der Rituale zurückdrängt, führt zu einer Zweiteilung. Diese Zweiteilung kann mit dem afro-amerikanischen Denker W. E. B. Du Bois (1868–1963) als «doppeltes Bewusstsein» beschrieben werden:

«this sense of always looking at one's self through the eyes of others, of measuring one's soul by the tape of a world that looks on in amused contempt and pity. One ever feels his twoness, – an American, a Negro; two souls, two thoughts, two unreconciled strivings; two warring ideals in one dark body, whose dogged strength alone keeps it from being torn asunder.»[16]

Du Bois sprach dazumal über die Wünsche jener, die wie er selbst danach trachteten, Amerikaner/-in und Schwarze/-r zugleich sein zu können. Sie vermögen es nicht mehr, aus diesem dichotomischen Gegensatz, der sich in ihrem Leben tagtäglich manifestiert, auszubrechen. Ähnlich erzählt der Psychoanalytiker Frantz Fanon über die Begierde ehemalig kolonialisierter Subjekte, weiß sein zu wollen.[17] Viele gaben diesen Minderwertigkeitskomplex an ihre Kinder weiter, um ihnen das Leben zu erleichtern, indem sie sie unsichtbarer machten, wie Jean-Paul Sartre in seinem Vorwort zu Fanons *Die Verdammten dieser Erde* zeigt.[18]

---

[14] Ders.: Subjekt und Macht, in: ders.: Schriften in vier Bänden, Bd. 4, Frankfurt a. M. 2001, 275.

[15] Vgl. ders.: Discipline and Punish: The Birth of the Prison, New York 1977, 170.

[16] W. E. B. Du Bois: The Souls of Black Folk, New York 1996, 5.

[17] Vgl. Frantz Fanon: Black Skin, White Masks, New York, 2008.

[18] Vgl. Jean-Paul Sartre: Vorwort, in: Frantz Fanon, Die Verdammten dieser Erde, Frankfurt a. M. 1996, 7–27.

Im Folgenden soll dieser Prozess am Beispiel einer konkreten politischen Auseinandersetzung gezeigt werden, welche paradigmatisch für dieses unsichtbare muslimische Subjekt steht, das sich den herrschenden Verhältnissen unterwirft.

Die Islamische Glaubensgemeinschaft in Österreich (IGGiÖ) ist als gesetzlich anerkannte Religionsgesellschaft die Interessensvertretung von Musliminnen und Muslimen in ihren religiösen Belangen. Diese einzigartige Rechtsstellung im westeuropäischen Kontext bringt einen gewissen Machstatus mit sich, der sich v. a. auf bundespolitischer Ebene bemerkbar macht. So wird die Anerkennung des Islams gerne als Mittel der *soft power* seitens des Außenministeriums der Republik Österreich vorgeführt.[19] Gleichzeitig, und das machte sich am Beispiel der Moschee- und Minarettdebatte bemerkbar, hinken die regionalen Stellen der IGGiÖ, die Islamischen Religionsgemeinden, der auf bundespolitischer Ebene agierenden IGGiÖ hinterher. So meinte der damalige Vorsitzende der Islamischen Religionsgemeinde Bregenz für Vorarlberg und Tirol auf meine Frage, welche Rolle die IRG während der Diskussion über ein Moschee- und Minarettbauverbot spielte, dass es keinen Kontakt zu den politischen Klubs im vorarlbergischen Parlament gab. Dieser Umstand hat sich seit 2011, nachdem mit der Ausnahme von Burgenland alle weiteren acht Bundesländer eine eigenständige Religionsgemeinde gegründet haben, geändert. Dennoch zeigt dieses Detail, dass auf regionaler Ebene die politische Partizipation muslimischer Bürger trotz gesetzlicher Anerkennung eingeschränkt war. Wie sehr das unsichtbare Subjekt trotz dieser Anerkennung wirkt, will ich anhand eines Interviewausschnittes aus den «Salzburger Nachrichten» zeigen, in dem der Präsident der IGGiÖ, Dr. Fuat Sanac, auf die Frage, «Fürchten Sie sich vor FPÖ-Chef Heinz-Christian Strache?» folgende Antwort gab:

«Nein. Strache ist meiner Meinung nach ein guter Mensch, aber er will Wähler mobilisieren. Potenzial hat er dort gesehen, wo die Menschen momentan Angst vor dem Islam haben wegen der Geschehnisse in der Welt. Auch wenn die Richtung einer Partei gut ist, gibt es dort auch schlechte Menschen. Und auch wenn die Richtung einer Partei schlecht ist, gibt es dort auch gute Menschen. Natürlich, die FPÖ-Plakate damals (‹Daham statt Islam›) haben uns sehr traurig gemacht. Aber ich glaube nicht, dass

[19] Farid Hafez: Anas Schakfeh. Das österreichische Gesicht des Islams, Wien, 2012.

Strache etwas gegen Muslime hat. Er hat mehrmals betont, dass er nicht gegen den Islam sei oder die Türken, sondern gegen Islamisten und Terroristen. Dagegen sind wir auch. Aber ganz grundsätzlich will ich mit Politik nichts zu tun haben.»[20]

Mit dieser Positionierung wird jener Akteur, unter dessen Führung die FPÖ eine radikale islamophobe Sprache in den meisten der seit 2005 durchgeführten Wahlkämpfe wählte, als «guter Mensch» dargestellt. Die Bekundungen Straches, wonach der Islam eine Religion sei, der mit Respekt entgegenzukommen sei, ist Teil einer breiteren Strategie, sich dem Vorwurf der Untergrabung von Religionsfreiheit und der Verhetzung zu entziehen, die aber gleichzeitig einhergeht mit ausgrenzender Rhetorik und islamophoben *policy*-Forderungen.[21] Bei der Europawahl 2004 wurde großflächig der Wahlspruch «Wien darf nicht Istanbul werden», bei der Wiener Wahl im Jahre 2005 «Pummerin statt Muezzin», bei der Nationalratswahl 2006 «Daham statt Islam», bei der Graz-Wahl 2008 «Kein Daham dem Radikal-Islam» und bei der Tirol-Wahl 2008 «Glockenklang statt Muezzingesang» plakatiert.[22] «Abendland in Christenhand» hieß es zur Europawahl 2009, «Wir schützen Frauenrechte. Die SPÖ den Kopftuchzwang» zum Wiener Wahlkampf 2010. Und nach der Bestätigung des Burka-Verbots in Frankreich durch den Europäischen Gerichtshof für Menschenrechte im Jahre 2014 titelte die FPÖ «Zu schön für einen Schleier. Gegen die Islamisierung Europas». Die allgemeine Fremdenfeindlichkeit der 1990er Jahre war einer spezifischen Islamophobie gewichen. Nicht die Angst vor der Überfremdung, sondern die «Islamisierung Österreichs/Europas», der «Islamisierungs-Tsunami» und der «Zuwanderungs-Islam» wurden als Katastrophenszenarien an die Wand gemalt. Dafür zeichnet schlussendlich auch der Obmann dieser Partei, Heinz-Christian Strache, verantwortlich. Die Aussage «Strache ist […] ein guter Mensch» sowie die Behauptung, wonach er immer betont hätte, nicht gegen den Islam oder die Türken zu sein, «sondern gegen Islamisten und Terroristen», werden damit zum Ausdruck vorbehaltloser Unterwerfung, einer kritiklosen Hinnahme diskriminierender Sprache und Politik.

---

[20] Maria Zimmermann: Islam-Vertreter: Strache ist ein guter Mensch!, Salzburger Nachrichten, 25. Juni 2011.

[21] Vgl. Farid Hafez: Zwischen Islamophobie und Islamophilie: Die FPÖ und der Islam, in: Bunzl/Hafez, Islamophobie in Österreich, a. a. O., 106–126.

[22] A. a. O., 105f.

Es spielt sich ab, was Malcolm X in seiner Parabel über die zwei Arten von versklavten Afrikanern in den Amerikas erzählt: dem *«house Negro»* und dem *«field Negro»*. Ersterer lebte bei seinem Sklavenhalter im selben Haus, kleidete sich wie dieser und überidentifizierte sich mit ihm. Zweiter lebte am Land, aß nicht das gleiche Essen wie sein Sklavenhalter und verkörperte eine revolutionäre Haltung der Selbständigkeit und Unabhängigkeit.[23] Für ihn war jede Art der Unterwerfung eine unliebsame, gewaltvolle, ein Ausdruck der Unterdrückung. Hingegen konnte ersterer gar nicht anders als sich zu unterwerfen. Denn die Unterwerfung war fest eingeschrieben in die Institution der Sklaverei, seine Tätigkeit als *house negro* sowie sein Wissen um sich selbst und seinen Sklavenhalter. Der *house negro* unterwarf sich dementsprechend den Normen und Regeln. Er wurde diszipliniert, fügte sich, bis er die Normen schließlich internalisierte.

Wenn heute von den Mächtigen eine autoritäre Politik der Assimilation und des Unsichtbar-Machens verfolgt wird, werden damit einhergehend zwei verschiedene Subjekte produziert: der Feld- und der Haus-Muslim. Jener, der – weil schwächer – gedemütigt und widerwillig in Opposition steht. Und dieser, der sich im diskursiven Netz der Macht nicht nur den Normen unterwirft, sondern diese zu den seinen macht. Er unterwirft sich vorauseilend. Dementsprechend bildet die politische und architektonische Auseinandersetzung mit dem Moschee- und Minarettbau ein Abbild dieser Subjektivierungsprozesse. Die assimilative Moscheebaupolitik will den Haus-Muslim, der sich, egal welche Einschränkungen er erfährt, den Einschränkungen unterwirft.

---

[23] Malcolm X: The Race Problem, African Students Association and NAACP Campus Chapter, East Lansing, MI: Michigan State University, 23. Jänner 1963. Quelle: http://ccnmtl.columbia.edu/projects/mmt/mxp/speeches/mxt17.html [9.3.2015].

Martin Baumann

Moscheebau und Moscheebaukonflikte in der Schweiz

Der Konflikt um den Bau von Minaretten hat die Schweiz innenpolitisch und gesellschaftlich stark beschäftigt. Er hat rechtlich zu einer ausgrenzenden Sonderung der islamischen Religionsgemeinschaft und damit politisch und gesellschaftlich zu einer Diskriminierung in der Schweiz lebender Muslime geführt. Außenpolitisch stellt sich die stark polemische und populistische Debatte mit der Kulmination im verfassungsrechtlichen Verbot des Baus von Minaretten als ein nachdrücklicher Imageverlust für die Schweiz dar.

Für mich, der seit mehr als zehn Jahren als von Deutschland zugezogener Immigrant und somit Ausländer in der Schweiz lebt, ist der «Mythos Schweiz» hochgradig bemerkenswert: Außerhalb der Schweiz, sei es mit dem touristischen Fern- oder dem politischen Demokratieblick, kommt der Schweiz höchstes Ansehen zu. Als touristisches Land genießen Seen, Landschaften, Berge und historische Bauwerke höchste Bewunderung und Ansehen. Politisch loben europäische Bürgerbewegungen und Politiker die Möglichkeit von Basisdemokratie, Referendumsmöglichkeit und zahlreichen Volksabstimmungen über vielerlei Vorhaben und Anliegen. Dieses ist unbestritten und die demokratischen Rechte sind wichtige Errungenschaften volksnaher Mitbestimmung.

Im idealisierenden Bild des Mythos Schweiz kommt hingegen kaum zur Sprache, dass – sicherlich kantonal unterschiedlich – ein sehr starker Assimilations- und Anpassungsdruck auf viele Zugezogene durch Politik, Medien und «einfache» Bürger ausgeübt wird; dass gerade in der Deutschschweiz das Beherrschen des Schweizerdeutschen vielfach die Grenze von Zugehörigkeit oder von Fremdsein markiert; dass der Erwerb des Bürgerrechts und der Staatsbürgerschaft an sehr hohe Bedingungen geknüpft ist; und dass ein starkes Misstrauen gegenüber allen Fremden und allem Fremden in weiten Bevölkerungskreisen und nicht nur in ländlich geprägten Regionen vorhanden ist.

Seit etwa zehn Jahren gelten für große Bevölkerungsteile Muslime und «der Islam» als das Andere und Gefährliche in der Schweiz.[1] Beigetragen haben dazu u. a. eine weit verbreitete Reserviertheit und Distanz gegenüber «Fremden» und Ausländern sowie rechtspopulistische Parteien nach dem Zweiten Weltkrieg, die Zuwanderung mit gesellschaftlichen Konfliktbereichen wie Kriminalität, Wohlfahrts- und Asylmissbrauch und weiterem verknüpften.[2] «Herr im eigenen Haus zu bleiben» fungiert als Parole, die die Bewahrung der als traditionell ausgegebenen Schweizer Werte betont und Grenzen zu Fremdem und nicht Zugehörigem zieht. Mitte-links-Parteien, Kirchenvertreter und Integrationsbeauftragte, die eine zuwanderungsoffene und plurale Schweiz befürworten und Ideen der geistigen Landesverteidigung der 1930er Jahre hinter sich lassen wollen, werden von rechtspopulistischen Exponenten nur allzu rasch als «Gutmenschen» und «Nette» beschimpft.[3] Sie würden die drohende Islamisierung der Schweiz verharmlosen und dieser nicht entschieden genug entgegentreten.

Vor diesem Hintergrund gliedert sich der Beitrag in vier Teile: Der erste Teil stellt die Entstehung und Gründe der Sichtbarmachung der bislang vier Moscheen mit Minarett in der Schweiz vor. Teil 2 skizziert den gesellschaftspolitischen Kontext des Konflikts um (Im)Migranten und Moscheen, stellt den Konflikt um neue Minarettbauten mit der Kulmination in der Volksinitiative «Gegen den Bau von Minaretten» vor und analysiert sodann das Stimmverhalten bei dieser Volksinitiative. Teil 3 geht

---

1 Samuel Behloul: Islam-Diskurs nach 9/11. Die Mutter aller Diskurse? Zur Interdependenz von Religionsdiskurs und Religionsverständnis, in: Wolfgang Müller (Hg.): Christentum und Islam. Plädoyer für den Dialog, Zürich 2009, 229–264.

2 Damir Skenderovic / Gianni D'Amato: Mit dem Fremden politisieren. Rechtspopulistische Parteien und Migrationspolitik in der Schweiz seit den 1960er Jahren, Zürich 2008, und Damir Skenderovic: The Radical Right in Switzerland. Continuity and Change, 1945–2000, Oxford 2009.

3 Siehe Medienkonferenzen der Schweizerisch Volkspartei (SVP), u. a. zu den Sozialwerken vom 17.10.2008 oder zum Asylwesen vom 8.7.2011. Zur Analyse der Rolle von SVP-Stratege Christoph Blocher und seiner Ausgrenzungs- und Diffamierungsrhetorik siehe Franz Walter: Die Schweizer Virtuosen des Referendumspopulismus, in: Cicero. Magazin für politische Kultur, Blog des Göttinger Instituts für Demokratieforschung vom 23.5.2014, online unter http://www.cicero.de/blog/goettinger-demokratie-forschung/2014–05–23/die-schweizer-virtuosen-des-referendumspopulismus [23.6.2014].

auf Entwicklungen nach 2009 und die Realisierung neuer Moscheebauvorhaben ein. Die kurze Analyse der Befunde und der Schluss runden den Beitrag ab. Zielsetzung des Beitrages ist es, die Entstehung der in der Schweiz vorhanden vier Minarette deskriptiv darzustellen, den Konflikt und Diskurs um den Bau von Minaretten zu rekonstruieren und die Entwicklungen der Errichtung neuer Moscheen nach dem Verbot von Minarettbauten exemplarisch zu skizzieren.

1. Moscheen mit und ohne Minarett in der Schweiz

Die Islamforscher Stéphan Lathion und Andreas Tunger-Zanetti schätzten die Anzahl Musliminnen und Muslime in der Schweiz für 2013 auf 450 000 Personen (inkl. 8–11 Prozent Aleviten) und damit 5,5 Prozent der Bevölkerung.[4] Ähnlich wie auf christlicher Seite reicht die Spannbreite der Glaubensintensität und der religiösen Praxis unter Muslimen in der Schweiz von sehr fromm und observant bis religiös distanziert und kaum praktizierend.[5] Zum Gebet in die etwa 250 Moscheen und Gebetsräume[6] kommt nur eine Minderheit von 10 bis 20 Prozent zusammen.[7] Geschätzte 95 Prozent der Moscheen und Gebetsräume sind von außen nicht als Orte für das islamische Gebet, Predigt und Zusammenkunft erkennbar, da sie sich in umgenutzten Werks- und Fabrikhallen befinden und oftmals gewissermaßen «klassische» Hinterhofmoscheen darstellen. Lediglich vier Moscheen in der Schweiz haben ein Minarett als sichtbares Zeichen, dass sich an dem Ort eine Moschee und Möglichkeit zum Gebet befindet. Diese vier Moscheen sollen in chronologischer Folge vorgestellt

---

[4] Stéphane Lathion / Andreas Tunger-Zanetti: Switzerland, in: Yearbook of Muslims in Europe 6 (2014), (im Druck).

[5] Siehe Mallory Schneuwly Purdie / Matteo Gianni / Jenny Magali (Hg.): Musulmans d'aujourd'hui. Identités plurielles en Suisse, Genf 2009, und Matteo Gianni: Muslime in der Schweiz. Identitätsprofile, Erwartungen und Einstellungen. Eine Studie der Forschungsgruppe «Islam in der Schweiz» (GRIS), unter Mitarbeit von Mallory Schneuwly Purdie / Stéphane Lathion / Jenny Magali, hg. von der Eidgenössischen Kommission für Migrationsfragen, Bern 2010, 26–29.

[6] Anzahl gemäß der Aufstellung von islamischen Gebetsorten von Andreas Tunger-Zanetti vom Zentrum Religionsforschung der Universität Luzern, Mai 2014.

[7] Lathion / Tunger-Zanetti 2013: Switzerland, a. a. O., 634.

werden und der Grund des Baus von Moschee und Minarett in den Worten der Bauherren und Verantwortlichen benannt werden.[8]

Die erste Moschee mit Kuppel und Minarett erbauten Muslime der missionarisch stark wirkenden Ahmadiyya-Tradition 1963 in Zürich. Seinerzeit stand die Schweiz am Beginn der Zuwanderung von Personen muslimischen Glaubens, lediglich 0,05 Prozent waren gemäß der Eidgenössischen Volkszählung Muslime.[9] Wie Sadaqat Ahmad, Imam der Moschee, schilderte, erhielt der seinerzeitige erste Ahmadiyya-Imam in der Schweiz, Scheich Nasir Ahmad, Ende der 1950er Jahre vom Zentralrat der Ahmadiyya den Auftrag, eine Moschee zu errichten. Der damalige Stadtpräsident Emil Landolt sei bei der Grundstückssuche sehr behilflich gewesen. Zur Bedeutung und Wichtigkeit des Minaretts führt Sadaqat Ahmad aus: «[Das Minarett ist] ein Symbol der Verbindung zwischen Menschen und ihrem Schöpfer Gott. Minarett bedeutet Leuchtturm und dieses Wort ist abgeleitet von dem Wort ‹Nur›. ‹Nur› bedeutet ‹Licht›. Gott ist die Quelle jeglichen Lichtes und in dem Sinne ist [ein] Minarett ein Hinweis, dass man hier mit dem Licht Gottes in Verbindung kommen kann.»[10]

Beanstandungen oder Widerspruch zum Bau des Minaretts und der Moschee gab es keine. Nachträglich kritisierte jedoch Gemeinderatsmitglied Peter Kläsi im Namen der Evangelisch-Demokratischen Fraktion in einer Interpellation an den Stadtrat, dass die Stadt städtischen Boden für den Moscheebau zur Verfügung gestellt habe, Kirchen jedoch weithin Schwierigkeiten hätten, geeignete Baugrundstücke zu finden.[11] Bei der

---

[8] Grundlage für die Aussagen der Bauherrschaft bzw. heute Verantwortlichen ist das Forschungs- und Dokumentationsprojekt «Kuppel – Tempel – Minarett. Religiöse Bauten zugewanderter Religionen in der Schweiz», seit 2007 durchgeführt am Zentrum Religionsforschung. Die Dokumentation mit 22 erfassten Sakralgebäuden (Stand Sommer 2014) ist im Internet unter www.religionenschweiz.ch/bauten abrufbar.

[9] Bundesamt für Statistik: Wohnbevölkerung der Kantone nach Konfession, Heimat und Geschlecht. Volkszählung 1960, Neuchâtel.

[10] Interview mit Imam Sadaqat Ahmad durch Edwin Egeter im Rahmen des Projekts «Kuppel – Tempel – Minarett» am 25.3.2008, siehe zu Moschee und Minarett auch die Darstellung unter http://www.religionenschweiz.ch/bauten/mahmud.html [25.6.2014].

[11] Simone Bretscher: (K)eins aufs Dach. Die Entwicklung der Muslimfeindlichkeit in der Deutsch- und Westschweiz nachgezeichnet anhand der öffentli-

Einweihung der Moschee waren der damalige Präsident der Generalversammlung der Vereinten Nationen, Muhammad Zafrulla Khan (selber Ahmadi), und Stadtpräsident Emil Landolt dabei. Sie bildeten damit Zeichen politischer Präsenz und Unterstützung. Landolt hob die Bedeutung gegenseitiger Toleranz hervor und dass die weltoffene und liberale Stadt Zürich der islamischen Religion gerne zu einem Ort des Gebets verholfen habe. Die Anwesenheit des Stadtpräsidenten und seine Rede anlässlich der Eröffnung wurden später im Gemeinderat anlässlich der Behandlung der Interpellation von Gemeinderatsmitglied Kläsi kontrovers und ohne Einigung diskutiert.[12] Das Minarett der Mahmud-Moschee hat eine Bauhöhe von 18 Metern, der Durchmesser der Kuppel beträgt 3,5 m.

Die zweite Moschee entstand mit der Mosquée et Fondation Culturelle Islamique 1978 in Genf. Ein erster Gebetsraum für muslimische Delegierte internationaler Organisationen hatte 1961 im islamischen Zentrum Eaux-Vives bestanden. Aufgrund des Zerwürfnisses mit der Familie Ramadan, die die Moschee leitete, und der räumlichen Begrenztheit des Zentrums angesichts der gestiegenen Anzahl Muslime in Genf (1970: 0,4 Prozent; 1980: 1,3 Prozent der Genfer Bevölkerung[13]) regte Dr. Medhat Sheikh El Ard, ehemaliger UNO-Delegierter und Hausarzt des ersten Königs von Saudi-Arabien, den Bau einer neuen Moschee an. Die Baukosten von 13 Millionen Franken für die kostspielige «Botschaftsmoschee» (vgl. die Botschaftsmoscheen in Wien und Berlin) mitsamt Schulungsgebäude und Bibliothek trug das saudische Königshaus. Konflikte um den Bau der Moschee gab es keine, lediglich Einsprachen zur Erhaltung vorhandener historischer Gebäude. Hafid Ouardiri, Sprecher der Moschee von 1986 bis 2007, berichtete mit Blick auf den Minarettbau: «Als der damalige FDP-Stadtpräsident, Jacques Vernet, die Höhe des Minaretts auf den Plänen sah, sagte er: ‹Was ist das für ein Minarett! Es ist zu *riquiqui* (zu klein), machen Sie es mindestens so hoch wie die umliegenden Gebäude.› Wir

chen Reaktionen auf die Errichtung repräsentativer muslimischer Bauten, Lizentiatsarbeit am Historischen Seminar, Universität Basel 2008, 55; online unter http://www.religionenschweiz.ch/pdf/bretscher-minarette.pdf [23.6.2014].

[12] Bretscher: (K)eins aufs Dach, a. a. O., 56.

[13] Zahlen gemäß dem Office cantonal de la statistique: «Population résidante du canton de Genève selon l'appartenance religieuse, depuis 1960», tableau T 01.05.2002, Genf 2003.

folgten seinem Ratschlag und machten es höher».[14] Das Minarett wurde schließlich mit einer Höhe von doch «nur» 22 Metern erbaut, die Moschee eingeweiht unter Anwesenheit des saudischen Königs Khaled Bin Abdulaziz Âl Saud, des damaligen Bundespräsidenten Pierre Aubert sowie zahlreicher städtischer Repräsentanten. Auch hier repräsentierten und legitimierten die politischen Vertreter die Bedeutung der Moschee für Stadt und Gesellschaft.[15]

Die dritte Moschee mit Minarett befindet sich in der zweitgrößten Stadt des Kantons Zürich, in Winterthur. Die Anzahl Muslime in der Schweiz war aufgrund der Balkankriege auf 311 000 Personen (4,3 Prozent der Bevölkerung) im Jahr 2000 angewachsen.[16] Während die ersten zwei Moschee- und Minarettbauten schweizweit bekannt sind, ist das Minarett des Islamisch-Albanischen Vereins Winterthur kaum in die öffentliche Wahrnehmung gekommen. Grund ist, dass die 2004 eingeweihte Moschee in einer ehemaligen Werkshalle im Industriegebiet Grüze zwischen Industriegeschäften, Autogaragen und einer evangelischen Freikirche eingerichtet wurde. Innen erfolgten mit stilisierter Kuppel, großem Kronleuchter und Frauenempore erhebliche Umbauten. Außen deuten jedoch lediglich ein weiß-grünes Namensschild über dem Eingang und das knapp vier Meter hohe und 50 cm dünne Minarett darauf hin, dass sich in der Industriehalle eine Moschee befindet. In dieser Umgebung von mittelständigen Werksgebäuden im dicht bebauten Industriegelände verhelfe das 2005 eingeweihte Minarett zu etwas mehr Sichtbarkeit der Moschee und auch zu ihrer Verschönerung, so die Vorstandsmitglieder Sahit Cerimi und Irfan Ljatifi.[17] Überdies, betont Herr Cerimi, seien seit der Eröffnung der Moschee «viele Restaurants, Läden und Wohnungen in der

---

[14] Interview mit Hafid Ouardiri durch Edwin Egeter im Rahmen des Projekts «Kuppel – Tempel – Minarett» am 2.4.2008, Übersetzung aus dem Englischen, siehe zu Moschee und Minarett auch die Darstellung unter http://www.religionenschweiz.ch/bauten/fondation.html [23.6.2014].

[15] Zur Entstehung des Moscheebaus und Stimmen in der regionalen und nationalen Presse s. Bretscher: (K)eins aufs Dach, a. a. O., 61–70.

[16] Zahlen gemäß der Eidgenössischen Volkszählung 2000, siehe Claude Bovay: Religionslandschaft in der Schweiz. Eidgenössische Volkszählung 2000, Neuchâtel 2004, 11.

[17] Interview durch Marc Sommerhalder im Rahmen des Projekts «Kuppel – Tempel – Minarett» am 17.4.2010, siehe zu Moschee und Minarett auch die Darstellung unter http://www.religionenschweiz.ch/bauten/winti.html [24.6.2014].

Nähe entstanden».[18] Insofern würde dies auf ökonomische Impuls- und Aufwertungseffekte der Gegend verweisen, ähnlich wie dieses bei Moscheeneubauten in Großbritannien beobachtet wurde.[19] Einsprachen gegen das Minarett gab es keine. Städtische oder politische Repräsentanten waren bei der Einweihung nicht vor Ort. Im Mai 2013 beschädigten jedoch Unbekannte das Minarett und entwendeten den Halbmond auf der Spitze,[20] was trotz guter Nachbarschaftskontakte auf eine Gegnerschaft zu Moschee und Minarett hindeutet. Insgesamt ist dieses dritte von vier bestehenden Minaretten in der Schweiz unbekannt und auch in der Presse kaum erwähnt worden.[21]

Das vierte und bislang letzte, zugleich umstrittenste Minarett der Schweiz steht ebenso auf dem Dach einer umgebauten Werkshalle. Es befindet sich in der 5000-Einwohner-Gemeinde Wangen im Kanton Solothurn. Der türkische Kulturverein Olten hatte 2002 in der Gewerbezone in Wangen das Grundstück der stillgelegten Lack- und Farbenfabrik «Rechsteiner & Co.» erworben und in Eigenarbeit zu einem Kulturzentrum mit Gebetsraum, Wohnung für den Imam, Unterrichts- und Aufenthaltsräumen umgebaut. Um das einst gewerbliche Gebäude als Moschee zu kennzeichnen, sollte ein in der Türkei vorgefertigtes sechs Meter hohes Minarett auf das Dach des Anbaus gesetzt werden. Der Sprecher der Moschee, Mustafa Karahan, begründete den Bau wie folgt: «Jede Moschee hat normalerweise ein Minarett. [...] Das Minarett ist wie ein Kirchturm. Was der Kirchturm für die Kirche bedeutet, das bedeutet genau gleich auch das Minarett für die Moschee. Außerdem ist es ein Zeichen für alle muslimischen Ausländer hier: Wenn sie das Minarett sehen, wissen sie: Hier kann ich beten gehen.»[22]

---

[18] Ebd.

[19] Richard Gale: The Multicultural City and the Politics of Religious Architecture. Urban Planning, Mosques and Meaning-making in Birmingham UK, in: Built Environment 30:1 (2004), 18–32.

[20] Vandalen stehlen Halbmond von Minarett, in: Tages-Anzeiger vom 21.5.2013.

[21] Zur Presseauswertung s. Bretscher: (K)eins aufs Dach, a. a. O., 70–74.

[22] Interview durch Andreas Tunger-Zanetti im Rahmen des Projekts «Kuppel – Tempel – Minarett» am 28.2.2009, siehe zu Moschee und Minarett auch die Darstellung unter http://www.religionenschweiz.ch/bauten/tuerk.html [24.6.2014].

Bekanntlich führte das 2005 an die Gemeinde eingereichte Vorhaben zur Errichtung des nicht beschallbaren Minarettaufbaus vom zuerst lokalen Rechtskonflikt in den Folgejahren zur nationalen Debatte um Minarette und Islam in der Schweiz. Teil 2 des Beitrages wird darauf näher eingehen. Das Minarett konnte am Ende aller Gerichtsverfahren im Januar 2009 eingeweiht werden, die Kosten des Minaretts betrugen CHF 50 000.–. Behördenvertreter lehnten eine Teilnahme bei der Einweihung ab, da sich der Verein weigerte, die umstrittene Fahne mit dem Wolf einzuziehen.

Von den vier Moscheen mit Minarett in der Schweiz sind zwei neu geplante und erbaute Moscheen, zwei sind Umbauten vorhandener Werks- und Industriegebäude. Die Mahmud-Moschee ist Teil der international hierarchisch strukturierten Ahmadiyya-Organisation; die Genfer Moschee gehört der Liga der islamischen Welt an. Die albanische Moschee in Winterthur dürfte dem albanischen Verband und die türkische Moschee in Wangen dem türkischen Idealistenverband angehören. Beide Verbände nahmen aber keine große Rolle im Bauvorhaben ein.

2. Moschee- und Minarettbau-Konflikte in der Schweiz

2.1 Gesellschaftspolitischer Kontext: Von Schwarzenbach bis Blocher

Der Konflikt um den Bau von Moscheen und Minaretten als Fremdes und «Unschweizerisches» ist ohne den größeren gesellschaftspolitischen Kontext seit den 1960er Jahren nur ungenügend zu verstehen. In den frühen 1970er Jahren hatte James Schwarzenbach (1911–94), rechtskonservativer Nationalrat von 1967 bis 1979, mit fremdenfeindlicher Rhetorik gegen italienische Zuwanderer Politik gemacht. In zwei sehr emotional geführten Volksinitiativen 1970 und 1974 verlangte der Parteichef der «Nationalen Aktion gegen die Überfremdung von Volk und Heimat», der «Überfremdung» – ein schon seit 1914 in der Amtssprache etablierter Begriff – durch Begrenzung der Anzahl Ausländer auf maximal zehn Prozent je Kanton Einhalt zu gebieten.[23] Die in der Schweiz tätigen etwa 500 000 italieni-

[23] Siehe den Wortlaut der Volksinitiativen vom 7.6.1970 und 20.10.1974 unter http://www.admin.ch/ch/d/pore/vi/vis_2_2_5_1.html [24.6.2014].

schen Arbeiter bezeichnete der rechtspopulistische Politiker als «kulturfremde Eindringlinge», die sich ungebührlich laut verhalten und Schweizer Frauen nachstellen würden. Auch wenn die Initiativen 1970 mit 54 Prozent der abstimmenden Männer und 1974 mit 66 Prozent der abstimmenden Männer und Frauen abgelehnt wurden, so etablierten sie in der Schweizer Politik dauerhaft die Themen der «ausländischen Überbevölkerung» und der Gefahr von fremden Kultureinflüssen.[24]

Mit dem Aufstieg der Schweizerischen Volkspartei (SVP) unter der Führung des Unternehmers Christoph Blocher, der die einst rechtsbürgerlich-konservative Partei mit populistischen Themen stärker am rechtsnationalen Rand positionierte, wurden Themen von Europaskepsis und Schutz der Schweizer Souveränität sowie Begrenzung der Zuwanderung und Verschärfung des Asylrechts gesellschaftlich hof- und mehrheitsfähig. Thomas Buomberger sieht von Schwarzenbach bis Blocher eine deutliche Kontinuität im «Kampf gegen unerwünschte Fremde».[25]

Im Unterschied zu den Überfremdungs-Initiativen der 1970er Jahre kam in Abstimmungen über Migrationsfragen ab 2003/2004 ein neues Thema prominent hinzu: das religiöser Zugehörigkeit.[26] Während zuvor Religion in Abstimmungen kaum ein Mittel war, Grenzen zu ziehen zwischen schweizerischer Zugehörigkeit und zugeschriebener Fremdheit, wurde diese nun ausschlaggebend.[27] In Medienberichten zu kantonalen und nationalen Abstimmungen über Migrationsfragen wurde das Thema Religion fast ausschließlich auf «den Islam» reduziert und in der wahlstrategischen Rhetorik von SVP-Politikern zum Synonym für Fremdheit, Gefahr und Nicht-Zugehörigkeit stilisiert. Exemplarisch zeigte sich dies im Kanton Zürich: In ihm stand eine Neuregelung des Verhältnisses von

[24] Siehe zu James Schwarzenbach u. a. Isabel Drews: «Schweizer erwache!» Der Rechtspopulist James Schwarzenbach (1967–1978), Frauenfeld 2005.

[25] Thomas Buomberger: Kampf gegen unerwünschte Fremde. Von James Schwarzenbach bis Christoph Blocher, Zürich 2004.

[26] Anaïd Lindemann / Jörg Stolz: Use of Islam in the Definition of Foreign Otherness in Switzerland: A Comparative Analysis of Media Discourses Between 1970–2004, Islamophobia Studies Journal 2, 1 (2014), 44–58.

[27] Sicherlich gab es in den 1970er Jahren Warnungen vor einer großen Zuwanderung von italienischen und spanischen Katholiken, die die protestantischen Städte dominieren würden. Als Wahlkampfargument fungierte die Abwehr von Katholiken jedoch in den Medien nicht, siehe die Medienanalyse von Lindemann/Stolz: Use of Islam, a. a. O., 49.

Staat und Kirche an mit der Möglichkeit, sowohl Ausländern Mitbestimmung in kirchlichen Belangen zu eröffnen als auch weiteren als den reformierten, katholischen und christkatholischen Kirchen eine öffentlich-rechtliche Anerkennung zu ermöglichen. Ein Initiativkomitee mit Politikern aus der SVP und FDP machte mit Plakaten wie «Steuergelder für Koranschulen?» Stimmung gegen die Revision. In der emotionalen Abstimmung, in der es mehr um das Thema Islam und Muslime als um die Aktualisierung des Staatskirchenrechts ging, kam es letztlich zur Ablehnung der Kirchenvorlagen.

Ähnlich erging es der nationalen Vorlage über die erleichterte Einbürgerung von Angehörigen der zweiten Ausländergeneration 2004: Ein der SVP nahe stehendes «überparteiliches Komitee gegen Masseneinbürgerung» fragte in ganzseitigen Anzeigen mit statistischen Grafiken «Muslime bald in der Mehrheit?». Obwohl die Themen Islam und Muslime mit der Abstimmung in keinem direkten Zusammenhang standen, suggerierte das Initiativkomitee, dass «dank automatischer Einbürgerung» Muslime in naher Zukunft die Mehrheit im Schweizerland bilden würden.[28] Nach einem erneut polemischen und emotionalen Wahlkampf wurde die Vorlage deutlich abgelehnt.[29]

Die Thematisierung von Islam und Muslimen durch rechtskonservative Parteien ist sicherlich im Kontext der westeuropäischen, medial verstärkten Problematisierung des Islam nach den Terroranschlägen vom 11. September 2001, insbesondere aber nach den Attentaten von Madrid (März 2004) und London (Juli 2005), der Ermordung des islamkritischen Regisseurs Theo van Gogh (November 2004) sowie dem dänischen Karikaturenstreit in 2006 zu sehen. Rechtspopulistische Politiker und Exponenten nicht nur in der Schweiz sahen im Islam eine Gefahr für westliche Freiheitswerte. Sie vermochten für weite Bevölkerungskreise plausibel Islam und Muslime als das Andere, nicht Zugehörige und Abzuwehrende zu konstruieren.

---

[28] Zeitungsanzeige des «Überparteilichen Komitees gegen Masseneinbürgerung» anlässlich der Abstimmung über die erleichterte Einbürgerung im September 2004, Flaach 2004.

[29] Siehe dazu Samuel Behloul: Vom öffentlichen Thema zur öffentlichen Religion? Probleme und Perspektiven des Islam im Westen am Beispiel der Schweiz, in: Martin Baumann / Frank Neubert (Hg.): Religionspolitik – Öffentlichkeit – Wissenschaft. Studien zur Neuformierung von Religion in der Gegenwart, Zürich, 127–150, hier 134.

2.2 Minarett-Bauanträge und Kontroversen

Im Kontext dieser in weiten Bevölkerungskreisen etablierten Skepsis bis hin zu Angst vor Fremden sowie der wachsenden Islamfeindlichkeit stellten im Herbst 2005 und zu Beginn 2006 islamische Ortsvereine in Wangen (Kanton Solothurn) und Langenthal (Kanton Bern) Anträge auf Minarettbauten bei den lokalen Bau- und Planungskommissionen. Überdies wurden Pläne für einen umfangreichen Moscheebau in Wil im Kanton Zürich bekannt. Exponenten der SVP und der evangelikalen Eidgenössisch-Demokratischen Union (EDU) sprachen rasch davon, dass plötzlich überall in der Schweiz Moscheen und Minarette hervorsprießen würden.

Zum Kristallisationspunkt der Kontroverse um den Bau von Minaretten wurde der Bauantrag des türkischen Kulturvereins in Wangen.[30] Das baurechtliche Vorhaben führte zu hitzigen Diskussionen und zu zahlreichen Einsprachen, u. a. von der lokalen reformierten Kirchgemeinde und einer privaten Sammel-Einsprache eines lokalen SVP-Politikers mit 381 Unterschriften. Die Gegner des Minaretts machten rasch Argumente des Fremdseins und der Gefahr stark: Das Minarett sei nichts «Schweizerisches» und passe nicht ins Dorfbild, zudem gefährde es den lokalen Religionsfrieden. Der Turm verstoße gegen die maximale Bauhöhe, eine «Berieselung von moslemischen Gebeten» und eine «schleichende Unterwanderung durch den Islam» seien zu befürchten, so die Kritiker. Anwohner beklagten Lärm und ungeordnetes Parken bei größeren Anlässen in der Moschee.[31]

Im Februar 2006, sechs Monate nach Antragsstellung, lehnte die Wangener Baukommission das Gesuch einstimmig ab: Es sei nicht zonenkonform, da in einer Gewerbezone Sakralbauten nicht zugelassen seien; Parkplätze seien nicht genügend vorhanden, Maßvorschriften für Dachaufbauten würden nicht eingehalten, die Ästhetik sei störend, und es lägen

---

[30] Hier und die zwei nachfolgenden Absätze weitgehend gleich wie Martin Baumann / Jörg Stolz: Vielfalt der Religionen – Risiken und Chancen des Zusammenlebens, in: dies. (Hg.): Eine Schweiz – viele Religionen. Risiken und Chancen des Zusammenlebens, Bielefeld 2007, 344–378, hier 358f.

[31] Zitate Roland Kissling, SVP-Mitglied und Initiant der Sammelbeschwerde, im St. Galler Tagblatt, 18. Juli 2006, verfügbar unter http://www.tagblatt.ch/tagblatt-alt/tagblattheute/hb/inland/tb-in/art807,495129 [24.6.2014] Mehr Details über den Verlauf in Bretscher: (K)eins aufs Dach, a. a. O., 76–92.

sechs rechtmäßige Einsprachen vor. Der türkisch-kulturelle Verein legte daraufhin beim Bau- und Justizdepartement des Kantons Solothurn Einspruch ein; im Sommer 2006 hieß dieses die Beschwerde gut und bewilligte den Antrag, unter der Auflage, dass vom Minarett keine Gebetsrufe ergehen dürften. Der Gemeinderat wiederum focht die Bewilligung beim Verwaltungsgericht an, da u. a. die Autonomie und Planungshoheit der Gemeinde verletzt sei. Das Verwaltungsgericht trat jedoch aus formalen Gründen auf die Beschwerde nicht ein, und der Gemeinderat verzichtete angesichts geringer Erfolgsaussichten auf einen Weiterzug vor das Bundesgericht. Auch die gesonderte Beschwerde der Nachbarn wies das Verwaltungsgericht Ende November 2006 ab. Zu Jahresbeginn 2007 reichten daraufhin zwei Nachbarn eine staatsrechtliche Beschwerde bei den obersten Richtern in Lausanne ein. Als ergänzendes Argument brachten die Gegner vor, dass der Kulturverein Mitglied in einer rechtsextremen Gruppe (den Grauen Wölfen) sei. SVP-Sprecher Roman Jäggi bekräftigte, dass es nicht mehr «nur um ein Minarett, sondern um den Ausbau eines Stützpunktes einer extremistischen Organisation» gehe.[32] Das Bundesgericht als oberste Instanz wies die Einsprachen schließlich zurück und das Minarett konnte nach vier Jahren Rechtsstreit im Januar 2009 auf dem Dach des Anbaus errichtet werden.[33]

Ähnliche Kontroversen auf der Grundlage formal baurechtlicher und inhaltlich «kultureller» Argumente fanden sich in anderen Schweizer Gemeinden, so in Wohlen und in Windisch im Kanton Aargau und in Langenthal im Kanton Bern. Auf parlamentarischer Ebene lancierten SVP-Kantonsräte 2006/2007 Vorstöße, den Bau von Minaretten per Gesetz präventiv zu verbieten oder jeweils einer Volksabstimmung vorzulegen: Minarette seien «Symbol für die Eroberung eines Gebiets» und würden «den religiösen Frieden in der Schweiz gefährden», da der Islam eine «expansive, aggressive» Religion sei, hieß es seitens von SVP-Politikern in den Kantonsparlamenten von Bern, Solothurn, St. Gallen, Tessin und Zürich.[34]

---

[32] Zitat aus SonntagsZeitung vom 03.12.2006.

[33] Siehe dazu Mathias Tanner / Felix Müller / Frank Mathwig / Wolfgang Lienemann (Hg.): Streit um das Minarett: Zusammenleben in der religiöspluralistischen Gesellschaft, Zürich 2009.

[34] Siehe die Referate und Medienmitteilungen von SVP-Politikern auf der Internetseite des Anti-Minarett-Initiativkomitees auf www.minarette.ch [24.6.2014].

Die seit den 1960er Jahren bekannte Stoßrichtung der Abwehr von Fremden und «fremder Kultur» kanalisierten die SVP-Exponenten Werner Wobmann und Ulrich Schlüer sowie Politiker der EDU mit dem neuen Topos «Abwehr von Islam» in die landesweite Volksinitiative «Gegen den Bau von Minaretten». Die notwendigen Unterschriften kamen zusammen und im Juli 2008 reichten die Initianten die 113 540 Unterschriften bei der Bundeskanzlei ein. In der im Herbst 2009 wie gewohnt populistischen und emotional geführten Kampagne mit diffamierenden Anti-Minarett-Plakaten, die von rechtsnationalen Islamgegnern in anderen europäischen Staaten kopiert wurden, vermochten sich die Befürworter von Minaretten und Vielfalt religiöser Symbole im öffentlichen Raum kaum Gehör zu verschaffen. Muslimische Verbände hatten sich dafür entschieden, eher im Hintergrund zu bleiben und lediglich auf Anfrage Stellung zu beziehen. Nur wenige hatten ernsthaft mit der Annahme der unverhohlen islamophoben Initiative gerechnet. Umso grösser war die Überraschung im In- und Ausland angesichts der wuchtigen Annahme des Verbots. 57,5 Prozent der Abstimmenden hatten am 29. November 2009 für die Aufnahme des Zusatzes in die Bundesverfassung mit sofortiger Gültigkeit gestimmt: «Der Bau von Minaretten ist verboten» (§ 72,3 BV).[35]

Der Schriftsteller Charles Lewinsky, Autor der jüdischen Familiensaga «Melnitz» (2006), analysierte die Abstimmungskampagne aufschlussreich: Der Populismus brauche keine differenzierten Argumente, da er nicht «an die Urteils-, sondern nur an die Vorurteilskraft seiner Wähler appelliert. [...] Diffamieren geht über Studieren», so der zentrale Lehrsatz des Populismus.[36] Dem Abstimmungsverhalten und den dabei leitenden Motiven

[35] Zum genauen Verlauf der Kampagne und zur Analyse siehe im Detail Jean-François Mayer: A Country without Minarets: Analysis of the Background and Meaning of the Swiss Vote of 29 November 2009, Religion 41 (2011), 11–28; Andreas Tunger-Zanetti: ‹Against Islam, but not against Muslims›. Actors and attitudes in the Swiss minaret vote, in: Samuel M. Behloul / Susanne Leuenberger / Andreas Tunger-Zanetti (Hg.): Debating Islam. Negotiation Religion, Europe and the Self, Bielefeld 2013, 285–212, sowie Oliver Wäckerlig: Das Fanal von Wangen. Der Schweizer Minarettdiskurs – Ursachen und Folgen, Saarbrücken 2014.

[36] Charles Lewinsky: Ein Gespenst geht um in der Schweiz. Das Gespenst heisst Eidenbenz, Tages-Anzeiger vom 3.12.2009, online unter http://www.

gingen Adrian Vatter und sein Team sodann detailliert in der statistisch basierten Wahlanalyse nach.

2.3 Analyse der Einstellungen und Motive der Wählenden

Auf der Internetseite der Gemeinde Wangen begrüßt der Gemeindepräsident die Besucher und Besucherinnen werbend: «‹Z'Wange blybt me hange› [In Wangen bleibt man hängen]. Dieser Spruch enthält nicht nur leere Worte. Wangen ist ein Dorf, das es in sich hat».[37] In der Tat mögen Minarettgegner und -befürworter die Besonderheit der Gemeinde Wangen in Erinnerung halten, da der Konflikt um den dortigen Minarettbau zum Auftakt der nationalen Minarett-Verbots-Initiative wurde. Oliver Wäckerlig spricht in seiner Studie zum Schweizer Minarettdiskurs vom «Fanal von Wangen», das das immer besser organisierte islamophobe Netzwerk Europas beflügelt habe.[38] «Z'Wange blybt me hange» – insofern soll den Einstellungen und Motiven des Abstimmungsverhaltens der Minarett-Verbots-Initiative näher nachgegangen werden. Konnte das Minarett von Wangen nicht auf dem rechtlichen Weg verhindert werden, so schob das «Fanal» des 29.11.2009 allen künftigen Minarettbau-Absichten einen rechtlichen Riegel vor.

Wie Adrian Vatter und die Mitautoren aufzeigten, mobilisierte die Abstimmung zwar überdurchschnittliche 53 Prozent, an der Abstimmung teilzunehmen. Jedoch war die Beteiligung damit ähnlich hoch wie bei anderen ausländerpolitischen Volksabstimmungen.[39] Überproportional nahmen jedoch die über 60- und über 70-Jährigen mit 73 und 75 Prozent an der Wahl teil und befürworteten mehrheitlich die Minarettverbots-Initiative.[40] Dementgegen zeigt sich eine geringere Mobilisierung derjenigen Personen, die eine gesellschaftspolitisch «moderne» Einstellung

tagesanzeiger.ch/kultur/buecher/Ein-Gespenst-geht-um-in-der-Schweiz-Das-Gespenst-heisst-Eidenbenz/story/10202730 [24.6.2014]

37 Gemeindepräsident Beat Frey auf der Begrüßungswebseite der Gemeinde Wangen vom 25.3.2014, online unter http://www.wangenbo.ch/unserdorf/begruessung.html [24.6.2014].

38 Wäckerlig: Das Fanal von Wangen, a. a. O.

39 Adrian Vatter / Thomas Milic / Hans Hirter: Das Stimmverhalten bei der Minarettverbots-Initiative unter der Lupe, in: Adrian Vatter (Hg.): Vom Schächt- zum Minarettverbot, Zürich 2011, 144–170, hier 146.

40 A. a. O., 151.

haben (SP-Sympathisanten, jüngere Stimmberechtigte) und die Vorlage des Verbots mehrheitlich ablehnten. Im Parteienspektrum zeigt sich eine klare Rechts-links-Polarisierung und Befürwortung bzw. Ablehnung der Initiative (SVP vs. SP/Grüne). Wie Vatter und andere festhalten: «Entscheidend für den Ausgang der Volksabstimmung war deshalb das Verhalten der politischen Mitte, zu der sich über 30 Prozent der Befragten zählten. Diese nahm das Minarettverbot im Verhältnis zwei zu eins an.»[41]

Auch bei den Werthaltungen zeigte sich ein deutlicher Gegensatz: «Wer dieses Land vor allem auf sich bezogen und traditionellen Werten verpflichtet wünscht», stimmte zu 90 Prozent für das Verbot.[42] Jedoch, so halten die Autoren fest, stimmten auch Personen, «die für eine weltoffene bzw. moderne Schweiz eintreten», zu etwa 40 Prozent für die Initiative.[43] Ebenso stimmten erwartungsgemäß Personen, die Ausländern keine gleichen Chancen zugestehen und Werte wie Ruhe und Ordnung betonen, stark mehrheitlich dafür (80 Prozent bzw. 70 Prozent).[44] Mit Blick auf das Bildungsniveau stimmten je mehr für das Verbot, je geringer die Bildung war, wobei Personen mit höchstem Abschluss Lehre oder Berufsschule zu 76 Prozent der Initiative zustimmten. Bei der Stadt-Land-Differenz stimmten Bewohner ländlicher Regionen zu zwei Dritteln dafür.[45]

Welche Motive und Argumente waren für die an der Abstimmung Teilnehmenden ausschlaggebend? Einerseits, so halten die Autoren fest, wollten Befürworter «ein Zeichen gegen das Minarett als Symbol für eine Islamisierung der Schweiz und Westeuropas setzen».[46] Andererseits wollten Verbotsgegner die Grundrechte auf Religionsfreiheit und Nichtdiskriminierung nicht eingeschränkt sehen. Dieses Argument sahen eine sehr große Mehrheit der Initiativ-Befürworter jedoch als unerheblich an, da ein Minarett nichts mit Religion zu tun habe, sondern ein Macht- und Herrschaftssymbol sei.[47] Bemerkenswert ist schließlich, dass trotz der deutlichen Verbotsannahme eine Mehrheit von 64 Prozent der Meinung war,

---

[41] A. a. O., 155.
[42] A. a. O., 156.
[43] Ebd.
[44] A. a. O., 157.
[45] A. a. O., 159.
[46] Ebd.
[47] A. a. O., 162.

dass schweizerische und islamische Lebensweise miteinander gut in Einklang zu bringen sei.[48]

In der Summe, so resümierten Vatter und die Mitautoren, sei es den Initianten im Abstimmungskampf gelungen, «eine formal baurechtliche Frage in einen übergeordneten weltanschaulich-kulturellen Grundsatzkonflikt umzudeuten, der die kulturprotektionistischen Befürchtungen weiter Bevölkerungsteile gegen die Globalisierung und die Einflüsse von aussen sowie den daraus resultierenden Identitätsverlust der Schweiz kanalisierte».[49] Die Skepsis gegenüber fremden, nicht-christlichen Religionen und Kulturen manifestierte sich am Verbot der öffentlichen Sichtbarkeit von Fremdheit. Anna Christmann und ihre Mitautoren sehen vor diesem Hintergrund deutliche Hinweise auf eine Kontinuität der Abwehr des Fremden, welche schon in den xenophoben (und auch antisemitischen) Bewegungen und Volksinitiativen der 1970er Jahre in der Schweiz stark waren.[50]

3. Moscheebauten nach der Volksinitiative 2009

Nach der Annahme der Volksinitiative dominierten einerseits im Großteil der Schweizer Parteien und im Ausland Verwunderung und Unverständnis über das Votum des Souveräns. Andererseits gab es auch lauten Applaus von rechtsnationalen Parteien und Politikern etwa in den Niederlanden oder in Österreich. Festzuhalten war zugleich, dass das Thema Minarettbauten nach der Abstimmung rasch aus den Medien verschwand. Stärker in den Fokus rückte die Thematik der Kopftücher von muslimischen Mädchen in Schulen. Überdies votierten Tessiner Wahlberechtigte in einer kantonalen Abstimmung 2013 für ein Verhüllungsverbot im öffentlichen Raum – landläufig Burka-Verbot genannt. SVP-Exponenten planen, solch ein Verbot nach Möglichkeit für die ganze Schweiz zu erreichen.

---

[48] A. a. O., 161.

[49] A. a. O., 169.

[50] Anna Christmann / Deniz Danaci / Oliver Krömler: Ein Sonderfall? Das Stimmverhalten bei der Minarettverbots-Initiative im Vergleich zu anderen Abstimmungen und Sachfragen, in: Adrian Vatter (Hg.): Vom Schächt- zum Minarettverbot, Zürich 2011, 171–190, hier 189.

Der Bau neuer Moscheen ging vor und nach dem Minarettbau-Verbot weiter. Medial wurden sie jedoch kaum mehr ein nationales Thema, sondern blieben zumeist auf die lokalen Gemeinden und Berichtserstattungen begrenzt. Zwei Moscheebauvorhaben sollen abschließend knapp vorgestellt werden, da an ihnen typische Entwicklungen und Konflikte ablesbar sind. Wie Lucia Stöckli aufzeigt, waren diese wie auch andere Bauvorhaben vornehmlich aus pragmatischen Gründen wie Platzmangel, Wunsch nach besserer Infrastruktur für größere Veranstaltungen und diverse Angebote sowie Lösen des Parkplatzproblems begründet. Auch die Berücksichtigung der Gebetsrichtung (arab. *qibla*) im Neubau sowie eine architektonische Gestaltung als «würdige» Gebets- und Gemeinschaftsstätte nannten die Bauherren.[51]

In der Gemeinde Volketswil, unweit östlich von Zürich gelegen, reichte die Islamische Gemeinschaft Volketswil Zürich 2008 den Bauantrag für den Bau eines Moscheegebäudes ein. Die lokale SVP trat bald auf den Plan, um den größten Moscheebau im Kanton Zürich wenn nicht zu verhindern, so doch zu begrenzen. Vom Gemeinderat verlangte sie in einer Petition mit 500 Unterschriften «Auskunft über Ruhezeiten, Koranunterricht und die zusätzlichen Kosten» sowie dass das Gebäude nicht von außen als Moschee erkennbar sei.[52] Der Präsident der Volketswiler SVP, Stefan Mühlemann, befand in den Lokalmedien: «Wir finden, dass es schon genug Moscheen in der Gegend gibt.»[53] Zeitgleich und diesem Votum entgegen organisierte die ökumenische Erwachsenenbildung Volketswil zusammen mit Vertretern der islamischen Gemeinschaft drei Themen- und Informationsabende. Ziel war, möglichst sachlich und im Dialog über das Bauvorhaben zu informieren und um Toleranz zu werben.

Im April 2009 erhielt die Gemeinschaft die Baubewilligung mit der Auflage, bei dem Bau in dem abseits der Stadt gelegenen Industriegebiet auf ein Minarett zu verzichten. Im Mai 2010 erfolgte die Grundsteinlegung und zweieinhalb Jahre später, im Dezember 2012, fanden das erste

[51] Lucia Stöckli: Moschee-Neubauprojekte in England und der Schweiz. Institutionalisierung – Bedeutung –Sichtbarkeit, Dissertation am Religionswissenschaftlichen Seminar der Universität Luzern, Luzern 2014, 207–212.

[52] SVP-Petition gegen Moschee in Hegnau, online unter https://openspeech.com/showthread.php/269854-SVP-Petition-gegen-Moschee-in-Hegnau, vom 12.02.2009 [22.5.2014]

[53] Zitat aus «SVP-Petition zur Moschee Hegnau», Tages-Anzeiger vom 20.02.2009.

Freitagsgebet und die feierliche Eröffnung der mit 7,5 Millionen Franken kostspieligen und großräumigen Moschee statt. Die Zusammenarbeit mit dem anerkannten und starken lokalen Partner, der ökumenischen Erwachsenenbildung Volketswil, und die Kompromissbereitschaft der Gemeinschaft dürften dazu beigetragen haben, dass das Bauvorhaben nicht zu einem großen Konfliktherd mit nationaler medialer Aufmerksamkeit wurde.

Anders verliefen die Entwicklungen in der Gemeinde Grenchen. Dort hatte die albanisch-islamische Glaubensgemeinschaft im Gewerbegebiet in einer ehemaligen Gemüsehalle ihren Gebetsraum mit Teestube eingerichtet. Im September 2009 – in der zunehmend heißen Phase der Debatte um die Minarettverbots-Initiative – reichte die Glaubensgemeinschaft bei der lokalen Baudirektion ein Gesuch für den Bau eines Vereinslokals mit Moschee, Teeküche und weiteren Räumlichkeiten auf einer nahe gelegenen Parzelle ein. Die Baudirektion erteilte eine Baubewilligung mit Auflagen und verlangte einen Finanzierungsnachweis einer Schweizer Bank für die gesamte Bauzeit. Die lokale SVP bekämpfte das Projekt von Beginn an, verlangte die Prüfung der Zonenkonformität (Bau im Gewerbegebiet) und sprach rasch von «Grossmoschee mit Leichenaufbewahrungshalle».[54] Die Glaubensgemeinschaft hatte die Grundstücksparzelle über Mittelsmänner vom SVP-Mitglied Ivo von Büren erworben, der wegen Täuschung den Verkauf rückgängig machen wollte, einen entsprechenden Prozess jedoch verlor.

Der Protest ging einen Schritt weiter, als am 10. November 2011 regionalen Medien ein anonymes Bekennerschreiben zuging. Die Täter teilten darin mit, «dass auf dem Land in Grenchen, wo eine Moschee gebaut werden soll, ein totes Schwein und vier Schweineköpfe vergraben wurden. Zusätzlich wurden 120 L Schweineblut auf dem Land mit Giesskannen verteilt».[55] Die Täter zweifelten im Weiteren die Standhaftigkeit des Glaubens der Grenchener Muslime an, «denn wer auf entweihtem Boden eine Moschee baut, kann es mit seinem eigenen Glauben nicht wirklich

[54] Zitat aus Oliver Menge: Neues Baugesuch für Moschee ist öffentlich aufgelegt, in: Solothurner Zeitung vom 08.08.2013.

[55] Zitat aus «Anonyme Medienmitteilung», wiedergegeben in Oliver Menge / Pascal Meier: Haben die toten Schweine Moschee-Bauland entweiht?, in: Solothurner Zeitung vom 11.11.2011.

ernst meinen». Begründet wurde die Tat «als Protest gegen die schleichende Islamisierung der Schweiz».[56] Der Schweinekopf avancierte zum Wappentier der Islamophoben.

Die Glaubensgemeinschaft verfolgte den Bau dennoch weiter. Im Frühjahr 2013 erlosch zwar die Baubewilligung wegen des fehlenden Finanznachweises. Ein neues, gleichlautendes Baugesuch reichte sie im Sommer ein und die Stadt verzichtete auf die Finanzierungsbürgschaft einer Bank. Im April 2014 erhielt die Glaubensgemeinschaft von der Bauverwaltung die erneute Baubewilligung – wann tatsächlich mit dem Moscheebau begonnen werden kann, hängt nun davon ab, ob und wann es der Gemeinschaft gelingt, die benötigten Gelder für den Bau gesammelt zu haben.[57]

4. Schluss

Moscheebauten in der Schweiz sind und bleiben weiterhin ein umstrittenes Thema, gerade im lokalen Raum der Gemeinden. Es zeigt sich, dass die seitens der Bauherren zu Beginn oftmals unterlassene Kommunikation und Information über ein Bauvorhaben in der Bevölkerung und politischen Gemeinde beinahe unweigerlich zu Missverständnissen und bald zum Konflikt geführt hat. Im Falle von Wangen, quasi dem Mitauslöser der Minarettverbots-Initiative, war die mangelnde Kommunikationskompetenz frappant. Das gerichtliche Erstreiten des Baus des Minaretts hat bei vielen Kritikern ein starkes Unbehagen hinterlassen. Dies dürfte die Initianten und Befürworter der Verbotsinitiative noch bestärkt haben.

Der Fall Grenchen zeigt, dass die Angst vor einer unterstellten Islamisierung der Schweiz Gegner mitunter zu drastischen und kriminellen Aktionen greifen lässt. Auch hier waren Vorabinformationen und Kommunikation der islamischen Glaubensgemeinschaft unzureichend bzw. inexistent.

---

[56] Zitat aus «Anonymes Bekennerschreiben», siehe Anm. 54. Inwieweit das Datum der Tat (10.11.2011) mit dem Datum der Schändungen von Synagogen in der sog. Reichskristallnacht am 09.11.1938 in Verbindung gebracht werden kann, bleibt Spekulation; das Bekennerschreiben stellt keinen solchen Bezug her.

[57] Siehe zum Bauprojekt und dem Protest dagegen auch Stöckli: Moschee-Neubauprojekte, a. a. O., 189–192.

Im Fall der ersten Moscheebauten in Zürich und Genf – sicherlich zu ganz anderen politisch-kulturellen Zeiten – hatten die Bauherren mit den Stadtpräsidenten starke Partner. Diese ließen kritische Stimmen nicht laut werden. Der Fall Volketswil drei Jahrzehnte später verweist darauf, dass mit bald aufgenommenem Informieren der Bevölkerung und lokalen Partnern sowie einer Bereitschaft zum Kompromiss auch ein großer Moscheebau trotz lokaler Mobilisierung der SVP möglich ist.

Grundsätzlich scheint, dass das Öffentlichwerden von Fremdem durch Minarett und Moschee dazu führen kann, dass sich in weiten Bevölkerungskreisen Ängste und Abwehrreaktionen angesichts von latent vorhandenen Befürchtungen vor Traditions- und Identitätsverlust zeigen. Rechtspopulistische Aktivisten haben es sehr gut verstanden, diese Ängste zu mobilisieren. Mit Dialog- und Informationsveranstaltungen lassen sich womöglich gewisse Ängste verringern, aufheben lassen dürften sie sich bei Personen mit traditioneller Werthaltung möglicherweise nur schwer.

Für Moscheegemeinden erscheint es ratsam, schon vor einem Bauantrag über Strategien der Information und Kommunikation nachzudenken. Zugleich ist es wichtig, lokale Partner und Fürsprecher wie Kirchgemeinden, Behörden- und Parteivertreter sowie weitere zu gewinnen. Für eine islamische Gemeinschaft, ebenso wie auch für andere zugewanderte Religionsgemeinschaften wie beispielsweise eine christlich-orthodoxe Gemeinde oder eine hinduistischer Gemeinschaft[58], erhöht eine frühzeitig aktive lokale Einbindung die Chancen auf eine zügige und einvernehmliche Umsetzung des Bauprojekts deutlich. Solch frühe Einbindung durch Offenheit, aktive Informationsarbeit und lokale Kontakte kann zu einem

---

[58] Siehe das Beispiel des Protestes gegen den Bau der serbisch-orthodoxen Kirche in Belp (Kanton Bern) und darauf aufgenommener Kommunikationsstrategie des Priesters und der Glaubensgemeinde; dazu François Hainard / Maria Hämmerli: Multiple Dimensions of the Integration Process of Eastern Orthodox Communities in Switzerland (Schlussbericht im Rahmen des Nationalen Forschungsprogramms 58), Université de Neuchâtel 2011, 20; online unter http://www.nfp58.ch [24.7.2014], sowie Annegret Kestler: Steine des Anstoßes. Diskurse um religiöse Gebäude und Bauvorhaben in der Schweiz, in: Christoph Uehlinger / Dorothea Lüddeckens / Rafael Walthert (Hg.), Die Sichtbarkeit religiöser Identität. Repräsentation – Differenz – Konflikt, Zürich 2013, 272–311, hier 282–287.

Vertrauensverhältnis führen. Dieses ist oft erst der Schlüssel für die öffentliche Sichtbarkeit der Gemeinschaft durch ein neu erbautes Sakralgebäude.

Rifa'at Lenzin

Moscheebau und Moscheebaukonflikte in der Schweiz aus muslimischer Sicht

Die Diskussionen um Islam und Muslime im Zusammenhang mit der Abstimmung über ein Verbot des Baus von Minaretten und der Ausgang dieser Abstimmung stellen eine wichtige Zäsur in der Beziehung der Schweiz zu ihrer muslimischen Minderheit dar. Ich möchte deshalb im Folgenden nicht nur einige Punkte aus dem Beitrag von Martin Baumann aufgreifen, sondern auch den Standpunkt der Muslime bezüglich der Initiative näher erläutern sowie auf die Folgen dieser Abstimmung eingehen.

1. Akteure gegen die Anti-Minarett-Abstimmung

1.1 Die Muslime

Die Lancierung der Initiative und das schnelle Zustandekommen der nötigen Unterschriften veranlasste vor allem die in Vereinen und Verbänden organisierten Muslime, darüber nachzudenken, wie sie auf diese Herausforderung reagieren wollten. Die beiden Nationalverbände FIDS (Föderation Islamischer Dachorganisationen in der Schweiz) und KIOS (Koordination Islamischer Organisationen Schweiz) verständigten sich mit anderen Vertretern von islamischen Vereinigungen darauf, dass es besser sei, Zurückhaltung zu üben. Man vertrat die Auffassung, dass die Mehrheit der Muslime in der Schweiz immer noch Ausländer seien und man sich deshalb aus der Diskussion über eine die schweizerische Verfassung betreffende Abstimmung heraushalten sollte. Man erkannte in dieser Sache keine religiöse Frage, sondern eine politische und beschränkte sich deshalb darauf, ein Argumentarium gegen die vom Egerkinger Komitee vorgebrachten Argumente zu erstellen, welches bei Parteien und Presse allerdings auf kein allzu großes Echo stieß. Als der Abstimmungstermin näher rückte und die Diskussionen emotionaler wurden, legten die Vertreter der Dachverbände anlässlich einer Pressekonferenz ihre Sicht der

Dinge dar.[1] Auch einzelne Verbandsvertreter engagierten sich zum Teil sehr stark in der Diskussion.

Angesichts der offiziellen Zurückhaltung waren es vor allem Einzelpersonen, u. a. die Vertreterinnen des Interreligiösen Think-tanks,[2] die sich in die Diskussion einmischten. Diese Gruppe veröffentlichte am 9.11.2009 eine Stellungnahme gegen die Minarettinitiative «16 Gründe für ein Nein»[3] und nahm später auch zum Offenen Brief von Julia Onken Stellung.[4] Onken hatte in einem Mailversand an rund 4000 Frauen für ein Ja zum Minarettverbot geworben mit dem Argument, der Koran sei frauenfeindlich und schreibe Frauen verachtende Regeln vor.[5]

1.2. Andere Akteure außerhalb des kirchlichen Spektrums

Eine der wenigen wahrnehmbaren Stimmen aus der Zivilgesellschaft im Kampf gegen die Minarettverbotsinitiative war ein Zusammenschluss von Vertretern der GMS (Gesellschaft Minderheiten Schweiz), der GRA (Stiftung gegen Rassismus und Antisemitismus), der IRAS COTIS (Interreligiöse Arbeitsgemeinschaft in der Schweiz) und dem Zürcher Lehrhaus. Ihnen ging es bei ihrem «Aufruf für Gleichheit und Freiheit» nicht in erster Linie darum, die Muslime zu unterstützen, sondern sie sahen in der Initiative eine Gefahr für den liberalen Rechtsstaat und eine Gefährdung des religiösen Friedens:

«Die Volksinitiative, die ein generelles Verbot des Baus von Minaretten festschreiben möchte, rüttelt am Fundament unserer auf Freiheit und Gleichheit Aller gegründeten Verfassung. Indem sie Muslimen verbieten will, eines ihrer religiösen Zeichen zu verwenden, gleich wie die anderen Religionsgemeinschaften, fordert sie eine Diskriminierung und Ausgrenzung muslimischer Mitbürgerinnen und Mitbürger. Sie gefährdet damit den Rechtsstaat und den inneren Zusammenhalt der Schweiz.»[6]

---

[1] http://www.nzz.ch/aktuell/startseite/muslime--teil-der-schweiz-1.3977608.

[2] http://www.interrelthinktank.ch.

[3] http://www.interrelthinktank.ch/news_list.php?goto=2.

[4] http://www.interrelthinktank.ch/news_view.php?editid1=89&editid2=2

[5] http://www.tagesanzeiger.ch/schweiz/standard/Julia-Onken-kaempft-gegen-Minarette/story/11032319.

[6] http://www.gms-minderheiten.ch/de/minarette/102-unser-engagement-gegen-die-minarettverbots-initiative.

Das Plakat für eine Kampagne wurde der Gruppe durch das Marketing- und Kommunikationsunternehmen EuroRSCG unentgeltlich zur Verfügung gestellt und stand unter dem Motto: «Der Himmel über der Schweiz ist groß genug». Es war das einzige Plakat, das der flächendeckenden Propaganda der Verbotsbefürworter vielleicht etwas hätte entgegensetzen können. Trotz großer Anstrengungen konnten aber auch bei Wirtschaftskreisen keine Geldgeber für eine entsprechende Plakataktion gewonnen werden.

2. Das Verhältnis von Religion und Staat in der Schweiz

2.1 Der «religiös neutrale Staat»

Für mich als in der Schweiz aufgewachsene und primär hier lebende Muslimin hat der «Mythos Schweiz» noch einen anderen Aspekt. Ich bin immer wieder erstaunt, wie ahnungslos nicht nur breite Kreise der Bevölkerung, sondern auch die akademisch gebildete Elite in Bezug auf die religionsrechtliche Verfasstheit der Schweiz sind. Vom «laizistischen Staat» ist immer wieder die Rede und natürlich davon, dass in der Schweiz Religion und Staat getrennt seien.

Der liberale Rechtsstaat, wie er sich in Europa nach der Aufklärung und der Säkularisierung, das heißt nach der Emanzipation des Staates von der jahrhundertelangen Bevormundung durch die Kirche, herausgebildet hat, mag ein Königsweg sein, wenn es darum geht, die individuelle Religions- und Glaubensfreiheit in religiös weitgehend indifferent gewordenen Gesellschaften sicherzustellen. Sobald es jedoch um kollektive Rechte geht, das heißt um die Gewährung von Rechten von Religionsgemeinschaften, tun sich gerade diese Staaten äußerst schwer, wie das Beispiel der Schweiz zeigt. Es gibt nicht nur in der islamischen Staatstheorie eine Diskrepanz zwischen Rechtstheorie und gesellschaftlicher Wirklichkeit, sondern auch in der europäischen. Der «religiös neutrale Staat» ist meines Erachtens bestenfalls eine erstrebenswerte Utopie, vor allem aber ein Mythos, welcher die Sicht auf die Realität versperrt. Zwar ist gemäß der Schweizerischen Bundesverfassung der Staat zu weltanschaulicher Neutralität verpflichtet, müsste also die verschiedenen Religionen gleich behandeln. In der Praxis ist es aber so, dass die öffentlich-rechtlich anerkannten christlichen Religionsgemeinschaften stets privilegiert waren und immer noch sind. Von gleich langen Spießen für alle Religionen kann in diesem Zusammenhang keine Rede sein. Es ist ein zentrales Merkmal des Verhältnisses von Religion und Staat in der Schweiz, dass die traditionellen christlichen Kirchen in allen Kantonen vom Staat zumindest «öffentlich anerkannt» sind. Die Kantone machen dadurch deutlich, dass die Kirchen wichtige Funktionen für die Öffentlichkeit wahrnehmen. Auch in den beiden laizistischen Kantonen Genf und Neuenburg, in denen die Kirchen nur als privatrechtliche Vereine (analog z. B. zu muslimischen) ausgestaltet und nicht öffentlich-rechtlich anerkannt sind, wird im staatlichen Recht festgehalten, dass ihre Tätigkeit im öffentlichen Interesse liegt. So gibt es in beiden Kantonen beispielsweise staatlich finanzierte theologische Fakultäten an den jeweiligen Universitäten.

Das Christentum ist deshalb in der Schweiz zwar nicht *de iure*, aber *de facto* Staatsreligion, wenn auch nur in der domestizierten Form von öffentlich-rechtlich anerkannten Landeskirchen. Die erste Bundesverfassung der Schweiz von 1848 stammte allerdings aus einer Zeit, als es bezüglich Religions- und Glaubensfreiheit vor allem darum ging, das Verhältnis zwischen Reformierten und Katholiken einerseits und dem Staat andererseits zu regeln. Muslime gab es da noch keine, und Juden, die damals bereits seit langem in der Schweiz ansässig waren, wurden nicht einbezogen.

Gegenüber Muslimen wird der «religiös neutrale Staat» vor allem dann als Argument ins Feld geführt, wenn es darum geht, einen staatlichen Handlungsbedarf hinsichtlich der Anerkennung der Muslime als religiöse Minderheit zu verneinen. Und genau hier liegt der entscheidende Punkt: Wenn die staatlichen Akteure nicht willens sind oder nicht über die Macht verfügen, den Grundprinzipien Religionsfreiheit und Schutz vor Diskriminierung Achtung zu verschaffen und auf ihre Akzeptanz in der breiten Bevölkerung hinzuarbeiten, nützen die modernste Verfassung und die besten Grundsätze nichts. Die Bereitschaft dazu nimmt angesichts des grassierenden Populismus allerdings eher ab als zu.

Exemplarisch dafür ist die Stellungnahme des Bundesrates zu seinem Bericht über «die Situation der Muslime in der Schweiz unter besonderer Berücksichtigung ihrer vielfältigen Beziehungen zu den staatlichen Behörden». In diesem sehr detaillierten Bericht wird mehrmals darauf hingewiesen, dass eine Entkoppelung der Religions- von der Integrationsthematik notwendig ist[7] und dass die Unterscheidung zwischen Religions- und Migrationskontext für eine lösungsorientierte Diskussion über die Muslime und den Islam in der Schweiz zentral ist[8].

In der Schlussbetrachtung verneint der Bundesrat aber jeglichen Handlungsbedarf und stellt lediglich lapidar fest:

«Der Bundesrat setzt sich im Rahmen seiner Kompetenzen und Möglichkeiten ein, das Zusammenleben zwischen den religiösen Bekenntnissen und Kulturen in der Schweiz positiv zu gestalten und jede Form der Diskriminierung und der Intoleranz zu verhindern. Zudem misst er dem Dialog mit und unter den Religionsgemeinschaften große Bedeutung bei. Die Herausforderungen im Umgang mit den Muslimen in der Schweiz ergeben sich dabei weniger aus deren Religionszugehörigkeit. Sie stehen viel häufiger in Zusammenhang mit einem allfällig vorhandenen Migrationshintergrund. Deshalb stehen für den Bundesrat in Bezug auf die muslimische Minderheit in der Schweiz integrationspolitische gegenüber religionsspezifischen Maßnahmen im Vordergrund»[9].

Dass das so nicht funktionieren wird, legt Erwin Tanner-Tiziani in seinem Artikel «Rechtliche Wegweiser zur Etablierung des Islam in der Schweizer Gesellschaft» dar. Tanner unterscheidet in Bezug auf Integration vier verschiedene Aspekte: Individualintegration, Kollektivintegration, Systemintegration und Visibilitätsintegration und stellt fest, dass irrt, wer meint, mit Individualintegration und der Klärung individualrechtlicher Fragen sei es getan.[10] Oder anders gesagt, dass auch die individuelle Eingliederung von Muslimen ohne Kollektivintegration, d. h. die Eingliederung als Religionsgemeinschaft, letztlich nicht gelingen kann.

---

[7] Bericht des Bundesrates über die Situation der Muslime in der Schweiz unter besonderer Berücksichtigung ihrer vielfältigen Beziehungen zu den staatlichen Behörden in Erfüllung der Postulate 09.4027 Amacker-Amann vom 30. November 2009, 09.4037 Leuenberger vom 2. Dezember 2009 und 10.3018 Malama vom 1. März 2010, http://www.esbk.admin.ch/content/dam/data/pressemitteilung/2013/2013–05–08/ber-d.pdf, 52.

[8] A. a. O., 91.

[9] A. a. O., 92.

[10] Erwin Tanner-Tiziani: Wegweiser bei der Etablierung des Islam in der schweizerischen Gesellschaft – einige juristische Gedanken, in: Brigit Allenbach / Martin Sökefeld (Hg.): Muslime in der Schweiz, Zürich 2010, 356.

2.2 Rechtspluralismus

Das Postulat einer diskriminierungsfreien Parität und religiösen Neutralität lässt sich in dieser Form wohl auch gar nicht umsetzen. Staaten sind keine handelnden Subjekte. Diejenigen, die handeln, sind Menschen, und die sind, auch wenn sie Richter sind, durchaus nicht immun gegenüber gesellschaftlichen Tendenzen und Prägungen. Dies lässt sich beispielsweise in der Schweiz an den verschiedenen Bundesgerichtsurteilen zum Schwimmunterricht von 1993 bis 2012 unschwer ablesen.

Nicht nur die Schweiz sondern auch Europa tut sich, von wenigen Ausnahmen abgesehen, mit einem Recht auf Differenz äußerst schwer, vor allem wenn es um Rechtspluralismus geht. Das haben auch der Erzbischof von Canterbury, Rowan Williams, und etwas später Christian Giordano, Professor für Sozialanthropologie an der Universität Fribourg, am eigenen Leib erfahren, als letzterer in der Zeitschrift «Tangram» einige grundsätzliche Thesen zum Rechtspluralismus in den Raum stellte[11] – nota bene ohne Verweis auf den Islam – und damit einen Wirbel und empörten Aufschrei in der Schweizer Öffentlichkeit entfachte.

Für die durch Migration in einem bisher ungekannten Maß pluralistisch gewordenen Gesellschaften – nicht nur in Europa, sondern auch im Nahen und Mittleren Osten – bleibt die Herausforderung jedoch bestehen. Der Umgang mit dieser Pluralität und die politische und rechtliche Teilhabe von Minderheiten in einer diversifizierten Gesellschaft – und dazu gehört auch die Visibilität – wird so zum Prüfstein der Zukunfts-, wenn nicht der Überlebensfähigkeit dieser Gesellschaften werden.

3. Recht und Akzeptanz

Nachdenklich stimmt auch eine Schlussfolgerung von Baumann, wenn er auf das Unbehagen bezüglich des gerichtlichen Erstreitens des Baus von Minaretten hinweist, weil er damit auf ein schwerwiegendes Dilemma verweist: Es geht dabei um die Problematik von Recht und Akzeptanz. Die ehemalige Integrationsbeauftragte der Stadt Bern formulierte das in einem

---

[11] Christian Giordano: Rechtspluralismus: ein Instrument für den Multikulturalismus?, in: Tangram Nr. 22, Multikulturelle Gesellschaft, EKR, 2008, 77, http://www.ekr.admin.ch/dokumentation/d108/1068.html.

Vortrag zur Frage der Umsetzung der Glaubens- und Gewissensfreiheit im Bau- und Planungsrecht folgendermassen:

«Wir alle wissen, dass auch in einem Rechtsstaat wie die Schweiz die Annäherung von Recht und Akzeptanz des Rechts ein ständiger Prozess ist. Rechtsüberzeugung fällt nicht als reife Frucht vom Baum, sondern braucht das Zusammenwirken aller Bürgerinnen und Bürger und der Institutionen, die das Recht hüten. Es braucht die Wachheit zu erkennen, wo Recht und Praxis auseinander fallen, und es braucht zivile und politische Courage, um für die Annäherung von Praxis und Recht zu kämpfen.»[12]

Andererseits zeigen Erfahrungen im Ausland, dass Rechte nicht einfach gewährt werden, sondern gerichtlich erstritten werden müssen. So z. B. das Recht von Sikh-Polizisten in England, auch im Dienst einen Turban anstelle eines Helms oder einer Uniformmütze tragen zu können.

Sollen Muslime also geduldig darauf warten, dass Herr und Frau Schweizer sich eines Tages vielleicht doch noch eines Besseren besinnen oder der Islam und die Muslime dereinst nicht mehr für die politische Profilierung von Rechtspopulisten missbraucht werden, weil diese ein neues Opfer gefunden haben? Oder soll man darauf hoffen, dass der erneute Konfrontationskurs zwischen Europa und Russland die Muslime als Feindbild wieder so obsolet werden lässt, wie sie das vor dem Fall der Mauer gewesen sind?

Ist nicht gerade der Rechtsstaat dazu da, die Rechte von Minderheiten zu schützen, indem diese eingefordert werden können? Ist es nicht alarmierend, wenn das Vertrauen eines Teils der Bevölkerung in den Rechtsstaat schwindet und man Angst davor hat, den Rechtsweg zu beschreiten?

Der Rat, bei Bau- und anderen Projekten starke Partner zu suchen, ist zwar richtig, aber schwierig umzusetzen, wenn diese Partner – die schliesslich wiedergewählt werden wollen – sich in einem medial aufgeheizten Schlachtfeld für Muslime ins Zeug werfen sollen. Seit der Niederlage in der Anti-Minarett-Abstimmung sind Fürsprecher für die Muslime und Vertreter der Kirchen viel zurückhaltender geworden. Man hatte sich verschätzt in Bezug auf die Stimmung an der Basis. Diesen «Fehler» gilt es

[12] Vortrag von Gerda Hauck, Leiterin der Koordinationsstelle für Integration der Stadt Bern, anlässlich der Jahresversammlung der Gemeinschaft von Christen und Muslimen in der Schweiz in Bern vom 26. August 2006.

inskünftig zu vermeiden. Schliesslich will man in Zeiten sinkender Mitgliederzahlen die eigene Klientel nicht unnötig vor den Kopf stossen, denn die treuesten Kirchgänger sind nicht selten die unversöhnlichsten, wenn es um Islam und Muslime geht. So gesehen hat der Wahlspruch aus dem 16. Jahrhundert «Hominum confusione et providentia Dei Helvetia regitur» («Bei aller Konfusion der Menschen wird die Schweiz durch Gottes Vorsehung regiert.») bis heute seine Gültigkeit nicht eingebüsst.

4. Der interreligiöse Dialog

Baumann meint in seinem Beitrag zur Frage des interreligiösen Dialogs, dass dieser allenfalls gewisse Ängste verringern, aber nicht aufheben könne. Dem ist zuzustimmen, gleichzeitig aber stellt sich die Frage, was der interreligiöse Dialog denn überhaupt leisten kann.

Es gibt Fragen im interreligiösen Zusammenleben, für die der Dialog nicht das richtige Forum ist, da es sich um Fragen der Inklusion, um Gewährleistung von Rechten und Partizipationschancen handelt. Anders gesagt: Der interreligiöse Dialog ersetzt nicht politische Aushandlungsprozesse über Grund- und Bürgerrechte, Rechts- und Verteilungsfragen, die Realisierung von Rechtsgleichheit, das heisst das Recht auf Kultstätten, religiöse Feiertage, religiöse Rituale usw. Er kann allenfalls helfen, eine breite, unterstützende Basis für die Realisierung der Rechtsgleichheit zu schaffen.

Wozu also interreligiöser Dialog? Die Notwendigkeit zum interreligiösen Dialog ergibt sich aus der gesellschaftlichen Realität. Gesellschaften in der globalisierten Welt des 21. Jahrhunderts sind nicht (mehr) homogen, sondern multiethnisch, multikulturell und multireligiös. Das gilt insbesondere auch für Europa und die Schweiz. Und wenn die deutsche Bundeskanzlerin konstatiert, «Multikulti» sei gescheitert, gesteht sie damit in Wirklichkeit nur das Versagen von Politik und Gesellschaft im Umgang mit dieser Realität ein – abschaffen lässt sich diese so leicht nicht mehr. In Vielfalt zusammenzuleben kann zwar sehr bereichernd sein, ist aber gleichzeitig anstrengend und in hohem Mass konfliktträchtig. Wenn wir als Gesellschaft zukunfts- und überlebensfähig bleiben wollen, sind interkulturelle und interreligiöse Kompetenzen unabdingbar. «Managing diversity» heisst das Stichwort und gilt für viele Bereiche, auch den religiösen. Verschiedenheit wahrzunehmen und zu bejahen ist jedoch nicht gleichbedeutend mit Verschiedenheit zu konstruieren. Die Versuchung ist gross, die eigene Identität vor allem durch Abgrenzung gegen «die Anderen» zu stärken, wie das im Moment vor allem, aber nicht nur, in Bezug auf den Islam und die Muslime der Fall ist. Interreligiöse Kompetenzen erwerben heisst lernen, heisst offen zu sein für Anderes. Ohne gegenseitigen Respekt und die Bereitschaft vom Anderen zu lernen wird es nicht gelingen, einen *modus vivendi* zu finden, der von allen Mitgliedern der Gesellschaft und nicht nur von einzelnen Gruppen getragen wird. In diesem Sinn kann der interreligiöse Dialog durchaus einen wichtigen Beitrag zum friedlichen Zusammenleben leisten.

5. Wie weiter – Auswirkungen der Anti-Minarett-Abstimmung

Jubel auf der einen, Konsternation auf der anderen Seite prägten das Bild nach Annahme der Anti-Minarett-Initiative. Für die alltägliche religiöse Praxis hatte der Entscheid keine Auswirkungen. Aber nicht nur die religiösen, sondern auch die «säkularen» – damit meint man im hiesigen Sprachgebrauch die nicht praktizierenden Musliminnen und Muslime – mussten frustriert zur Kenntnis nehmen, dass eine Mehrheit des Schweizer Stimmvolks nicht bereit ist, sie als gleichberechtigte Mitbürger/-innen zu akzeptieren. Sie mussten auch erkennen, dass die in der Abstimmung zum Ausdruck gekommene anti-muslimische und islamophobe Haltung weitgehend unabhängig ist vom Verhalten der hier lebenden Muslime. Der Islam-Diskurs in der Schweiz hat sich in der Folge stark verschärft und wird zunehmend politisiert. Die Burka-Diskussion und das Burka-Verbot im Kanton Tessin sind nur eine logische Folge davon.

Viele Musliminnen und Muslime waren nach der Abstimmung zutiefst verunsichert, was dazu führte, dass ein deutlicher Trend zum Rückzug in die eigene Gruppe feststellbar ist. Auf der anderen Seite haben neue Gruppierungen und Einzelpersonen die seit der Abstimmung aufgeheizte und verunsichernde Atmosphäre genutzt, um wenig diplomatisch und teils polarisierend die Rechte der Musliminnen und Muslime einzufordern.

Die offizielle Schweiz reagierte mit einem behördlichen Aktivismus, der zu einer Vielzahl von Dialogplattformen führte. Personen, die sich zuvor nie an Diskussionen zum Islam oder den Muslimen in der Schweiz beteiligt hatten, wurden nun behördlicherseits plötzlich zu Vertreter/-innen der Muslime auserkoren. Auf Bundesebene wurde der «Muslim-Dialog» zwischen der Bundesverwaltung und Vertreter/-innen muslimischer Gemeinschaften nach dem Vorbild der Deutschen Islamkonferenz ins Leben gerufen mit dem Ziel, den Dialog zwischen dem Staat und den Musliminnen und Muslimen zu verbessern und «die Integration» zu fördern. Auf kantonalen Ebenen entstanden ähnliche Gebilde. Diese politischen Dialogforen kranken meistens daran, dass die Ziele einseitig von den Vertretern der Mehrheitsgesellschaft bzw. den staatlichen Gesprächspartnern vorgegeben werden, teilweise ohne dass sie deklariert worden wären. Es geht dabei weniger um die Bedürfnisse und Anliegen der muslimischen Minderheit als um das Einfordern der Loyalität «des Islam» und seiner Mitglieder gegenüber der politischen und kulturellen Ordnung der Schweiz.

6. Fazit

Die Moscheebaukonflikte, insbesondere die Annahme der Anti-Minarett-Initiative, haben in der Schweiz einerseits zu einer Verschärfung im Islam-Diskurs geführt und andererseits zu einer Entfremdung zwischen der Mehrheitsgesellschaft und der muslimischen Minderheit. Die Schweiz ist seit dem 29. November 2009 ein Land mit eingeschränkter Religionsfreiheit.

Auf muslimischer Seite sind neue Gruppierungen entstanden, beispielsweise der Islamische Zentralrat (ISZR), die um einiges kompromissloser und radikaler als die traditionellen muslimischen Vereinigungen die Rechte der Musliminnen und Muslime als gleichberechtigte Staatsbürger einfordern. Es versteht sich von selbst, dass die Wahrnehmung ihrer Religion und Kultur durch die Mehrheitsgesellschaft insbesondere für die Identitätsbildung von jungen Musliminnen und Muslimen Konsequenzen hat. Die Mediendiskurse zum Thema «Wir und die Muslime» und das weit verbreitete und gesellschaftlich akzeptierte Klischee vom Islam als gewalttätiger, blindwütiger und vernunftwidriger Religion der Unfreiheit sowie das Gefühl, permanent unter Verdacht zu stehen, sind nicht gerade hilfreich für den Aufbau einer positiven muslimischen Identität. Sie führen letztlich zu einer apologetischen und polemischen Haltung, wenn nicht gar zu einer Radikalisierung. Apologetisch, weil sich die Muslime gegen die Unterstellungen und Verdächtigungen verteidigen müssen, polemisch, weil sie dabei dazu neigen, Vorwürfen auszuweichen oder sie zurückzugeben, statt die Diskussion auf einer inhaltlich-sachlichen Ebene zu führen.

II. TEIL

ANALYTISCHE PERSPEKTIVEN

Gerdien Jonker

Die Erfassung der Anderen. Europäische Wahrnehmungen von Muslimen zwischen Überlieferung und Erfahrung

Dieser Beitrag reflektiert die Sichtweise derjenigen, die in den letzten Jahren ihre Stimme gegen den Bau einer Moschee erhoben. Dazu sollen die Bilder und Erzählungen, die in den lokalen Auseinandersetzungen zum Einsatz kamen, in eine historische Perspektive der langen Dauer gestellt werden. Es soll gezeigt werden, dass es sich dabei um einen traditionellen Fundus überlieferter Erzählungen handelte. In den Moscheebaukonflikten hineingeworfen galten diese – und nicht etwa konkrete Hinweise auf terroristische Verbindungen – als Evidenz dafür, warum Moscheen nicht im eigenen Dorf, im eigenen Viertel oder in der heimischen Landschaft gebaut werden dürften. Das Phänomen ruft viele Fragen hervor. In welchem Verhältnis standen dabei «eigen» und «fremd»? Wie «wusste» man darum, bzw. wie wurde die Grenze zwischen beiden gezogen? In welchem Verhältnis standen die Bilder zur spezifischen historischen Konstellation, in der die Verwender sich befanden? Die mitunter wichtigste Frage ist wohl, was die westeuropäischen Gesellschaften brauchen, um nicht nur die misslungenen, sondern auch die gelungenen historischen Erfahrungen mit Muslimen und Islam in aktuellen Konfliktsituationen zu reflektieren. Lässt sich die im Augenblick vorherrschende Exklusionserzählung mit Erzählungen von Inklusion konterkarieren? Viele Fragen. Der folgende Text ist ein Versuch, sie zu beantworten.

1. Der christliche Monotheismus

Polytheismus – das Konzept, das die Gleichwertigkeit und fortschreitende Inklusion unterschiedlicher Göttersysteme vorsieht – gehörte zuletzt im Römischen Reich zum guten Ton. Solange sie dem Christentum seinen Anspruch auf Exklusivität verweigerten, gelang es den Römern immer wieder, neue kulturelle und religiöse Traditionen erfolgreich zu integrieren. In seinem epochalen Werk *On Pagans, Jews, and Christians* hat der Altertumsforscher Arnaldo Momigliano dargelegt, warum der Polytheismus so viel beweglicher, inkludierender und toleranter war als der monotheistische Universalismus.[1] Gesellschaften, die das Konzept einer universellen, exklusivistischen Wahrheit verkörpern, unterbinden die Möglichkeit anderer Wahrheiten und werden somit aller Wahrscheinlichkeit nach eher intolerant. In der Geschichte des christlichen Europas lässt sich beobachten, wie diejenigen Europäer, die nicht-christlichen Traditionen entstammten – Juden, Kelten, Schamanen, Muslime, Sinti und Roma – durch Zuschreibungen in ausgeschlossene Fremde verwandelt wurden. Hinzu kam, dass spätestens seit dem 18. Jahrhundert die frühen Nationalstaaten in hohem Maße kulturell homogen und uniform sein wollten. Daraus ergab sich eine Spannung zwischen der Universalität der Religion und der Partikularität des Nationalstaates, der zusätzliche Ausschlusskriterien und -mechanismen bereitstellte.[2]

Im globalen Zeitalter, in dem sich Millionen Menschen in die Migration begeben und die europäischen Gesellschaften eine wachsende ethnische und religiöse Vielfalt aufweisen, ist dieses europäische Erbe zunehmend zur Last geworden. Europa befindet sich in einem grundlegenden Wandel. Ein heutiger Schlüsselbegriff ist zwar «Inklusion». Aber werden Angehörige anderer Religionen und Kulturen auch gleichwertig inkludiert? Die Frage, die sich als allererste stellt, lautet entsprechend: Inwiefern sind heute christliche Praktiken der Alterität an ihre Grenzen gelangt? Und: Gibt es dazu eine Alternative?

2. Die Arbeit an der Grenze

Alterität, die Fremdzuschreibung, ist ein Spiegel, in dem Betrachter die eigene, kollektive Identität spiegelverkehrt formen. Was den Fremden anders macht, bietet eine Projektionsfläche dafür, was das Eigene sein soll oder nicht sein möchte: «Nur im Spiegel der Anderen wird erfahrbar, was

[1] Arnaldo Momigliano: On Pagans, Jews, and Christians, Middletown 1987.

[2] Hier und im Folgenden: Gerdien Jonker: Im Spiegelkabinett. Europäische Wahrnehmungen von Muslimen, Heiden und Juden (1700–2010), Würzburg 2013, 11–27.

man selber ist.»[3] Oft geraten dabei die Proportionen durcheinander, indem die Gesichter der Anderen bis zum Verschwinden verkleinert, die eigenen Gesichtszüge unverhältnismäßig vergrößert werden oder schwer wiederzuerkennen sind. Im Spiegel der Alterität scheinen die Demarkationslinien auf, die zunächst vor allem das Eigene umreißen. So formt Alterität die Identität.

Alterität ist ebenfalls eine Form der Repräsentation, die das Fremde und Abweichende auf einen Nenner bringt. Der deutsche Begriff impliziert bereits den Seins-Zustand, in dem das Gegenüber zum Anderen gemacht worden ist. Das englische *othering* hingegen ertappt die Erzeuger des Fremden begrifflich sozusagen bei der Arbeit. Beide Aspekte fließen in die Zuschreibung des Gegenübers mit ein: Alterität ist ein Prozess und ein Seins-Zustand, in dem das Fremde gebannt und das Eigene gefestigt wird. Es geht dabei nicht um den Anderen, nicht um seine empirische Erfassung, sondern um die Vergewisserung des Selbst. Für jedes Selbst fungiert der Andere lediglich als ein «konstitutives Außen» (Judith Butler), das der Produktion von Sinn dient. Für das Gegenüber kann dies weitreichende Konsequenzen haben. Repräsentationen können unter Umständen Anleitungen zum Handeln werden. Sie halten Rechtfertigungen dafür bereit, warum Andere verbessert, missioniert, einverleibt, manchmal auch vernichtet werden sollen. In diesem Sinne signalisiert Alterität eine zwar notwendige, aber durchaus auch gefährliche Beziehung.

Europas kulturelle Identität ist wesentlich von der ständigen Arbeit an der Grenze zwischen der *umma*, der Gemeinschaft der Muslime, und der *christianitas*, der lateinischen Westkirche, geprägt worden. Die dabei gezogene Grenze gestaltete sich über lange Zeit binär, was sagen will: Beide Seiten erblickten im Gegenüber einen Feind – und zwar einen, der als religiös abweichend verteufelt wurde. Beide Seiten zogen politische Grenzen, die sie kulturalistisch aufluden und mit religiösen Argumenten untermauerten. Die damit jeweils einhergehende Expansion verlief zeitversetzt.

Zwischen ca. 700 und 1000 expandierte zuerst die *umma* unter Berufung auf den Heiligen Krieg, den *jihad*. Dabei annektierte sie auch ein

[3] Jörg Baberowski: Selbstbilder und Fremdbilder: Repräsentationen sozialer Ordnungen im Wandel, in: Selbstbilder und Fremdbilder. Repräsentationen sozialer Ordnungen im Wandel, hg. von Jörg Baberowski / Hartmut Kaelble / Jürgen Schriewer, Frankfurt a. M. 2008, 9.

Gebiet nördlich des Mittelmeers (Spanien, Südfrankreich, die Mittelmeerinseln), das später zu Europa gerechnet wurde. Zwischen 1100 und 1700 vergrößerten dann die Päpste ihren Einflussbereich, indem sie zu Kreuzzügen gegen Andersgläubige aufriefen, darunter die Muslime in Spanien und Sizilien, die Osmanen auf dem Balkan, sowie die Bewohner des Vorderen Orients. Im Westen wurde zu dieser Zeit noch nicht genau zwischen dem Islam und der orthodoxen Kirche differenziert. Der Islam wurde eher dem Nestorianismus gleichgestellt, jener Spielart des östlichen Christentums, die die Trinität verneinte. In den Kreuzzugspredigten dieser Zeit war vor allem von «Heiden», «Hunden», «gottlosen Mauren» und «Feinden des Kreuzes» die Rede. Von der Aggression, die spätere Generationen dem Islam als immanent zuschreiben würden, sprach damals noch keiner.

3. Erzählungen der langen Dauer

Im gegenwärtigen Umbruch der Erzählung über den Islam werden alte Traditionslinien deutlich, die uns in die Zeit der Reformation zurückführen.[4] Versatzstücke aus der religiösen Polemik zwischen Katholiken und Protestanten, vermischt mit der europäischen Kriegspropaganda gegen die Osmanen, mündeten in ein Narrativ der *longue durée*, in der die «Lügen» des Propheten Mohammed, sein «Angriff» auf Europa und die Aggression der Osmanen die konstituierenden Elemente bildeten. Ein Zitat aus dem einflussreichen Geschichtsbuch des Jesuiten Horatius Tursellini (1596) soll den Vorgang hier illustrieren:

«Einige Jahre zuvor fing Mahomet, ein Araber oder Saracen von Geburt, ein Monster, das schreckliche Auswirkungen auf den christlichen Glauben hatte, damit an, dem Römischen Reich heftige Schläge zuzufügen. Dieser falsche Prophet, ein Christ, geboren von einem heidnischen Vater und einer jüdischen Mutter, täuschte vor, dass er besondere Begegnungen mit dem Erzengel Gabriel hatte. Und während er den Nestorianer Mönch Sergius benutzte, um seinen Betrug besser zu platzieren, bildete er

[4] Vgl. Jonker: Im Spiegelkabinett, a. a. O., 45–61.

eine monströse Sekte, die aus christlichen, jüdischen und heidnischen Elementen zusammengeflickt war.»[5]

So weit die Sicht um 1600. In den späteren Ausgaben dieses Buches wurde noch ein weiterer Satz hinzugefügt: «Zuerst tat er als ob er ein Prophet war. Sobald er sich jedoch an d[ie] Spitze einer Truppe Banditen gestellt hatte, gründete er jene bösartige Religion mit Gewalt und führte sie zuerst in Arabien ein.»[6] Verrat und Gewalt waren die beiden zentralen Punkte, die Geschichtsschreiber fortan Mohammed vorwarfen. Sie stellten ihn als Sektierer und Kriminellen dar, der Anderen seine Ideen mit Gewalt aufdrängte.

Fortan – das betrifft das achtzehnte, das neunzehnte, und weite Strecken des zwanzigsten Jahrhunderts – dominierte in den Geschichtsbüchern diese Gewalterzählung. Was hier in Gang gesetzt worden war, war eine didaktische Erzählung der langen Dauer, die sich bis in die Gegenwart fortgeschrieben hat. Bestimmte Wesensmerkmale sollen die Alterität des Islam erklären und festschreiben: Bösartigkeit, Aggression und Angriff. Ihre Aktualisierung in unterschiedlichen historischen Perioden bildete das Grundmuster, auf das Erzählungen über den Islam, ob nun Schulbucherzählungen, Romane, Geschichtsschreibung oder politische Einschätzungen, bei Bedarf rekurrieren konnten.

Um Missverständnissen vorzubeugen: Es handelt sich hier keineswegs um einen zwangsläufigen Prozess. Sobald sie erzeugt sind, sind Bilder und Repräsentationen in der Welt. Ob man will oder nicht, sie sind vorhanden und jede/-r kann sich ihrer bedienen – oder auch nicht. Jede Generation hat die Wahl: Gilt diese oder jene Erzählung? Gelten die guten oder die schlechten Erfahrungen? Ob sie «passen» – also: Wirkung entfalten –, hängt von der jeweiligen historischen Konstellation ab.

Insgesamt wurde das negative Narrativ, als dessen Schmiede Tursellini gilt, drei Mal unterbrochen: Um 1800, in der ersten Hälfte des zwanzigsten Jahrhunderts und noch einmal in den 1990er Jahren wurden Stimmen laut, die ihr muslimisches Gegenüber auf empirischer Basis beschrieben und dabei zu positiven Schlussfolgerungen gelangten. Es waren

---

5 Horatii Tursellini Romani E Societas Jesu: Epitomae Historiarum ab Urbe Condito Usque Anno 1695. Rom 1597, 216; vgl. Jonker: Im Spiegelkabinett, a. a. O., 50–51.

6 Horatii Tursellini Histoire Universelle: Avec des Notes sur l'Histoire, la Fable & la Géographie, Amsterdam 1708, 356; vgl. Jonker: Im Spiegelkabinett, a. a. O., 51.

Geographen, die um 1800 ins «Heilige Land» fuhren mit dem Ziel, die biblische Überlieferung zu überprüfen und, einmal vor Ort, feststellten, dass die Menschen, die dort wohnten, nicht viel anders seien als die Europäer. Folglich verlegten sie die Grenze zwischen «wir» und »nicht-wir» in Richtung «Wilde», jener Restkategorie nicht-zivilisierter Erdbewohner, die sie auf unbewohnten Inseln an der anderen Seite des *orbus* vermuteten. Den Aufklärern ging es bekanntlich nicht darum, Grenzen zwischen den Religionen zu ziehen, sondern den Grad der «Zivilisation» aller Erdbewohner zu messen. Auf der Leiter der zivilisierten Menschheit, auf dem die Westeuropäer selbstverständlich ganz oben rangierten, kletterte die muslimische Welt nunmehr ein paar Sprossen nach oben.[7]

Zweihundert Jahre später sollten Schulbuchautoren Schulklassen erstmals dazu auffordern, statt der Beschäftigung mit der traditionellen Erzählung von den Kreuzzügen und den feindlichen Muslimen, gegen die «wir» uns verteidigen müssten, sich lieber erst kennenzulernen. Aus Kindern wurden daraufhin wahre Ethnographen, die Expeditionen zum Heim der als anders wahrgenommenen muslimischen Klassenkameraden unternahmen und naive Fragen stellten wie: «Warum seid ihr zu uns gekommen?» Oder auch: «Wie betet ihr?» Die Sache hatte einen Haken: Besuche in der Gegenrichtung waren nicht vorgesehen. Dennoch unterbrach die Aufforderung, sich zunächst einmal kennenzulernen, das traditionelle Narrativ und machte es beinahe obsolet.[8]

Die dritte Unterbrechung wird weiter unten noch zur Sprache kommen. Für den Moment genügt: Das Narrativ vom bedrohlichen Islam beruhte streckenweise auf einer Überlieferung des Hörensagens. Die Empirie hingegen – ob es sich dabei nun um Begegnungen im «Heiligen Land» handelte, um ethnographische Expeditionen in der Schule oder auch um den Austausch globaler Eliten, erwies sich immer wieder imstande, die imaginierte Grenze zwischen «Europäern» und «Muslimen» zu durchlöchern. Das Verhältnis zwischen beiden blieb indes prekär. Angst lässt sich nun einmal leichter auf die nächste Generation übertragen als gute Erfahrungen. Wenn es aber zum Konflikt kommt, scheint auch die positivste

---

7 Vgl. Jonker: Im Spiegelkabinett, a. a. O., 83–105.

8 Vgl. a. a. O., 163–167; dies.: El Islam en los libros de texto alemanes. La historia de una narracion educacional, in: Luigi Cajani (Hg.): Conociendo al otro. El Islam y Europa en sus manuales de historia, Madrid 2008, 37–73.

Erfahrung – mit den Klassenkameraden, den Kollegen, dem netten Gemüsemann an der Ecke – angesichts der Macht der Überlieferung zu verblassen. In den gegenwärtigen Moscheebaukonflikten jedenfalls spielte die Überlieferung vom bedrohlichen Islam eine wichtige Rolle.

4. Viele Argumente gegen Moscheen

Wie lauten nun die im Augenblick am häufigsten verwendeten Argumente gegen den Bau von Moscheen in Westeuropa? Folgende Zitate kann man bei Ernst Fürlinger nachlesen: Er zeichnete sie aus dem Mund von Lokalpolitikern, Stadtteilvertretern, Kirchenvorständen und anderen Beteiligten in den österreichischen Moscheebaukonflikten auf.[9]

Zu *Moscheen* sammelte er folgende häufig verwendete Aussprachen: «... mich hat gerade dieses Orientalische sehr betroffen gemacht [...], wie man's sich einfach auch vorstellt: Tausendundeine-Nacht» (S. 304). «Artfremd», «Passt nicht in die europäische Landschaft», «Die Kuppel verweist also auf den blutigen Sieg des Islam über das Christentum ...» (S. 309). «Ein Stadtmerkpunkt, der das tourismusorientierte Stadtmarketing ganz schön irritiert» (S. 307).

Zu *Minarette* fand er: «Minarette als Machtsymbole dieses Islamismus» (S. 264); «Minarette sind sichtbare Zeichen des muslimischen Machtanspruches und sind eine gewollte Provokation gegenüber dem christlichen Abendland» (S. 256). «Minarette passen nicht in unser abendländisches Landschaftsbild [...] Sie sind Symbole fundamentalistischer Moslems» (S. 257).

Gegen den *Islam* wurden unter anderem folgende Argumente angeführt: «Der Islam ist das Problem». «Was macht den Islam so gefährlich? Er ist vor allem politisch motiviert. Er hat die Aufklärung [...] nicht vollzogen. Die Anführer pfeifen auf die Rechte des Menschen als Geschöpf Gottes.» (S. 265). «Der Islam ist [...] eine aufgezwungene faschistische Religion».

9 Ernst Fürlinger: Moscheebaukonflikte in Österreich. Nationale Politik des religiösen Raums im globalen Zeitalter, Göttingen 2013, sowie sein Beitrag in diesem Band.

Über die Rolle *Europas* sagten die Beteiligten: «Ich möchte als Europäer nicht vom Islam überfahren werden» (S. 265). «Unsere Kultur wird bedroht», «[Es geht um] die Interessen unserer Stammbevölkerung» (S. 263). «Da geht es bereits darum, ob sich Europa gegen die Vereinnahmung durch den Islam wehren kann oder ob ein orientierungs- und kraftloses Abendland unter der wehenden Halbmondflagge untergeht» (S. 308).

Varianten dieser Argumente findet man quer durch die Moscheebaukonflikte der letzten zehn Jahre: in Köln-Ehrenfeld,[10] im Schweizer Minarett-Streit[11] oder auch im Kampf um die Ahmadiyya-Moschee in Berlin-Heinersdorf.[12] Moscheebau-Gegner warben mit einer Gegenüberstellung von Europäern (Deutschen, Schweizern, Österreichern) und Muslimen, wobei der ersten Gruppe ein kollektives «wir» zugeschrieben wurde, der zweiten Gruppe ein kollektives «nicht-dazugehörig». Die Nachbarschaftsmobilisierung in Leipzig-Gohlis im Herbst 2013 gegen einen geplanten Moscheebau der Ahmadiyya brachte noch ein weiteres, literarisch anspruchsvolles Motiv zum Vorschein. Eines Abends fanden sich am zukünftigen Bauplatz fünf aufgespießte, mit roter Farbe übergossene Schweinsköpfe, die vom Feuer einer Mülltonne beleuchtet wurden. Die Anspielung auf William Goldings *Lord of the Flies* war dabei nicht zu übersehen.[13] Der Titel evoziert den Beelzebub des Alten Testaments, der seinerseits eine Anleihe des kanaanitischen *baal zavav*, «Herr der Schmeißfliegen», «Gott der Unterwelt» war. Das Buch lässt eine Gruppe englischer Schuljungen, auf einer einsamen Insel sich selbst überlassen und zu kleinen Wilden mutiert, einen angsteinjagenden Gott erfinden. Es ist dies der Herr der Fliegen, versinnbildlicht in einem aufgespießten, blutüberströmten und von dichten Fliegenwolken umschwirrten Schweinskopf.

Wer versucht, dieses Buch im Internet zu bestellen, wird mit hunderten von Schulbuchausgaben konfrontiert. In der Tat hat die Erzählung ihren

---

[10] Im Kölner Konflikt ist die Übernahme der Wortwahl nicht zu übersehen, siehe zum Beispiel Ralf Giordano: Nicht die Kölner Moschee, sondern der Islam ist das Problem (2007), oder Neca Kelek: Das Minarett ist ein Herrschaftssymbol (2007). S. den Beitrag von Thomas Schmitt in diesem Band.

[11] Siehe den Beitrag von Martin Baumann in diesem Band.

[12] Die rechtsextreme Partei der NPD warb mit «Deutsch ist Geil. Islamisten raus». Die Nachbarschaft titelte: «Moschee, Nee. Wir sind das Volk.» Webwiki.de, Moscheebau-in-Berlin.de.

[13] William Golding: Lord of the Flies, London 1954. Die erste deutsche Übersetzung erschien 1964.

festen Platz in der gymnasialen Pflichtlektüre der Bundesrepublik. Das Wissen um den Inhalt mag damit ein zwar elitäres, dennoch weitverbreitetes Gemeingut darstellen.

5. Alte Fremdzuschreibungen im neuen Gewand

Was mit der oben beschriebenen Terminologie und ihren Varianten erzeugt wird, ist nichts anders als Alterität, jene Fremdzuschreibung, die das Eigene spiegelverkehrt formt. In den Moscheebaukonflikten sehen wir deren heutige Erzeuger sozusagen bei der Arbeit. Was gibt es da zu sehen?

Die Erzeuger rufen Bilder auf, die aus der Zeit der Reformation und der Kreuzzüge stammen, wahrscheinlich ohne sich dessen bewusst zu sein. Das müssen sie auch nicht, wichtig ist, dass sie sie verwenden. In der Fachliteratur nennt man solche Aufrufe *icons*: Ein halber Satz, ein Wort, ein Foto oder eine Bildunterschrift sind bereits in der Lage, die Überlieferung mitschwingen zu lassen.

(1) So wird mit dem häufig verwendeten Terminus *Abendland* («christliches Abendland», «abendländisches Landschaftsbild») auf die mittelalterliche Abgrenzung zwischen *umma* und *christianitas* zurückgegriffen. Er versetzt uns wieder in die Zeit, in der die Muslime als Europas bedrohliche Nachbarn gedacht wurden. Die Geschichte der europäischen Muslime – vom Mittelalter bis zur Gegenwart – wird mit dem Terminus hingegen bequem ausgeblendet.

(2) Interessant ist die Selbstbeschreibung vom *orientierungs- und kraftlosen Abendland,* das dabei sei, *unter der wehenden Halbmondflagge unterzugehen.* Ob die Verwender es wissen oder nicht, es scheint darin die alte Rechtfertigung der Kreuzzüge wieder auf, die da durch die Jahrhunderte lautete: «Die haben uns angegriffen, wir mussten uns verteidigen».

(3) Das Motiv *Passt nicht in die Landschaft* beschreibt zuallererst die Vergewisserung des Selbst. Es geht dabei nicht um den Anderen, um seine empirische Erfassung, sondern um ein Selbstbild, das in der Landschaft gewissermaßen festgeschrieben wird. Gleich ob es dabei nun um den «Mythos Schweiz», «Mythos Österreich», «Mythos Holland», oder «Mythos Europa» geht; gleich ob darin Berge und Alphörner oder Windmühlen und Holzschuhe zum Einsatz kommen: Dieses Selbstbild ist stets touristisch, sentimental, klischeehaft und von einer erstaunlichen Langeweile.

Man fragt sich, warum die Befürworter heimatlicher Bilder so wenig Fantasie haben.

(4) In diesem Diskurs ist «der Andere» immer ein Muslim. Aber was sind Muslime? In den Moscheebaukonflikten waren es Menschen, die sich dadurch auszeichneten, dass sie «nicht wie wir» seien. Um den Unterschied zu markieren, belegten die Erzeuger ihr Gegenüber mit abwehrenden und bösartigen Zuschreibungen, damit diese auch für alle sichtbar als unerwünscht dastanden. Während der Kreuzzüge verwendete man dazu die Bezeichnungen «Heiden», «Hunde», «gottlose Mauren». In der Kriegspropaganda gegen die Osmanen evozierte man eine «bösartige Religion», die Muhammed, «der Betrüger», «mit Gewalt gründete». In den Moscheebaukonflikten sprach man nunmehr von einer Religion, deren Anführer *auf die Rechte der Menschen pfeifen*, *Machtansprüche* hegen und *blutige Siege über das Christentum anstreben* würden.

(5) Diesem Diskurs haftet eine grundlegende Schwierigkeit an. Solche Beobachtungen mögen für die muslimischen Terrororganisationen in den Krisengebieten dieser Welt zutreffen, nicht aber für die Nachbarn nebenan, mit denen man vielleicht schon in der Grundschule zusammensaß. Die Beteiligten wissen darum. Wo aber Angst mit im Spiel war, wurde genau an diesem Punkt die eigene Erfahrung von der Überlieferung überschrieben.

(6) Bemerkenswert ist die Verwendung des Wortes *Faschismus.* Damit wird die eigene gewalttätige europäische Geschichte externalisiert und dem «Anderen» zugeschrieben.

(7) Die Symbolsprache der blutübergossenen Schweinsköpfe zielt auf dasselbe ab. Sie ruft eine Erzählung auf, in der eine Gruppe Schuljungen Schritt vor Schritt zu Gewalt griff, um die unerwünschten Kinder in ihren Reihen auszuschalten. Was als Spiel anfing, so die Erzählung, wurde irgendwann blutiger Ernst – so lange, bis die letzte kritische Stimme zum Schweigen gebracht und die Gruppe homogen geworden war. Das Morden gehörte dann schon längst zum Alltag.

6. Gegenläufige Erfahrungen

Soweit die Bilder und Erzählungen, die im gegenwärtigen Moscheestreit aufgerufen worden sind. Zusammen formen sie die neueste Aktualisierung überlieferter christlicher Praktiken der Alterität. Sie bilden den Versuch, die Gegenwart in die Vergangenheit zurückzuprojizieren, Ängste zu schüren und jene Bilder, die andere Erfahrungen ins Gedächtnis rufen, auszublenden. Die Frage drängt sich auf, inwieweit sie der spezifischen historischen Konstellation geschuldet sind, in der wir uns befinden. Wieso haben die versteinerten Islambilder in den letzten zehn Jahren eine neue Wirkung entfalten können? Welche Weichen wurden dafür gestellt? Auch wenn sie im Laufe der Jahrhunderte immer wieder bemüht worden sind, um einer bestimmten Politik Stimme und Gesicht zu verleihen, so ist das doch nicht durchgehend geschehen. Wie bereits oben angedeutet, gab es durchaus auch andere Kontexte und Konstellationen, in denen in Europa positive Erfahrungen mit Muslimen gesammelt wurden, so wie es auch Momente gab, in denen die islamische Welt und die Religion des Islam bewundert wurden. Solche Erfahrungen haben eine eigene Bilderproduktion im Gang gesetzt. Wo ist diese geblieben?

Wer Erzählungen über Muslime ausfindig machen will, die eine andere Balance von Identität und Alterität spiegeln und somit ein anderes Erbe als die gesammelte Kreuzzugswut bieten, der braucht gar nicht so weit zurückzugehen. Zumindest in der deutschen Vergangenheit gab es vor noch nicht langer Zeit eine ganz andere Sichtweise auf den Islam und die Begegnung mit Muslimen. Sie entsprang einer Begegnung, die sich am besten als *entangled* umschreiben lässt – eine Verquickung zwischen nichtmuslimischen Europäern und muslimischen *émigrés*, die von den Zeitgenossen als äußerst anregend und zukunftweisend empfunden wurde.

Es handelt sich um jene Periode in der deutschen Außenpolitik zwischen 1880 und 1945, in der das Deutsche Reich die muslimische Welt explizit als Freund deklarierte, muslimische Intellektuelle aus den britischen und französischen Kolonien in Deutschland ein Vorbild und einen Zufluchtsort entdeckten, und junge Leute von Tunis bis Kalkutta nach Berlin, Wien und in andere deutsche Städte strömten, um dort zu studieren und sich auf die Unabhängigkeit ihrer Länder vorzubereiten. Im Laufe dessen stieg Berlin zur Plattform für die Freiheitsbestrebungen der muslimischen Eliten auf. Es war der Ort außerhalb des Empires, wo die Revolution erprobt und Verbündete gewonnen werden konnten.[14]

In vielen Hauptstädten Europas – Berlin, Wien, Paris, Warschau, Den Haag, London – gab es damals Pläne, eine Zentralmoschee zu errichten

[14] Hier und im Folgenden: Gerdien Jonker: Missionising Europe. The Ahmadiyya Quest for Adaptive Globalisation 1900–1965, Leiden 2015.

sowie Kommissionen, die sich daran machten, diese in die Tat umzusetzen. Einige wurden sogleich realisiert (Berlin, Paris), andere erst nach dem zweiten Weltkrieg errichtet (Den Haag, London). Die Franzosen und Engländer versuchten dabei, der wichtigsten Religion ihres Kolonialreiches einen symbolischen Platz zuzuweisen. Das Deutsche Reich hatte eine wirtschaftliche und wahrscheinlich auch eine territoriale Expansion vor Augen, als es nach einigen Fehlstarts dazu überging, den Bau einer Moschee, die von der Ahmadiyya-Bewegung in Lahore initiiert wurde, zu unterstützen.

Jenseits der staatlichen Interessen wurde mit dem Freundschaftsangebot etwas geöffnet, das eine ganz eigene Wirkung entfaltete. Was sich in der Weimarer Republik ereignete, war ein Beziehungsgeflecht auf allen Ebenen. Die europäische Elite bewunderte den Islam als eine «rationale, moderne Religion», so wie sie damals auch Rabindranath Tagore oder Ramakrishna bewunderte. So manche Intellektuelle traten zum Islam über und versuchten das Beste der europäischen Zivilisation mit dieser rationalen Tradition zusammenzudenken.

Es handelte sich um Eliten, um großbürgerliche Familien und Bildungseliten auf beiden Seiten. Auf europäischer Seite nahm die Generation, die mit der Moderne experimentierte und neben Expressionismus und Bauhaus auch andere Religionen für sich in Anspruch nahm, daran teil. Auf indischer Seite war es der Nachwuchs der vielen kleinen Fürstentümer nebst einer Bildungselite, die unter der britischen Verwaltung nach oben gekommen war. Ägypten, der weitaus größte Produzent ausländischer Studierender, schickte die Söhne der Verwaltungsbeamten. In Berlin fanden sie sich zusammen. Was sie wollten – und für einen kurzen Moment auch realisieren konnten – war Inklusion auf Weltebene. So wurde zusammen geforscht und es wurden Freundschaften fürs Leben geschlossen. Es entstanden Liebschaften und Ehen, die wiederum einen Nachwuchs in die Welt setzten, der nicht nur deutsch-indische oder deutsch-ägyptische, sondern auch jüdisch-muslimische und christlich-muslimische Anteile mit auf den Weg bekam. Wer immer sich an diesem Beziehungsgeflecht beteiligte, der fühlte sich als Kosmopolit, Weltbürger, *citizen of the world,* wie man auf manchen Grabsteinen noch lesen kann.[15]

---

[15] So gelesen auf dem Brookwood Cemetry, Woking (GB).

Was die Beteiligten von damals umtrieb, war die Schaffung einer Weltgesellschaft, in der eine globale Elite sich auf gleicher Augenhöhe begegnen, gegenseitig inspirieren und neue weltweite Standards setzen wollte. Religiöse Netzwerke verbanden sich dafür mit universitären Milieus, globale Friedensbemühungen und persönliche Lebensentwürfe überlappten sich. Damit sind gleich mehrere Unterschiede zur heutigen Konstellation benannt. Die heutige muslimische Bevölkerung Europas wurde in den letzten fünfzig Jahren vor allem von der Massenmigration geprägt. Die «Gastarbeiter» der 1960er und die Flüchtlinge und Asylsuchenden der 1990er Jahre bilden demographisch nicht nur eine sehr viel höhere Zahl. In sozialer Hinsicht repräsentieren sie auch ein ganz anderes Segment der Bevölkerung. Die meisten von ihnen sind noch immer im sozialen Aufstieg begriffen.

7. Zum Schluss

Die Ausgangsfrage galt dem globalen Zeitalter, in dem sich Millionen Menschen in die Migration begeben haben. Ich sagte bereits, dass das europäische Erbe der monotheistischen Exklusivität zunehmend zur Last geworden ist, und fragte, ob die christlichen Praktiken der Alterität inzwischen nicht an ihre Grenzen gelangt sind. Die in den Moscheekonflikten getätigte Bildersprache zeigt, dass sie nach wie vor lebendig sind und im Augenblick herbeigerufen werden, um dem unaufhaltsamen Zusammenwachsen der globalen Welt lokal Einhalt zu gebieten.

Wie wirkungsmächtig die Überlieferung vom bedrohlichen Islam auch erscheinen mag – sie kann die Pluralisierung der Bilder nicht aufhalten. Es gibt inzwischen eine Konkurrenz der Bilder, deren Potential noch lange nicht ausgeschöpft ist. Die Frage ist nur, wer welche mit Erfolg aufzurufen vermag. Wer hat im Konfliktfall die ausschlaggebenden Bilder? Wer weiß die Evidenz auf seiner Seite?

Soziale Schließung und die Mythologisierung des Selbst bedeuten Langeweile: Windmühlen, Dirndl und Kühe führen nicht unbedingt zur innovativen Schaffung neuer Kultur. Soziale Öffnung und das Infragestellen des Selbst bedeuten Unsicherheit: «Multikulti» kommt manchmal über das Stadium des Versprechens nicht hinaus. Zudem haben die Versuche, über den eigenen Schatten zu springen, sich auf «Andere» einzulassen und gemeinsame Sache zu machen, nie dieselbe Kraft entwickelt wie die angstbesetzten Bilder der Vergangenheit. Was Deutschland betrifft, so setzte der Nationalsozialismus dem Experiment der Eliten bald ein Ende. Nach 1945 war die Welt dann mit der Dekolonisierung beschäftigt und die einmalige Konstellation verschwunden. Seitdem entwickelt Inklusion, wie sehr auch von der heutigen europäischen Politik ins Zentrum gerückt, nicht dieselbe Kraft wie Exklusion.

Dennoch steht die Frage im Raum, wie heute ein kultureller Polytheismus aussehen könnte. Wie kann die Pluralität der Bilder aktiviert werden? Anders gesagt: Was brauchen die westeuropäischen Gesellschaften, um gelungene Erfahrungen mit der Inklusion aufrufen zu können? Die Antwort auf diese Frage würde es erlauben, in Konfliktlagen wie jenen rund um Moscheebauten ein anderes Gleichgewicht zwischen Identität und Alterität einziehen zu lassen.

Yasemin Shooman

Angst vor dem Islam oder Rassismus gegen Muslime? Zur Einordnung antimuslimischer Diskurse aus rassismustheoretischer Perspektive

Im Oktober 2014 organisierte sich in Dresden eine Bürgerinitiative unter dem Namen «Patriotische Europäer gegen die Islamisierung des Abendlandes» (kurz «Pegida») und mobilisierte über mehrere Monate hinweg wöchentlich Tausende Demonstranten, die – anknüpfend an die oppositionellen DDR-Montagsdemonstrationen – die Parole «Wir sind das Volk» skandierend mit Deutschlandfahnen durch die Straßen zogen. Einer Mitte Dezember 2014 veröffentlichten repräsentativen Umfrage zufolge, äußerte nahezu jeder zweite Befragte Verständnis für die Proteste.[1] Selbst auf die Straße gehen, wenn eine «Pegida»-Demonstration in ihrer Nähe stattfände, wollten laut einer weiteren Meinungserhebung jedoch nur neun Prozent der Bundesbürgerinnen und -bürger.[2] Nach den Anschlägen auf das französische Satire-Magazin Charlie Hebdo und einen jüdischen Supermarkt Anfang Januar 2015 in Paris, bei denen insgesamt 17 Menschen getötet wurden und zu denen sich das Terrornetzwerk Al-Kaida bekannte,[3] stieg die Zahl der Demonstrationsteilnehmer in Dresden kurzzeitig auf 25 000 Menschen.[4] Ableger des Bündnisses formierten

---

[1] Vgl. http://www.zeit.de/politik/deutschland/2014–12/islam-pegida-fluechtlinge-deutschland-umfrage (alle Webseiten, die in diesem Beitrag zitiert werden, wurden zuletzt aufgerufen am 6.2.2015).

[2] Vgl. http://www.focus.de/politik/deutschland/protest-gegen-angebliche-islamisierung-umfrage-so-viele-deutsche-wuerden-mit-pegida-demonstrieren_id_4360367.html.

[3] Vgl. http://www.zeit.de/politik/ausland/2015–01/charlie-hebdo-anschlag-al-kaida-verantwortung.

[4] Vgl. http://www.polizei.sachsen.de/de/MI_2015_33890.htm. Seit dem 19. Dezember 2014 ist «Pegida» ein eingetragener Verein. Vgl. http://www.fr-online.de/politik/pegida-pegida-will-sich-staatlich-foerdern-lassen,1472596,29525608.html. Mittlerweile sind die Vereinsmitglieder zerstritten, am 21. Januar 2015 trat der Gründer der «Pegida»-Bewegung, Lutz Bachmann,

sich in weiteren deutschen Städten (zum Beispiel «Legida» in Leipzig oder «Kögida» in Köln), wenn auch nicht mit vergleichbarem Erfolg wie in Dresden und begleitet von zahlreichen Gegendemonstrationen. Auch in anderen europäischen Ländern, darunter in Österreich, Schweden, Belgien und der Schweiz, kam es zu Kundgebungen nach deutschem Vorbild. Die Organisatoren nutzen in erster Linie die sozialen Netzwerke im Internet zur Mobilisierung ihrer Anhängerschaft und transnationalen Vernetzung. Unabhängig davon, ob «Pegida» das Potential hat, zu einer Bewegung mit politischem Gewicht anzuwachsen, stellt sich, wie auch schon bei den Protesten gegen den Bau von Moscheen bzw. Minaretten, die Frage, wie die europaweit zutage tretende ablehnende und abwertende Haltung gegenüber dem Islam und den Musliminnen und Muslimen[5] theoretisch eingeordnet werden kann.

1. Das Konzept der Islamophobie

In der Wissenschaft finden hierfür seit einigen Jahren verschiedene Begriffe Verwendung. Im englischsprachigen Raum hat sich der Terminus «Islamophobia» mittlerweile weitgehend durchgesetzt. Eingeführt in die breitere akademische und öffentliche Diskussion wurde dieser zu Beginn des 20. Jahrhunderts erstmals bei französischen Autoren nachgewiesene Neologismus[6] durch den britischen Think-Tank Runnymede Trust, der

---

von seinen Funktionen bei der Organisation zurück, nachdem Fotos von ihm in Hitler-Pose aufgetaucht waren. Eine Woche später traten fünf weitere Führungsmitglieder aus dem Verein aus. Vgl. http://www.sueddeutsche.de/politik/ruecktritt-von-oertel-gabriel-nennt-pegida-krise-erloesung-fuer-dresden-1.2325111.

5 Vgl. Andreas Zick / Beate Küpper / Andreas Hövermann: Die Abwertung der Anderen. Eine europäische Zustandsbeschreibung zu Intoleranz, Vorurteilen und Diskriminierung, Berlin 2011, 69ff.

6 Die erste Verwendung des Begriffs Islamophobie findet sich 1910 in Texten französischer Kolonialbeamter. Vgl. Fernando Bravo López: Towards a definition of Islamophobia. Approximations of the early twentieth century, in: Ethnic and Racial Studies 34 (2011), 562ff. Die Behauptung, der Begriff sei von iranischen Mullahs erfunden worden, die als Argument für seine Diskreditierung von

1997 den Report «Islamophobia – A Challenge For Us All» publizierte. Die Nichtregierungsorganisation, die unter anderem das Ziel verfolgt, «to effectively overcome racial inequality in our society»,[7] berief 1996 eine interreligiös zusammengesetzte Kommission ein, die dem Phänomen der Diskriminierung britischer Staatsbürger muslimischen Glaubens bzw. muslimischer Herkunft nachgehen sollte. Die «Commission on British Muslims and Islamophobia» räumt gleich in der Einleitung, in der sie die aus ihrer Sicht bestehende Notwendigkeit der Etablierung eines neuen Begriffs betont, ein: «the word [Islamophobia] is not ideal, but is recognisably similar to ‹xenophobia›».[8] Die Anknüpfung an den in der Sozialpsychologie gebrauchten Terminus der Fremdenangst bzw. Fremdenfeindlichkeit sollte dabei behilflich sein, Aufmerksamkeit auf ein aus Sicht der Kommission wachsendes gesellschaftliches Problem zu lenken und Handlungsstrategien dagegen zu entwickeln. «The word ‹Islamophobia› has been coined because there is a new reality which needs naming: anti-Muslim prejudice has grown so considerably and so rapidly in recent years that a new item in the vocabulary is needed so that it can be identified and acted against»,[9] so der Runnymede Trust.

Der Begriff hat seit seiner Popularisierung Kritik aus verschiedener Richtung erfahren. Dabei teilt sich das Lager, vereinfacht gesprochen, in zwei Fraktionen: Auf der einen Seite wird auf Wegen der Begriffskritik das durch ihn bezeichnete Phänomen in seiner Existenz infrage gestellt oder zumindest der Anwendungsbereich des Begriffs als zu weit gefasst eingestuft. Aus einer rassismuskritischen Perspektive wird andererseits die Unzulänglichkeit des auf individuelle Einstellungen fokussierten Konzepts, das an theoretische Überlegungen der Vorurteilsforschung anschließt, im Hinblick auf strukturelle Ausgrenzungsaspekte hervorgehoben. Beide Positionen sollen im Folgenden kurz vorgestellt und diskutiert werden.

Einer der gängigsten Einwände gegen den Begriff Islamophobie betrifft seine potentielle Instrumentalisierung durch Musliminnen und Muslime: «Mit der tendenziellen Etablierung des Begriffs im öffentlichen Diskurs»,

---

einigen Kritikern bemüht wird (vgl. Caroline Fourest / Fiammetta Venner: Islamophobie? Über die Karriere eines Begriffs, in: Jungle World vom 10.12.2003), kann daher als widerlegt gelten.

[7] Vgl. http://www.runnymedetrust.org/about.html.

[8] The Runnymede Trust: Islamophobia. A Challenge For Us All, London 1997, 1.

[9] A. a. O., 4.

so beispielsweise der Extremismusforscher Armin Pfahl-Traughber, «bedienen sich auch islamistische wie nicht-islamistische Gruppierungen unter den Muslimen dieses Terminus. Im Wissen um die Sensibilität gegenüber den Vorwürfen der Fremdenfeindlichkeit und des Rassismus nutzt man ‹Islamophobie› als politisches Schlagwort. Dabei setzen einschlägige Organisationen die fremdenfeindlich motivierte Hetze mit der menschenrechtlich orientierten Kritik am Islam und den Muslimen gleich.»[10] Zwar räumt Pfahl-Traughber ein, dass die mögliche Instrumentalisierung keine stichhaltige Begründung für die Ablehnung eines Begriffs liefert, da diese Gefahr prinzipiell auf alle Begriffe zutreffe. In den acht Merkmalen, die der Runnymede-Report für seine Definition heranzieht, sieht er jedoch keine hinreichenden Kriterien. Die Sichtweise auf den Islam «as a single monolithic bloc [...] not having any aims or values in common with other cultures»[11], könne, so Pfahl-Traughber, auch auf «schlichtes Unwissen ohne Diskriminierungsabsicht»[12] zurückgehen.

Unberücksichtigt bleibt die Tragweite der Vorstellung einer fundamentalen und unüberbrückbaren Andersartigkeit von Muslimen, die solchen Einstellungen zugrunde liegt. Sie mündet in distinkten Kategorien von «Wir» und «Ihr» und impliziert die Nicht-Zugehörigkeit von Musliminnen und Muslimen. Es geht dabei, wie die Psychologin Birgit Rommelspacher darlegt, «nicht nur um die Tatsache von Differenz überhaupt, sondern auch um die Frage, welche Intentionen mit der Feststellung von Unterschieden verknüpft sind, d. h. inwiefern sie der Exklusion und symbolischen Grenzziehung dienen. Je entschiedener die Grenzen gegenüber dem Anderen gezogen und die Gemeinsamkeiten getilgt werden, desto

---

[10] Armin Pfahl-Traughber: Die fehlende Trennschärfe des «Islamophobie»-Konzepts für die Vorurteilsforschung. Ein Plädoyer für das Alternativ-Konzept «Antimuslimismus» bzw. «Muslimfeindlichkeit», in: Gideon Botsch u. a. (Hg.): Islamophobie und Antisemitismus – ein umstrittener Vergleich, Berlin 2012, 14. Während Pfahl-Traughber bei aller Kritik an dem Begriff Islamophobie die Existenz einer Feindschaft gegenüber Muslimen grundsätzlich anerkennt, stellen andere Autoren mittels der Begriffskritik das Phänomen insgesamt infrage. Vgl. z. B. Luzie H. Kahlweiß / Samuel Salzborn: «Islamophobie» als politischer Kampfbegriff. Zur konzeptionellen und empirischen Kritik des Islamophobiebegriffs, in: a. a. O., 51–64.

[11] Runnymede Trust: Islamophobia, a. a. O., 5.

[12] Pfahl-Traughber: Die fehlende Trennschärfe des «Islamophobie»-Konzepts, a. a. O., 15.

mehr wird der Fremde zum Feind. Fremdes und Eigenes wird nun als unvereinbar und die Andersheit des Anderen als gegen das Selbst gerichtet empfunden.»[13]

Wenn «der Islam» als homogenes Gebilde verstanden und die innerislamische Diversität nivelliert wird, ist zum Beispiel eine Inhaftnahme aller Musliminnen und Muslime, die sich nicht explizit von ihrer Religion distanzieren, für islamistischen Terrorismus nicht mehr abwegig. Auch für die aus einer dezidiert religiös-muslimischen Perspektive geübte Kritik an patriarchalen Strukturen gibt es dann keinen Raum mehr, und die Stimmen muslimischer Frauen mit und ohne Kopftuch, die sich etwa für eine feministische Re-Lektüre des Korans einsetzen, bleiben ungehört. Für das Vorliegen einer diskriminierenden Ansicht oder gar Praxis ist eine Diskriminierungs*absicht* zudem nicht ausschlaggebend – auch der «unbewusste» Rückgriff auf tradierte und im kollektiven Wissensbestand zirkulierende Vorstellungen kann diskriminierende Auswirkungen haben. Die von Pfahl-Traughber beklagte mangelnde Trennschärfe des Islamophobie-Konzepts geht zum Teil auch darauf zurück, dass er gewisse, vom Runnymede Trust kritisierte Einstellungen als unproblematisch einstuft und die Sichtweise auf den Islam als monolithischen Block mit der «geringe[n] Dynamik in islamisch geprägten Gesellschaften»[14] erklärt – massive Unterschiede zwischen Ländern wie Indonesien, Saudi-Arabien und der Türkei werden so eingeebnet. Da zudem jede Hervorhebung eines Merkmals Kausalität suggeriert, läuft die Reduktion von gesellschaftlichen Fehlentwicklungen auf den Umstand, dass diese «islamisch geprägt» sind, auf eine stark kulturalisierende und damit entpolitisierende Deutung hinaus. Phänomene wie islamistische Bewegungen lassen sich beispielsweise nicht allein aus einer religiösen Logik heraus verstehen, vielmehr spielen politische Kontexte eine wesentliche Rolle.[15] Die Vorstellung einer «geringe[n] Dynamik in islamisch geprägten Gesellschaften» rekurriert zudem auf Bilder von geistigem Stillstand und der mentalen Unfähigkeit zur Weiterentwicklung – Topoi, die in koloniale Diskurse

[13] Birgit Rommelspacher: Anerkennung und Ausgrenzung. Deutschland als multikulturelle Gesellschaft, Frankfurt a. M. / New York 2002, 11.

[14] Pfahl-Traughber: Die fehlende Trennschärfe des «Islamophobie»-Konzepts, a. a. O., 15.

[15] Vgl. Olivier Roy: Der islamische Weg nach Westen. Globalisierung, Entwurzelung und Radikalisierung, München 2006.

über einen «zivilisierungsbedürftigen Orient» zurückreichen und verdeutlichen, dass viele der gegenwärtigen antimuslimischen Stereotype historisch tradiert sind.[16]

Auch das durch Pfahl-Traughber konstatierte «Anders- und Fremdsein des Islams», das durchaus «reale Bezugspunkte hinsichtlich der geringeren Integrationsbereitschaft oder speziellen Kleidung mancher Muslime»[17] habe, reproduziert implizit kollektive Zuschreibungen. Abgesehen davon, dass unklar bleibt, was hier mit «geringerer Integrationsbereitschaft» gemeint ist, vernachlässigt so eine Sichtweise, die auf das Argument hinausläuft, dass Musliminnen und Muslime die erfahrene Ablehnung selbst zu verantworten hätten und es sich deshalb um legitime Kritik handle, die Funktion von sozialen Vorurteilen und von Rassismus. Denn «Fremdheit» ist nicht einfach gegeben, sie wird aktiv hergestellt. Die Konstitution von Gruppen ist daher nicht als quasi natürlicher Prozess anzusehen, sondern vielmehr an gesellschaftliche – soziale, politische und historische – Entstehungsbedingungen geknüpft, die in die Analyse miteinbezogen werden müssen.[18] Auch im Report des Runnymede Trust bleibt dieser Aspekt der Gruppenkonstruktionsprozesse unterbelichtet; die Annahme des Vorhandenseins einer bedeutsamen Differenz zwischen Nichtmuslimen und Muslimen wird nicht grundsätzlich infrage gestellt.

An dieser Stelle setzt die rassismuskritische Problematisierung des Islamophobie-Konzepts an. Die Theorie des antimuslimischen Rassismus geht, wie die Rassismusforscherin Iman Attia darlegt, «davon aus, dass die Adressierung von Anderen als essenzielle Gruppe, die der eigenen dichotom gegenübersteht, dem Phänomen nicht vorausgeht, sondern im Prozess des Otherings erst hervorgebracht wird.»[19] Die so erzeugte bipolare Formation von «Islam» und «Westen» mündet wiederum in spiegelbildlich

---

16 Vgl. Iman Attia (Hg.): Orient- und IslamBilder. Interdisziplinäre Beiträge zu Orientalismus und antimuslimischem Rassismus, Münster 2007.

17 Pfahl-Traughber: Die fehlende Trennschärfe des «Islamophobie»-Konzepts, a. a. O., 16.

18 Vgl. Karin Scherschel: Rassismus als flexible symbolische Ressource. Eine Studie über rassistische Argumentationsfiguren, Bielefeld 2006, 30.

19 Vgl. Iman Attia: Privilegien sichern, nationale Identität revitalisieren. Gesellschafts- und handlungstheoretische Dimensionen der Theorie des antimuslimischen Rassismus im Unterschied zu Modellen von Islamophobie und Islamfeindlichkeit, in: Journal für Psychologie 21 (2013), Ausgabe 1, http://www.journal-fuer-psychologie.de/index.php/jfp/article/view/258/297.

zueinander angeordneten Selbst- und Fremdbildern: Während der Westen respektive das Abendland als Hort der Zivilisation, Emanzipation, Vernunft und Freiheit entworfen wird, gilt der Islam einer solchen Wahrnehmung zufolge als irrational, rückständig, barbarisch und demokratieinkompatibel. Wer über andere spricht, sagt implizit also häufig zugleich etwas darüber aus, wie er sich selbst sieht. Durch Projektion auf den Anderen können, so Birgit Rommelspacher, negative Elemente des Eigenen externalisiert werden. Sie betrachtet das Fremdbild daher als «Kehrseite des Eigenen».[20] Antimuslimische Diskurse dienen somit nicht nur der Abgrenzung nach außen, sondern auch einer Selbstvergewisserung und Identitätsstiftung nach innen.

An dem populären Topos der «geringeren Integrationsbereitschaft» von Muslimen[21] lässt sich zudem ein weiterer Aspekt des antimuslimischen Rassismus aufzeigen, da die Markierung als «muslimisch» in diesem Kontext eigentlich schon einen *Effekt* der Diskriminierung darstellt.[22] Soziale Ungleichheit und die gesellschaftliche Marginalisierung von Bevölkerungsgruppen können durch die Fokussierung auf die tatsächliche oder auch bloß zugeschriebene Religionszugehörigkeit einseitig den Betroffenen angelastet werden. Diskriminierung im Bildungswesen oder auf dem Arbeits- und Wohnungsmarkt wird auf diese Weise kuvriert oder gar legitimiert – was eine wichtige Funktion des Rassismus darstellt.[23] Der Runnymede Trust spricht diese Ebene zwar an und verweist darauf, «that Muslims are frequently excluded from the economic, social and public life

---

[20] Vgl. Rommelspacher: Anerkennung und Ausgrenzung, a. a. O., 10.

[21] Vgl. beispielsweise die Thesen des ehemaligen Berliner Finanzsenators Thilo Sarrazin, der in seinem 2010 erschienenen Bestseller die vermeintliche mangelnde «Integrationswilligkeit» und «Integrationsfähigkeit» von Muslimen dafür verantwortlich macht, dass Deutschland sich «abzuschaffen» drohe. Vgl. Thilo Sarrazin: Deutschland schafft sich ab. Wie wir unser Land aufs Spiel setzen, München 2010.

[22] Vgl. Attia: Privilegien sichern, a. a. O.

[23] Rassismus kann laut Birgit Rommelspacher «als eine Legitimationslegende verstanden werden, die die Tatsache der Ungleichbehandlung von Menschen ‹rational› zu erklären versucht, obgleich die Gesellschaft von der prinzipiellen Gleichheit aller Menschen ausgeht.» Birgit Rommelspacher: Was ist eigentlich Rassismus?, in: Claus Melter / Paul Mecheril (Hg.), Rassismuskritik, Bd. 1, Rassismustheorie und -forschung, Schwalbach a. Ts. 2009, 26.

of the nation».[24] Die Definition von Islamophobie als «dread or hatred of Islam – and, therefore, to fear or dislike of all or most Muslims»[25] konzentriert sich jedoch auf Individuen als Träger von Vorurteilen. Eine angemessene Analyse der strukturellen und damit gesellschaftlichen Dimension unterbleibt dadurch. Diese theoretische Implikation ist bereits in dem Phobiebegriff angelegt, der eine krankhafte Angst bezeichnet und sowohl pathologisierend als auch entlastend wirkt. Die Ablehnung von Islam und Muslimen erscheint nämlich als Folge eines (begründeten oder unbegründeten) Bedrohungsgefühls. Damit kann Islamophobie im Zweifelsfall sogar als «natürliche» Reaktion auf die Zunahme bzw. Präsenz muslimischer Bevölkerungen in westlichen Gesellschaften verstanden werden – eine Sichtweise, die in rechtspopulistischen Diskursen verbreitet ist.

2. Antimuslimische Diskurse im Kontext postkolonialer und postmigrantischer Gesellschaften

Rassismuskritische Ansätze erweitern die Perspektive und nehmen neben der subjektiven Ebene der Einstellungen, Äußerungen und Verhaltensweisen von Individuen die Wechselwirkung weiterer Ebenen in den Blick, wie Iman Attia hervorhebt: «die strukturelle Ebene (Rassismus als Strukturmerkmal einer Gesellschaft), die Ebene der institutionellen Diskriminierung (Diskriminierung als Effekt einer gängigen Handlung, ohne dass eine Gruppe oder ein Merkmal explizit genannt sein muss), die diskursive Ebene (auch als Ebene der sozialen und kulturellen Repräsentation bezeichnet, die Wissen hervorbringt, Norm und Normalität definiert).»[26] Um die Ablehnung und Abwertung von Musliminnen und Muslimen, die Stereotypisierungen, denen sie diskursiv unterworfen sind, ihre gesellschaftliche Ausgrenzung und strukturelle Diskriminierung adäquat erfassen zu können, bedarf es einer Rückbindung der Analyse an Raum und Zeit. Für die Untersuchung antimuslimischer Diskurse der Gegenwart ist folglich zu berücksichtigen, dass Muslime in Westeuropa eine Minderheit bilden, die sich überwiegend aus Migranten sowie ihren Nachfahren zu-

[24] Runnymede Trust: Islamophobia, a. a. O., 1.
[25] Ebd.
[26] Attia: Privilegien sichern, a. a. O.

sammensetzt. Diese sind entweder aus ehemaligen Kolonien eingewandert, wie in Frankreich oder Großbritannien, oder als Arbeitsmigrantinnen und -migranten sowie Flüchtlinge hierhergekommen, wie es in Deutschland hauptsächlich der Fall ist. Daraus folgt, dass nicht nur Ethnizität, Religion und Kultur wichtige Analysekategorien bei der Erforschung antimuslimischer Diskurse darstellen, sondern auch soziale Klasse bzw. Schichtzugehörigkeit. Dieser Aspekt bildet zum Beispiel einen Unterschied zwischen der Situation in Europa und den USA. Dort haben Muslime – mit Ausnahme der African-American Muslims – einen vergleichbaren sozio-ökonomischen Hintergrund wie die Durchschnittsbevölkerung und gehören damit überwiegend einer gebildeten Mittelschicht mit stabilem Einkommen an.[27] Diese strukturelle Differenz könnte einen Erklärungsansatz dafür liefern, warum in Europa Stereotype über «sozialschmarotzende» Muslime, die ein «parasitäres» Dasein führten, dominanter sind als in den USA, wo häufiger Verschwörungstheorien über vermeintlich einflussreiche Muslime anzutreffen sind. Darunter fällt etwa die Vorstellung, dass Präsident Obama ein heimlicher Muslim sei – ein Verdacht, den laut Umfragen im Jahr 2010 etwa ein Fünftel der Amerikaner hegte.[28]

Im deutschen Kontext ließ sich in den letzten Jahren eine Islamisierung der Debatten um Migration und Integration beobachten, ebenso wie eine Ethnisierung religiöser Zugehörigkeit. Dies zeigt sich darin, dass nun dieselben Bevölkerungsgruppen als Muslime gelten, die vormals als Ausländer wahrgenommen wurden.[29] In den 1960er und 1970er Jahren, so Levent Tezcan in seinen Überlegungen zu den Prozessen der Formierung eines muslimischen Subjekts in Deutschland, firmierten Türken noch «zusam-

[27] Vgl. Raida Chbib: Socioeconomic Integration of Muslims in Germany and the United States, in: American Institute for Contemporary German Studies (Hg.): The Many Sides of Muslim Integration. A German-American Comparison, Washington D. C. 2010, 17–29.

[28] Vgl. Studie des Pew Research Centers for the People & the Press und des Pew Forums on Religion & Public Life «Growing Number of Americans Say Obama is a Muslim. Results from the 2010 Annual Religion and Public Life Survey», http://www.pewforum.org/files/2010/08/growingnumber-full-report. pdf.

[29] Vgl. Riem Spielhaus: Religion und Identität. Vom deutschen Versuch, «Ausländer» zu «Muslimen» zu machen, in: Internationale Politik (2006), H. 3, 28–36.

men mit den Italienern, Spaniern und Griechen unter dem Banner ‹Südländer›».[30] Doch bereits Anfang der 1980er Jahre wurde im bundesdeutschen Migrationsdiskurs Differenz verstärkt entlang der Kategorie Kultur erfasst und eine Hierarchie zwischen «kulturnahen» und «kulturfernen» Ausländern als Topos etabliert, der die Arbeitsmigranten aus europäischen Ländern zumindest auf diskursiver Ebene nach und nach in die «Ingroup» eines abendländischen «Wir» aufsteigen ließ. Im Rahmen sogenannter Leitkultur-Debatten[31] wurde seit der Jahrtausendwende die Kultur und damit inhärent auch die Religion als dominante Grenzmarkierung zwischen «Eigenem» und «Fremdem» bemüht. Dies hängt zum einen sicherlich mit der zunehmenden Sichtbarkeit praktizierender Musliminnen und Muslime, zum Beispiel durch den Bau repräsentativer Moscheen, zusammen und zum anderen mit der medialen Präsenz des Themas Islam und Muslime infolge der Terroranschläge des 11. Septembers 2001. Es fällt jedoch auf, dass die erste Leitkultur-Debatte zeitlich auf die Änderung des Staatsbürgerschaftsrechts 1999 folgte. Die Ergänzung des bis dahin geltenden «Abstammungsprinzips» um das «Geburtsortsprinzip» verleiht in Deutschland geborenen Kindern von Ausländern ein Anrecht auf die deutsche Staatsbürgerschaft. Die Nachkommen von Migranten sind nun von Geburt an Deutsche. Diese Aufweichung des auf «Abstammung» basierenden Nationsverständnisses ging interessanterweise mit neuen Ausgrenzungsmechanismen einher: Die religiöse und kulturelle Identität hat bei der Aushandlung von Zugehörigkeit massiv an Bedeutung gewonnen. Mittels der Vorstellung einer «Leitkultur», die auf eine (nie vollendete) Assimilation des kulturell Anderen abzielt, kann, so der Politikwissenschaftler Hartwig Pautz, auch in Zeiten einer brüchig werdenden «Abstammungsgemeinschaft» die Fiktion einer homogenen Nation aufrechterhalten werden. Denn sie wirkt gemeinschaftsstiftend und schafft zugleich neue Mechanismen der In- und Exklusion.[32]

---

[30] Levent Tezcan: Das muslimische Subjekt. Verfangen im Dialog der Deutschen Islam Konferenz, Konstanz 2012, 13.

[31] Der damalige Fraktionsvorsitzende der CDU, Friedrich Merz, führte den Begriff der «deutschen Leitkultur» im Jahr 2000 in die politische Debatte ein, um damit einen hegemonialen Wertekonsens zu beschreiben, an den sich Einwanderer anzupassen hätten.

[32] Vgl. Hartwig Pautz: Die deutsche Leitkultur. Eine Identitätsdebatte. Neue Rechte, Neorassismus und Normalisierungsbemühungen, Stuttgart 2005.

Antimuslimische Diskurse dienen dabei sowohl der Stabilisierung einer nationalen Gemeinschaftskonstruktion wie auch der Anrufung einer übernationalen «abendländischen» Identität, die im Zuge der europäischen Integration an Bedeutung gewinnt. Die «Pegida»-Demonstrationen illustrieren die Aushandlung der eigenen Identität auf diesen beiden Ebenen – als «patriotische Europäer» und in dem Beharren darauf, «das Volk» zu sein. Diese Abgrenzung gegenüber Muslimen als «unintegrierbare» Minderheit kann als transnationalisierte Form des Rassismus begriffen werden, dem Europa bzw. «das Abendland» als Referenzpunkt dienen und der sich auch in einer Verschiebung in der Benennungspraxis widerspiegelt: Nun sind es nicht mehr vorrangig «die Türken» in Deutschland, «die Pakistaner» in Großbritannien, «die Marokkaner und Algerier» in Frankreich oder «die Bosnier» in Österreich, sondern «die Muslime», die als transnationales Kollektiv als «Andere im Inneren» Europas exkludiert werden. Es ist daher wichtig festzuhalten, dass der gegenwärtige antimuslimische Rassismus sich im Kontext der postkolonialen und postmigrantischen[33] europäischen Gesellschaften nicht gegen eine neue Zielgruppe richtet, sondern sich lediglich verstärkt solcher Begründungszusammenhänge bedient, die auf das Merkmal der Religion rekurrieren.

3. Rassifizierung der Religionszugehörigkeit

Die Rassismusforschung stimmt weitestgehend darin überein, dass mit der steigenden Tabuisierung des «Rasse»-Begriffs in Europa infolge der nationalsozialistischen Verbrechen seine Wirkmächtigkeit nicht nachgelassen hat. Die «Antiquiertheit», so die Soziologin Colette Guillaumin, habe «keineswegs zu bedeuten, daß das, was der Ausdruck umfaßt, in irgendeiner Weise aus der sozialen Realität verschwunden wäre. [...] Er taucht in anderen verbalen Formen wieder auf, und zwar in anderen Worten oder auch

---

[33] Als «postmigrantisch» lassen sich Gesellschaften bezeichnen, «die mit den Effekten der vormals stattgefundenen und möglicherweise auch noch anhaltenden Migration, mit der Pluralisierung ihrer Bevölkerung, ihren gesellschaftlichen Milieus und Lebensstilen hadern.» Riem Spielhaus: Studien in der postmigrantischen Gesellschaft. Eine kritische Auseinandersetzung, in: 4. Bundesfachkongress interkultur_DIVERSITY. Realitäten, Konzepte, Visionen, Hamburg 2014, 97.

in Umschreibungen oder Äquivalenzen. Diese, in ihrer Konzeptualisierung nicht minder unscharf, nehmen das Ensemble der Bedeutungen, der durch den Ausdruck ‹Rasse› herbeigeführten Wahrnehmungen, kurz: die ideologische Ladung wieder auf.»[34]

Seit mehr als zwei Jahrzehnten wird unter dem von Étienne Balibar und Stuart Hall geprägten Schlagwort vom «Rassismus ohne Rassen»[35] eine zunehmende Verschiebung vom biologistisch argumentierenden Rassismus hin zu einem kulturell begründeten Rassismus diskutiert, in dem Kulturen als determinierende, homogene, klar abgrenzbare, statische Konstrukte gedacht werden. Damit geht eine Quasi-Naturalisierung kultureller Eigenschaften einher. «The cultural conception», so David Theo Goldberg, «includes identifying race with language group, religion, group habits, norms or customs. [...] Since World War II [...] the cultural conception of race has tended to eclipse all others.»[36]

Die Verknüpfung von «Rasse», Religion und Kultur ist, wie ein Blick in die Geschichte zeigt, keineswegs neu. Im November 2009 nutzte die Jugendorganisation des französischen Front National für eine Plakatkampagne zur «Verteidigung der nationalen Identität» ein Zitat des ehemaligen Präsidenten Charles de Gaulle, der 1959 die Franzosen als «un peuple européen de race blanche, de culture grecque et latine et de religion chrétienne» bezeichnet hatte.[37]

Dennoch sieht sich, wer von antimuslimischem Rassismus spricht und damit die Diskriminierung von Muslimen *als Muslime* konzeptionell als Rassismus begreift, mit dem Einwand konfrontiert, dass religiöse Identität frei wählbar und damit – anders als die «Hautfarbe» – veränderlich sei. «What this ignores, however», so Nasar Meer und Tariq Modood in ihrer Auseinandersetzung mit diesem Argument, «is that people do not choose to be or not to be born into a Muslim family. Similarly, no one chooses to

34 Colette Guillaumin: Zur Bedeutung des Begriffs «Rasse», in: Nora Räthzel (Hg.): Theorien über Rassismus, Hamburg 2000, 36f.

35 Vgl. Stuart Hall: Rassismus als ideologischer Diskurs, in: Räthzel (Hg.): Theorien über Rassismus, a. a. O., 7–16.; Étienne Balibar: Gibt es einen «Neo-Rassismus»?, in: ders. / Immanuel Wallerstein: Rasse, Klasse, Nation. Ambivalente Identitäten, Hamburg 1992, 23–38.

36 David Theo Goldberg: Racist Culture. Philosophy and the Politics of Meaning, Cambridge 1993, 70f.

37 http://www.lemonde.fr/politique/article/2009/11/27/les-jeunes-du-fn-recuperent-de-gaulle-un-patriote_1272965_823448.html [13.10.2015].

be born into a society in which to look like a Muslim or to be a Muslim creates suspicion, hostility or failure to get the job they applied for.»[38]

Es lohnt sich, einen genaueren Blick darauf zu werfen, wer von antimuslimischem Rassismus betroffen ist. Der Anthropologe Juanid Rana hat zum Beispiel darauf aufmerksam gemacht, dass bei gegenwärtigen Praktiken des Racial-Profilings im Zuge der Bekämpfung des Terrorismus versucht wird zu definieren, wie ein Muslim *aussieht*.[39] Entsprechend plädierte der bekannte US-amerikanische Philosoph und Autor Sam Harris in einem Aufsehen erregenden Blog-Artikel im April 2012 dafür, dass «we should profile Muslims, or anyone who looks like he or she could conceivably be Muslim [at the airport], and we should be honest about it».[40] Dieser Logik zufolge wird die muslimische Identität – und das ist ein entscheidender Faktor – zu einem Merkmal, das man einem Menschen aufgrund seines äußeren Erscheinungsbildes ablesen kann, und zwar unabhängig davon, ob die Person sich selbst mit dem islamischen Glauben identifiziert oder nicht. Die Diskriminierung von Menschen, die als Muslime markiert sind, ist also nicht unbedingt daran gebunden, ob diese Personen den Islam praktizieren. Es sind vielmehr spezifische Merkmale, die zum Stigma werden können – darunter religiöse Kleidung, wie das Kopftuch, aber auch ein bestimmtes Aussehen oder der Name. Im antimuslimischen Rassismus findet also eine Amalgamierung von kulturell-religiösen und somatischen Faktoren statt, die als Hinweis auf eine «fremde», nicht-europäische Herkunft gelesen werden. Für bestimmte als «ethnisch» gefasste Gruppen gilt, dass ihnen – nicht nur in rassistischen Diskursen – die religiöse Markierung als Muslime eingeschrieben ist. Dies betrifft insbesondere Einwanderer sowie ihre Nachkommen aus Herkunftsländern des Nahen und Mittleren Ostens. Die Kategorien Ethnizität, Kultur und Religion können daher weder einfach addiert noch auseinanderdividiert werden, weshalb die Frage, ob sich die Diskriminierung gegen Muslime als Migranten und ethnische Gruppe *oder* gegen Muslime als religiöse

---

[38] Nasar Meer / Tariq Modood: Refutations of racism in the «Muslim question», in: Patterns of Prejudice 43 (2009), H. 3–4, 345.

[39] Vgl. Juanid Rana: The Story of Islamophobia, in: Souls. A Critical Journal of Black Politics, Culture and Society 2 (2007), 149.

[40] Sam Harris: In defense of Profiling, in: Sam Harris Blog vom 28.4.2012, http://www.samharris.org/blog/item/in-defense-of-profiling.

Gruppe richtet,[41] in die Irre führt. Vielmehr muss in einem intersektionalen Verständnis des antimuslimischen Rassismus davon ausgegangen werden, dass diese Zuschreibungen fest miteinander verflochten sind. Das zeigt sich beispielsweise in der synonymen Verwendung der Bezeichnungen «Türke», «Araber», «Migrant» und «Muslim», wie sie in medialen, politischen und auch wissenschaftlichen Diskursen auftritt. «The Islamic identity – in principle religious and therefore voluntary – becomes involuntary as soon as Muslims are racialized»,[42] resümiert Fernando Bravo López. Den Prozess der Rassifizierung definieren die Soziologen Steve Garner und Saher Selod als «ascribing sets of characteristics viewed as inherent to members of a group because of their physical or cultural traits. [...] The characteristics thus emerge as ‹racial› as an outcome of the process.»[43] Diese Analyseperspektive unterläuft zudem die binäre Vorstellung, wonach religiöse Zugehörigkeit nie körperlich und «Rasse» ausschließlich körperlich sei, so Garner und Selod.[44]

Während der Report des Runnymede Trust noch eine klare Unterscheidung zwischen rassistischen und antimuslimischen Übergriffen (zum Beispiel auf Moscheen)[45] propagierte, da Muslime keiner «Rasse» angehörten, wird «Islamophobia» in der angelsächsischen Forschung mittlerweile verstärkt aus einer rassismustheoretischen Perspektive heraus definiert «as a composite of cultural racism that facilitates the racialisation of Muslim minorities».[46]

4. Die Rolle der Religion im antimuslimischen Rassismus

Welchen Stellenwert nimmt nun aber die Religion im antimuslimischen Rassismus ein? Ein häufiger Vorwurf gegenüber den Begriffen Islamophobie und Islamfeindlichkeit lautet, dass diese in die Irre führten, weil sie

41 Vgl. Marc Helbig: Islamophobia in the West, in: ders. (Hg.), Islamophobia in the West. Measuring and Explaining Individual Attitudes, London 2012, 5.

42 Bravo López: Towards a definition of Islamophobia, a. a. O., 558.

43 Steve Garner / Saher Selod: The Racialization of Muslims. Empirical Studies of Islamophobia, in: Critical Sociology 41 (2015), 1, 12.

44 Vgl. a. a. O., 11.

45 Vgl. Runnymede Trust: Islamophobia, a. a. O.,40.

46 Nasar Meer: Key Concepts in Race and Ethnicity, London u. a. 2014, 71.

den Islam als Objekt der Diskriminierung in den Mittelpunkt rückten statt der Musliminnen und Muslime. Denn «the enemy is not a faith or a culture, but a people»[47], so der Politikwissenschaftler Fred Halliday, der als einer der ersten eine Kritik am Islamophobie-Report des Runnymede Trust formulierte und für den Begriff «anti-Muslimism»[48] plädierte. Auch Armin Pfahl-Traughber favorisiert den Begriff «Antimuslimismus» als Alternativ-Bezeichnung. Seine Ablehnung des Islamophobie-Konzepts zielt in erster Linie darauf, dass eine legitime Religionskritik durch den Islamophobie-Vorwurf unterbunden werde, da «Einstellungen gegenüber Menschen mit Haltungen gegenüber einer Religion» vermischt würden.[49] «Die Feindschaft gegenüber einer Religion muss demgegenüber nicht mit der Benachteiligung von deren Anhängern verbunden sein, fordern doch heutige Atheisten auch keine Einschränkung der Grundrechte von Christen»[50], so Pfahl-Traughber. Eine solche Analogie blendet die Machtverhältnisse innerhalb christlich dominierter Gesellschaften und die besondere Verletzlichkeit von Minderheiten aus. Zudem bleibt hier unberücksichtigt, dass eine rhetorische «Umwegkommunikation», die vorgeblich nur den Islam angreift, mitunter als Argumentationsfigur bemüht wird, um dem Rassismusvorwurf zu entgehen. Deutlich wird dies beispielsweise in der Selbstbezeichnung rechtspopulistischer Akteure als «Islamkritiker». Der Begriff dient ihnen zur Rechtfertigung antimuslimischer Ressentiments als Form der Religionskritik, wobei schon der fehlende Gebrauch analoger Komposita wie «Christentumskritik», «Judentumskritik» oder «Hinduismuskritik» darauf hindeutet, dass der Islam herausgegriffen wird und es nicht um eine generelle Kritik an Religionen als Glaubenssysteme geht (die selbstverständlich auch im Hinblick auf den Islam legitim ist, der, wie alle monotheistischen Religionen, auf einem Wahrheitsanspruch gründet und patriarchal strukturiert ist).

Um Kritik von rassistischen Argumentationsweisen unterscheiden zu können, reicht das Kriterium, dass «nur» der Islam angeprangert wird, daher nicht aus. Es bedarf vielmehr einer genaueren Analyse des jeweiligen

[47] Fred Halliday: «Islamophobia» reconsidered, in: Ethnic and Racial Studies 22 (1999), 898.

[48] Vgl. ders.: Islam and the Myth of Confrontation. Religion and Politics in the Middle East, London / New York 2003, 160 ff.

[49] Pfahl-Traughber: Die fehlende Trennschärfe des «Islamophobie»-Konzepts, a. a. O., 17.

[50] A. a. O., 20.

Kontextes, in dem die Kritik – von wem? und mit welcher Motivation? – geäußert wird, und der Funktion, die ein Argument darin einnimmt. Denn es fällt auf, dass die hierarchisierende Auffassung, der Islam sei keine «richtige» bzw. «aufgeklärte» Religion (im Gegensatz zum Christentum), dazu benutzt wird, Muslimen ihre Grundrechte zu verweigern und sie aus der Gesellschaft auszuschließen. Bei den «Pegida»-Demonstrationen wurden beispielsweise Plakate hochgehalten mit der Aufschrift «Islam = Karzinom». Der Islam wird auf diese Weise mit einer tödlichen Krankheit gleichgesetzt. Da «der Islam» aber kein sozialer Akteur ist, stellt sich die Frage, ob Musliminnen und Muslime hier nicht zwangsläufig mitgemeint sind, wenn ihre Religion *pars pro toto* attackiert wird. «Neither Muslims nor Islam exist without the other, so it is not really possible to separate hatred of Muslims from a hatred of Islam»,[51] so die Überzeugung der Rassismusforscher Robert Miles und Michael Brown. Und auch der Philosoph Brian Klug weist darauf hin: «of course, a distinction can be made between a people and an idea. But when the people in question are identified – both by themselves and by their enemy – by that very idea, the distinction starts to lose its difference.»[52]

Die Ablehnung des islamischen Glaubens hat vor allem dann Konsequenzen für als Muslime markierte Menschen, wenn der Begriff der Religion in einer ähnlich deterministischen Art und Weise verwendet wird wie der Kulturbegriff und ihr gesamtes Verhalten vor dem Hintergrund der tatsächlichen oder zugeschriebenen Religionszugehörigkeit gedeutet wird. Dann münden die essentialisierenden «Wesenseigenschaften», die am Islam kritisiert werden, ohne größere Argumentationsbrüche in Vorstellungen über einen Kollektivcharakter «der Muslime». Solche Wechselwirkungen zwischen dem Ressentiment gegen eine Religion und dem Ressentiment gegen die Mitglieder der betreffenden Religionsgemeinschaft sind aus dem Antisemitismus bekannt. Dort zielt der Verweis auf den «rachsüchtigen» alttestamentarischen Gott darauf ab, diese vermeintliche Charaktereigenschaft ihres Gottes auch auf Jüdinnen und Juden zu übertragen. Es besteht also ein nicht zu vernachlässigender Zusammenhang zwischen dem Bild, das Außenstehende sich von einer Religion machen und dem Bild, das sie von deren Anhängern haben. Mechanismen, die zur

---

51 Robert Miles / Malcolm Brown: Racism, London / New York 22003, 166.

52 Brian Klug: Islamophobia. A concept comes of age, in: Ethnicities 12 (2012), 676.

Stigmatisierung und Ausgrenzung einer Minderheit über den Weg des Attackierens der Religion führen, mit der diese Minderheit assoziiert wird, müssen daher in der Analyse Berücksichtigung finden.

Besonders deutlich wird dieser Zusammenhang bei der näheren Betrachtung des Islamisierungsvorwurfs, wie er von «Pegida» und seit einigen Jahren von einer europaweit vernetzten rechtspopulistischen Szene erhoben wird.[53] Der Blogger und Aktivist, der unter dem Alias Michael Mannheimer auftritt, warnte in seiner Rede bei der «Wügida»-Demonstration in Würzburg am 5. Januar 2015, die auf der äußerst populären islamfeindlichen Webseite «Politically Incorrect» als Video hochgeladen wurde: «In Pforzheim sind 90 % aller Kinder unter drei Jahren nicht mehr deutsch, sondern islamisch. Wollen wir eine solche Zukunft haben?»[54] Auf der Facebook-Seite von «Pegida» in Österreich findet sich ebenfalls eine aufschlussreiche Präzisierung dessen, was unter «Islamisierung» verstanden wird: «Dass die Islamisierung entgegen gebetsmühlenartiger Beteuerungen der etablierten Politik eben kein Hirngespinst ist, zeigen Zahlen und Fakten. […] 2008 waren in Österreich bereits 14 % der Neugeborenen Kinder muslimischer Eltern. […] In Wien stammten bereits 2008 24 % der Neugeborenen aus muslimischen Familien.»[55]

Äußerungen wie diese verdeutlichen, dass mit der drohenden «Islamisierung» nicht die Ausbreitung einer repressiven Religionspraxis gemeint ist, sondern die physische Präsenz muslimisch markierter Migrantinnen und Migranten sowie ihrer Nachkommen. Die abgelehnte Gruppe wird damit als «Abstammungsgemeinschaft» und weniger als Religionsgemeinschaft adressiert. Die Motivation für diese «Islamkritik» liegt also in der mal explizit und mal implizit formulierten Sehnsucht nach Verringerung des muslimischen Bevölkerungsanteils.

Verknüpft werden solche Argumentationsweisen mit einem Feindbild Multikulturalismus – auf den «Pegida»-Demonstrationen visualisiert durch Plakate mit der Aufschrift «Multikulti stoppen». Jede «Kultur» hat dieser Wahrnehmung zufolge ihre «natürliche Heimat», alle Kulturen werden so

---

[53] Vgl. Iman Attia / Alexander Häusler / Yasemin Shooman: Antimuslimischer Rassismus am rechten Rand, Münster 2014.

[54] http://www.pi-news.net/2015/01/wuerzburg-mannheimer-ruft-zum-widerstand-auf/.

[55] https://www.facebook.com/pegida.at.

mit spezifischen geografischen Regionen identifiziert. Die «islamische Kultur» gehört demnach nicht nach Europa, bildet hier einen Fremdkörper und eine Bedrohung – so das Narrativ. «In an era where the concept of race is taboo and the charge of racism diluted, contested and inverted, multiculturalism provides a discursive space for debating questions of race, culture, legitimacy and belonging»,[56] so Alana Lentin und Gavan Titley in ihrer Analyse der Krise des Multikulturalismus. Indem der Fokus beim Islamisierungsvorwurf auf die islamische Religion gelegt wird, wird die ihm zugrunde liegende Abwehrhaltung gegen eine pluralistische Gesellschaft und Sehnsucht nach nationaler Homogenität verschleiert.

5. Fazit

Die Analyse zeigt, dass es verkürzt wäre, antimuslimische Argumentationen vornehmlich auf Kontroversen um religiöse Fragen zurückzuführen und damit auf eine Form der religiösen Intoleranz zu reduzieren. Die Konfliktursachen sind nicht in den Fragen nach dem richtigen Gott begründet oder dem Vorwurf einem falschen Propheten anzuhängen. In Gesellschaften, in denen Zugehörigkeitsfragen, die Verteilung von materiellen und symbolischen Ressourcen und die soziale Stellung kulturell-religiös-ethnischer Minderheiten ausgehandelt werden, gilt es vielmehr, Fragen des Rassismus in die Analyse miteinzubeziehen. Zugleich muss festgehalten werden, dass der antimuslimische Rassismus Menschen *als Muslime* angreift und nicht als Migranten[57] – die Kategorie Religion spielt daher ebenfalls eine wichtige Rolle. Musliminnen und Muslime werden in antimuslimischen Diskursen abgelehnt oder als Bedrohung empfunden, weil ihr gesamtes, insbesondere negatives, Verhalten mit dem Islam als einzigem determinierendem Faktor erklärt wird. Dabei handelt es sich um einen charakteristischen Mechanismus des kulturell begründeten Rassismus, der kulturelle Zugehörigkeit naturalisiert. Kennzeichnend für den

---

[56] Alana Lentin / Gavan Titley: The Crisis of Multiculturalism. Racism in a Neoliberal Age, London 2011, 3.

[57] Vgl. Bram Spruyt / Mark Elchardus: Are anti-Muslim feelings more widespread than anti-foreigner feelings? Evidence from two split-sample experiments, in: Ethnicities 12 (2012), H. 6, 800–820.

antimuslimischen Rassismus sind daher Vorstellungen, die auf eine Essentialisierung, Dichotomisierung und Hierarchisierung von Kulturen und Religionen hinauslaufen.

Ein Teil der heutigen Konflikte um den Islam und Muslime in westlichen Gesellschaften lässt sich darüber hinaus durch eine voranschreitende gesellschaftliche Partizipation erklären. Dies erscheint zunächst paradox, da einer der Hauptvorwürfe an Muslime ihr vermeintlicher Mangel an Integration ist. Doch Integration im Sinne von Partizipation zieht auch Dominanzkonflikte nach sich. Antimuslimische Diskurse sind daher durchzogen von dem Bedürfnis, Musliminnen und Muslime auf einen gesellschaftlich untergeordneten Rang zu verweisen sowie ihre Zugehörigkeit zur deutschen und europäischen Gesellschaft zu negieren. Als solches besitzt der antimuslimische Rassismus eine integrierende Funktion bei der Anrufung einer gemeinsamen europäisch-abendländischen Identität als auch Mobilisierungpotential für die politische Rechte,[58] wie aktuell die Protestbewegung der «Patriotischen Europäer gegen die Islamisierung des Abendlandes» illustriert.

---

[58] Vgl. Farid Hafez: Shifting borders. Islamophobia as common ground for building pan-European right-wing unity, in: Patterns of Prejudice 48 (2014), H. 5, 479–499.

Reinhold Bernhardt

Der Kampf um die Deutungshoheit. Religionstheologische Überlegungen im Rückblick auf den Schweizer Minarettstreit

Im Schweizer Minarettstreit im Jahre 2009 ging es nicht um Moscheebauten im Allgemeinen und schon gar nicht um bestimmte Bauprojekte, sondern um die Frage, ob die Schweizerische Bundesverfassung um einen Artikel erweitert werden sollte, der den Bau von Minaretten grundsätzlich verbietet. Dennoch – und vielleicht gerade deshalb – bietet dieser Streit eine aufschlussreiche Materialgrundlage, um Auseinandersetzungen zu analysieren, die sich in ähnlicher Weise bei Moscheebauprojekten – auch in anderen Ländern – ereignen.[1]

Ich will in einem ersten Schritt die Auseinandersetzung einer rückblickenden Betrachtung unterziehen, dabei die seither vorgelegten Analysen mit einbeziehen und vor allem die Motive herausarbeiten, die zu dem für alle Beteiligten überraschenden Abstimmungsergebnis geführt haben. Im zweiten Schritt gehe ich auf die Beiträge von kirchlicher Seite zu dieser

---

[1] Es gibt eine Fülle von ausgezeichneten Analysen und Beiträgen zu dieser Auseinandersetzung aus juristischer, politologischer, sozialwissenschaftlicher, historischer, islam- und religionswissenschaftlicher Sicht. Ich nenne exemplarisch: Ralph Zimmermann: Zur Minarettverbotsinitiative in der Schweiz, in: ZaöRV 69 (2009), 829–864; Mathias Tanner / Felix Müller / Frank Mathwig / Wolfgang Lienemann (Hg.): Streit um das Minarett. Zusammenleben in der religiös pluralistischen Gesellschaft, Zürich 2009; Christian Danz / André Ritter (Hg.): Zwischen Kruzifix und Minarett. Religion im Focus der Öffentlichkeit, Münster 2012; Oliver Wäckerlig / Rafael Walthert: Islamophobe Wahlverwandtschaften. Deutungsmuster, Akteure und Strategien der Schweizer Minarettopposition, in: Dorothea Lüddeckens / Christoph Uehlinger / Rafael Walthert (Hg.): Die Sichtbarkeit religiöser Identität. Repräsentation – Differenz – Konflikt, Zürich 2013, 349–390; Martin Baumann / Andreas Tunger-Zanetti: Wenn Religionen Häuser bauen: Sakralbauten, Kontroversen und öffentlicher Raum in der Schweizer Demokratie, in: Martin Baumann / Frank Neubert (Hg.): Religionspolitik – Öffentlichkeit – Wissenschaft. Studien zur Neuformierung von Religion in der Gegenwart, Zürich 2010, 151–188.

Debatte ein und verweise drittens auf einen theologischen Klärungsbedarf.[2]

1. Der Schweizer Minarettstreit als Debatte um den Islam

Am 29. November 2009 votierten 57,5 % der Abstimmungsberechtigten dafür[3], den Artikel 72 der Schweizerischen Bundesverfassung, der die Beziehung zwischen Kirche und Staat regelt, um den Satz zu ergänzen: «Der Bau von Minaretten ist verboten». Die politischen und rechtlichen Rahmenbedingungen in der Eidgenossenschaft, die eine solche Verfassungsänderung durch das Volk möglich machen, unterscheiden sich deutlich von denen in Österreich und Deutschland, was sich aus den unterschiedlichen Geschichtserfahrungen erklärt. Das Prinzip der Demokratie steht in der Schweiz über der Verfassung. Das Volk als Souverän kann die Verfassung ändern und auf diesem Wege auch Grundrechte einschränken. So führte dieser Abstimmungskampf auch vor die politischen Fragen nach dem Verhältnis von Demokratie und Rechtsstaatlichkeit sowie nach den Gefahren und Grenzen einer möglicherweise zu weit gehenden Volkssouveränität, wie auch vor die juristische Frage nach dem Verhältnis von Völkerrecht und Bundesverfassung.[4] Dieser Themenkreis soll in der folgenden Darstellung aber keine Rolle spielen. Ich beschränke das Blickfeld auf den gesellschaftlichen und medialen Diskurs um die Minarettbauverbotsinitiative[5].

---

[2] Ich danke Matthias Wüthrich und Mathias Tanner für ihre wertvollen Anregungen zu diesem Beitrag.

[3] Von damals insgesamt 7,6 Millionen Einwohnern haben sich 1 534 054 Abstimmende für das Verbot des Baus von weiteren Minaretten in der Schweiz ausgesprochen. Die Stimmbeteiligung lag bei überdurchschnittlichen 53,4 %.

[4] Siehe dazu: Judith Könemann / Ansgar Jödicke: Bedingungen und Möglichkeiten der Partizipation religiöser Akteure an demokratischer Meinungsbildung. Das Beispiel Schweizer Volksabstimmungen, in: Karl Gabriel u. a. (Hg.): Modelle des religiösen Pluralismus. Historische, religionssoziologische und religionspolitische Perspektiven, Paderborn 2012, 181–206.

[5] Konflikte um Moscheebauten gab es in der Schweiz nur an zwei Orten, in Wangen bei Olten und in Langenthal. Der Konflikt in Wangen hat die Minarettverbotsiniative maßgeblich stimuliert. Siehe dazu: Felix Müller / Mathias Tanner: Muslime, Minarette und die Minarettinitiative in der Schweiz: Grundlagen, in:

Der Abstimmung vorausgegangen war eine monatelange heftige Diskussion. Von den Initianten so gewollt und von den Medien bereitwillig aufgegriffen, wurde aus der Minarett-Diskussion eine allgemeine Islamdebatte. Diese kreiste um die zunehmende Präsenz des Islam in der schweizerischen Gesellschaft, die als Bedrohung für die eidgenössische Identität dieser Gesellschaft empfunden wurde. Die in der Debatte vorgebrachten Argumente waren die *eine* Seite der Medaille, die Emotionen, die sich darin oder eher dahinter verbargen, ein andere. Rationalität und Emotionalität lagen dicht beieinander und machten ihre besondere Brisanz aus. Im emotionalen Untergrund rumorten Ängste vor einer Überfremdung der schweizerischen Gesellschaft, vor dem Verlust ihrer kulturellen Prägung, vor der Etablierung einer muslimischen Parallelgesellschaft, vor der Aushöhlung des Rechtssystems durch Sonderregelungen für Muslime, vor Ausländer-Kriminalität und religiös motivierten Gewaltdelikten.

Der Islam galt und gilt vielen dabei als archaische und patriarchale Religion, die Gewalt fördert, das Gewaltmonopol des Staates sowie die Trennung von Religion und Politik nicht anerkennt, mit den Grundsätzen des Rechtsstaats nicht kompatibel ist, die Gleichberechtigung von Frauen und Männern missachtet, die Bildungschancen von Mädchen beschneidet, repressive Sozialstrukturen, Zwangsehen und sogenannte Ehrenmorde unterstützt. Diese Themen dominierten die Diskussion.

Im Zentrum der Auseinandersetzung stand die Unterstellung, «der Islam» strebe nach Ausbreitung in der Gesellschaft und ziele letztlich auf eine politische Machtergreifung. Das Minarett sei kein religiöses, sondern ein politisches Symbol; in ihm manifestiere sich der Machtanspruch des Islam. Überhaupt sei der Islam weniger eine Religion als eine politische und gesellschaftliche Ideologie.

---

dies. u. a. (Hg.): Streit um das Minarett, a. a. O., 32–39; Mathias Tanner: Minarett-Konflikte – Untersuchung ihrer Hintergründe und der Möglichkeiten von Mediation zu ihrer Bearbeitung, in: ders. u. a. (Hg.): Streit um das Minarett, a. a. O., 225–253; Annegret Kestler: Steine des Anstoßes. Diskurse um religiöse Gebäude und Bauvorhaben in der Schweiz, in: Lüddeckens u. a. (Hg.): Die Sichtbarkeit religiöser Identität, a. a. O., 271–311; Oliver Wäckerlig: Das Fanal von Wangen. Diskursanalyse des Konflikts um ein Minarett, in: Lüddeckens u. a. (Hg.): Die Sichtbarkeit religiöser Identität, a. a. O., 313–348. Ders.: Das Fanal von Wangen. Der Schweizer Minarettdiskurs – Ursache und Folgen, Saarbrücken 2014, download unter https://www.academia.edu/6024793/Das_Fanal_von_Wangen_Der_Schweizer_Minarettdiskurs_-_Ursachen_und_Folgen [15.03.2015].

Um diese Unterstellung zu untermauern, griff man u. a. auf eine Äußerung des türkischen Ministerpräsidenten Recep Tayyip Erdoğan zurück, der 1997 als Bürgermeister von Istanbul in einer Rede im ostanatolischen Siirt aus einem Gedicht des türkischen Schriftstellers Ziya Gökalp (1875–1924) zitiert hatte: «Die Moscheen sind unsere Kasernen, die Minarette unsere Bajonette, die Kuppeln unsere Helme und die Gläubigen unsere Soldaten.» – Dass ihn das Staatssicherheitsgericht Diyarbakir dafür 1998 wegen Volksverhetzung anklagte und zu zehn Monaten Haft verurteilte – was im Westen als Verstoß gegen die Meinungsfreiheit empfunden wurde! – spielte bei der Rezeption in der Schweiz ebenso wenig eine Rolle wie die Tatsache, dass das zitierte Gedicht nicht gegen andere Religionen und Kulturen, sondern an die Adresse des Militärs gerichtet war.

Stimmen von prominenten islamkritischen Muslimen wurden von den Befürwortern der Initiative gerne aufgenommen und verstärkt: So hatte Ayaan Hirsi Ali – eine gebürtige Somalierin, die als Abgeordnete des niederländischen Parlaments auf Grund ihrer Islamkritik Morddrohungen erhielt und untertauchen musste – davor gewarnt, im Minarett ein religiöses Symbol zu sehen. «Für sie handelt es sich um ein brandgefährliches politisches Symbol, vergleichbar nur dem Hakenkreuz der Nazis oder Hammer und Sichel des Kommunismus. Entsprechend betrachtet sie den Islam als religiös getarnten Kampfverband, als eine totalitäre politische Theologie, die unter dem Schleier spiritueller Erbauung auf faktische Welteroberung zielt. Deshalb muss die Religion, die keine ist, aufgeklärt und, so darf man ergänzen, zum Verschwinden gebracht werden.»[6]

Das Minarett war der Symbolträger dieser emotional aufgeladenen Kampagne. Es ging nicht um das Gebäude, sondern um seine symbolische Aufladung und damit immer auch um die Deutungshoheit über das Minarett: Wer bestimmt, wofür es steht? Die Befürworter der Initiative nahmen diese symbolische Aufladung vor, indem sie das Schreckgespenst der «Islamisierung» der Schweiz, verbunden mit der Einführung der Scharia beschworen. «Scharia» stand dabei für Antidemokratie, Antirechtsstaatlichkeit, Antiliberalität und Antihumanität. Die Gegner verwiesen demge-

---

[6] Thomas Assheuer: Hochmut der Vernunft. Warum findet das Schweizer Minarett-Verbot so viel Applaus? Über den Aufklärungs-Fundamentalismus liberaler Intellektueller, in: ZEIT 52, 2009, (http://www.zeit.de/2009/52/Minarette [15.03.2015]).

genüber darauf, dass es sich beim Minarett um ein kulturelles und religiöses Symbol handele, das den Muslimen hierzulande ein Stück Heimat biete und für den islamischen Glauben stehe, dass es nur einen Gott gibt.[7]

Es ging den Initiatoren nicht um religiöse Motive im Allgemeinen oder um die Verteidigung des Christentums im Besonderen. Die Auseinandersetzung wurde ganz auf der gesellschaftspolitischen Ebene geführt. Zwar spielten die Schlagworte von der «christlichen Leitkultur», dem «christlichen Abendland» oder den «christlichen Werten» eine wichtige Rolle in der Debatte, aber diese wurden weniger von kirchlichen Akteuren, als von politischen Interessengruppen ins Feld geführt, in der Regel, ohne sie inhaltlich zu füllen. Kirche und Christentum wurden vereinnahmt und zu Symbolträgern traditioneller «schweizerischer» Werte stilisiert. Der Kirchturm fungierte als Gegensymbol zum Minarett.

In einem noch vor der Abstimmung publizierten Beitrag fasst Wolfgang Lienemann die Kampagne zutreffend zusammen: «Die Anti-Minarett-Initiative schürt primär Ängste, statt zur Erkenntnis und Aufklärung des sozialen Wandels beizutragen. Sie bedient sich dazu populistischer Kommunikationstechniken, die mit unvollständigen Informationen, gezielt eingesetzten Feindbildern, schlagwortartigen Verallgemeinerungen, suggestiven Stereotypen, dem Appell an das ‹Volk› im Gegensatz zu seinen gewählten Repräsentanten (‹die in Bern›) und der Verweigerung differenziertere Problemwahrnehmungen arbeiten».[8]

Die Diskursanalyse zeigt, dass die Debatte von den daran beteiligten Gruppierungen auf verschiedenen Ebenen geführt wurde. Während sich die Medien nur allzu bereitwillig auf die emotionalisierende Ausdehnung der Minarettdebatte zu einer Generaldebatte über den Islam einließen, wurde die Diskussion von den politischen und auch kirchlichen Instanzen – mit dem Ziel der Versachlichung – enggeführt und vor allem auf die juristischen (d. h. die staats-, verfassungs- und völkerrechtlichen) Aspekte der Initiative fokussiert. Sie wiesen darauf hin, dass die Annahme der Initiative zu einem Konflikt mit dem Grundrecht der Religionsfreiheit füh-

---

[7] So der stellvertretende Vorsitzende der türkischen Religionsbehörde *Diyanet*, Mehmet Görmez, in der Zeitung «Zaman» (zitiert in: Michael Martens: Kampf der Symbole, in: FAZ vom 01.12.2009 (http://www.faz.net/aktuell/politik/minarette-kampf-der-symbole-1885069.html [15.03.2015])

[8] Wolfgang Lienemann: Argumente für ein Minarettverbot? Eine kritische Analyse, in: Tanner u. a. (Hg.): Streit um das Minarett, a. a. O., 134.

ren, Minderheitsrechte verletzen und gegen den Grundsatz der Rechtsgleichheit bzw. das Diskriminierungsverbot verstoßen würde. Denn hier sollte ein bestimmtes Gebäude bzw. ein Gebäudeteil einer bestimmten Religionsgemeinschaft verboten werden.

Die Befürworter ließen diese juristischen Einwände u. a. mit dem Argument abprallen, eine Einschränkung der Religionsfreiheit sei möglich auf der Grundlage der Verfassungs-Artikel 36.2 («Grundrechte können eingeschränkt werden, wenn ein öffentliches Interesse daran besteht oder Grundrechte Dritter geschützt werden müssen») und 72.2 («Bund und Kantone können im Rahmen ihrer Zuständigkeit Maßnahmen treffen zur Wahrung des öffentlichen Friedens zwischen den Angehörigen der verschiedenen Religionsgemeinschaften»). Einige argumentierten sogar, das Verbot des Baus von Minaretten stelle keine *Einschränkung* der Religionsfreiheit dar, sondern ein Instrument zu deren langfristigen *Sicherung*, weil es einer Ideologie Einhalt gebiete, die gegen die Religionsfreiheit gerichtet sei. Dem fundamentalistischen Missbrauch der Religionsfreiheit sei damit gewehrt. Auf diese Weise wurden aus der von ihnen vertretenen Grundüberzeugung, dass der Islam eine nach politischer Dominanz strebende Ideologie sei, juristische Konsequenzen gezogen.

Die erwähnten juristischen Argumente entfalteten aber in der Bevölkerung kaum Überzeugungskraft. Im Gegenteil arbeiteten sie den Befürwortern unterschwellig sogar in die Hände. Denn diesen ging es letztlich genau um die Zurückdrängung einer bestimmten Religionsgemeinschaft aus dem öffentlichen Raum. Sie bestritten, dass es sich dabei um eine Diskriminierung handele. Das Minarettbauverbot sei vielmehr Ausdruck eines legitimen Schutzbedürfnisses der Mehrheitsgesellschaft.

Samuel-Martin Behloul zeigt, wie schon bei früheren Volksabstimmungen in der Schweiz zu Fragen der Migration und Integrationspolitik die «Islam-Frage» den Diskurs dominierte und sich das immer gleiche Reaktionsschema dabei beobachten lässt: «die Verteidigung der liberalen und toleranten Gesellschaft gegen die Gefahr fundamentalistisch-patriarchaler Sitten einer fremden, uneuropäischen Religion.»[9] Die Diskurse wurden

---

[9] Samuel-Martin Behloul: Islam Diskurs nach 9/11. Die Mutter aller Diskurse? Zur Interdependenz von Religionsdiskurs und Religionsverständnis, in: Wolfgang W. Müller (Hg.): Christentum und Islam – Plädoyer für den Dialog, Zürich 2009, 229–265, bes.: 257–263, Zitat: 257. Siehe auch ders: u. a. (Hg.): Debating Islam. Negotiating Religion, Europe and the Self, Bielefeld 2013.

islamisiert, was entscheidenden Einfluss auf den Ausgang der Abstimmungen hatte. Der Islam steht im öffentlichen Diskurs «paradigmatisch für ein fremdes, außereuropäisches Phänomen und mithin auch für ein anderes, mit dem europäischen Wertesystem inkompatibles Wertesystem.»[10]

Nach der «Vox-Analyse»[11] zur Abstimmung vom 29. November 2009 nannten die Befürworter als wichtigstes Entscheidungsmotiv die Absicht, «ein Zeichen gegen die Ausbreitung des Islam und des von ihm propagierten Gesellschaftsmodells zu setzen.»[12] Das zu setzende Zeichen sollte sich nicht gegen *Muslime* in der Schweiz, sondern gegen den *Islam* in der Schweiz und weltweit richten. «Konkrete Kritik an den in der Schweiz lebenden Muslimen gaben nur 15 % der Ja-Stimmenden als Entscheidmotiv an.»[13] 64 % der nach der Abstimmung repräsentativ Befragten waren davon überzeugt, dass sich die schweizerische und die islamische Lebensweise gut vertragen. Und trotzdem hat die Hälfte derer, sie sich so äußerten, der Initiative zugestimmt. Selbst von denjenigen, die sich für eine weltoffene und moderne Schweiz einsetzten, haben rund 40 % für das Minarettbauverbot gestimmt. Es ging dieser Gruppe um die mit dem «Islam» assoziierten sozialen Muster (etwa in den Geschlechterbeziehungen), die in ihren Augen nicht mit einer liberalen, auf Geschlechtergerechtigkeit beruhenden Lebensweise kompatibel sind. Deshalb greift es zu kurz, wenn Christoph Uehlinger Minarettbauten «als Gradmesser für die gesellschaftliche Akzeptanz einer bestimmten Gemeinschaft betrachtet».[14]

---

[10] Behloul: Islam Diskurs nach 9/11, a. a. O., 259.

[11] Die Erhebung erfolgt durch das Forschungsinstitut gfs.bern. Die erhobenen Daten werden im Turnus durch die politikwissenschaftlichen Institute der Universitäten Bern, Zürich und Genf analysiert. Zur Analyse des Abstimmungsergebnisses siehe auch: Adrian Vatter / Thomas Milic / Hans Hirter: Das Stimmverhalten bei der Minarettverbots-Initiative unter der Lupe, in: Adrian Vatter (Hg.): Vom Schächt- zum Minarettverbot. Religiöse Minderheiten in der direkten Demokratie, Zürich 2011, 144–170; Anna Christmann / Deniz Danaci / Oliver Krömler: Ein Sonderfall? Das Stimmverhalten bei der Minarettverbots-Initiative im Vergleich zu anderen Abstimmungen und Sachfragen, in: Adrian Vatter (Hg.): Vom Schächt- zum Minarettverbot, Zürich 2011, 171–190.

[12] VOX-Analyse der eidgenössischen Abstimmungen vom 29. November 2009 (http://www.gfsbern.ch/de-ch/Shop/c/vox/p/vox-101-de [15.03.2015].

[13] Ebd.

[14] Christoph Uehlinger: Coming out. Zum Verhältnis von Sichtbarmachung und Anerkennung im Kontext religiöser Repräsentationspraktiken und

In der Minarettdebatte waren sie Gradmesser für die Akzeptanz einer bestimmten *Religion* und der mit ihr verbundenen Kultur.

Bei der Diskursanalyse verdient die *Rolle der Medien* in dieser Debatte besondere Beachtung. Eine Medienanalyse des «Forschungsinstituts Öffentlichkeit und Gesellschaft», das der Universität Zürich assoziiert ist[15], arbeitete heraus, dass drei Viertel der öffentlichen Resonanz zugunsten der Befürworter der Initiative ausgefallen ist und dass in nur einem Viertel der Berichterstattung die Gegner zu Wort gekommen sind. Diese haben zudem den Stereotypen der Initianten über den Islam kaum je widersprochen, sondern zumeist moralisch und juristisch argumentiert. «Die eher moralische Argumentation der Initiativgegner konnte sich gegen die Darstellung einer schleichenden Islamisierung der Befürworter offensichtlich nicht durchsetzen»[16], heißt es in der Medienanalyse.

Das hat wiederum einen Grund, der von den Medien selbst mit zu verantworten ist. Schon lange vor der hitzigen Diskussion um die Initiative im Jahre 2009 war die Medienberichterstattung über den Islam von internationalen Konflikten bestimmt, für die muslimische Akteure verantwortlich oder mitverantwortlich gemacht wurden. In einem von Patrik Ettinger im Jahre 2008 verfassten Diskussionspapier des «Forschungsinstituts Öffentlichkeit und Gesellschaft» unter dem Titel «The problematisation of Muslims in public communication in Switzerland» heißt es: «The media coverage of Muslims is defined by the high-resonance focus on international wars and conflicts as well as their corresponding frames».[17]

In der Medienberichterstattung im Vorfeld der Minarettbauverbotsinitiative setzte sich diese Tendenz fort. Es wurde weniger das Leben der muslimischen Gemeinschaften in der Schweiz dargestellt und eher «der Islam» als Ursache religiös motivierter Konflikte auf der Weltbühne thematisiert. Das in den Medien gezeichnete Bild der Muslime war zudem durch «über-

Blickregimes, in: Lüddeckens u. a. (Hg.): Die Sichtbarkeit religiöser Identität, a. a. O., 160.

15 http://www.foeg.uzh.ch/analyse/archiv/Debatte_Minarettinitiative.pdf [15.03.2015].

16 A. a. O., 4.

17 http://www.foeg.uzh.ch/analyse/publikationen/Problematisierung_Muslime.pdf [15.03.2015], 10.

wiegend negative Typisierungen» geprägt, «die zudem mehrheitlich pauschalisierend sind»[18]. Diese Pauschalierung wurde dann in der Medienberichterstattung auf die in der Schweiz lebenden Muslime übertragen. «Neben diesen Kollektivtypisierungen fällt außerdem auf, dass in insgesamt 16 % aller analysierten Beiträge in den Medien das Verhältnis zwischen der schweizerischen Mehrheit und der muslimischen Minderheit nicht nur in einer, sondern gleich in mehreren Dimensionen als problematisch beschrieben wurde. Muslime wurden somit nicht nur als fremd und mangelhaft integriert, sondern auch als bedrohlich und unaufgeklärt resp. vormodern charakterisiert.»[19] Auf diese Weise haben die Medien antiislamische Ressentiments im Volk aufgegriffen, verstärkt und gegen die in der Schweiz lebenden Muslime gewendet. Diesen wurde dabei kaum Gesicht und Stimme gegeben. Es wurde zumeist *über* sie gesprochen und geschrieben. Ihre eigene Deutung des Islam, der Moschee und des Minaretts galt dabei nicht selten als Ausdruck von Idealisierungen, die ideologiekritisch zu hinterfragen seien. Und so kann man im Rückblick sagen: Den Muslimen in der Schweiz wurde das nicht justiziable moralische Recht auf Selbstdefinition weitgehend verweigert und die Deutehoheit über zentrale Identitätsmerkmale aus der Hand genommen.[20]

Einen interessanten Ausblick wagte Samuel-Martin Behloul in einem noch vor der Volksabstimmung verfassten Artikel. Darin bezeichnete er die Islamdebatte seit dem 11.9.2001 als die «Mutter aller Diskurse» über die islamische Religion, weil es hier um die Klärung aller relevanten Verhältnisbestimmungen gehe: um die Beziehung der Religion zur *ratio*, zur Politik, zur Erziehung, zur Einwanderung, zur Kunst, zur Architektur, zur Identität, zur Freiheit, zu den Medien, zur Bekleidung und nicht zuletzt auch zum Humor.[21] So problematisch die Wahrnehmung des Islam in diesem Diskurs auch sei, langfristig würden dadurch doch auch Inklusionsmechanismen aktiviert. Denn zum einen intensivierten sich die

---

[18] http://www.foeg.uzh.ch/analyse/archiv/Debatte_Minarettinitiative.pdf [15.03.2015], 4.

[19] Ebd.

[20] Zur Deutung des Minaretts aus muslimischer Perspektive siehe Rifa'at Lenzin: Eine muslimische Perspektive auf die Minarett-Diskussion und das Zusammenleben in der Schweiz von morgen, in: Tanner u. a. (Hg.): Streit um das Minarett, a. a. O., 45–60. Siehe auch: Jörg Hüttermann: Das Minarett. Zur politischen Kultur des Konflikts um islamische Symbole, Weinheim 2006.

[21] Behloul: Islam Diskurs nach 9/11, a. a. O., 264.

Kommunikationsbeziehungen zwischen der Minderheitengruppe und der Mehrheitsgesellschaft und zum anderen fühlten sich die muslimischen Gruppen dazu gedrängt, ihre Integrationsfähigkeit und -willigkeit unter Beweis zu stellen. Der in vielerlei Hinsicht mit der gegenwärtigen Islamdebatte in der Schweiz vergleichbare protestantische Katholizismus-Diskurs in den USA im 19. Jahrhundert habe auch zu einer Integration der Katholiken in die amerikanische Gesellschaft geführt.

Blickt man zurück auf die Entwicklung seit der Volksabstimmung, so wird man das von Behloul skizzierte Szenario allerdings nur sehr begrenzt realisiert finden. Die Kommunikationsbeziehungen haben sich nicht intensiviert. Viele Muslime beteiligen sich nach wie vor kaum an den öffentlichen Debatten in der Schweiz und praktizieren ihre Religion möglichst wenig sichtbar in Rückzugsräumen. Die muslimischen Dachverbände hatten sich schon im Vorfeld der Abstimmung nur sehr zurückhaltend in die mediale Öffentlichkeit eingebracht, weil ihnen die finanziellen Ressourcen und die personellen Kompetenzen dafür fehlten, aber auch weil viele der von ihnen vertretenen Muslime nicht stimmberechtigt waren. Man kann sogar das Gegenteil der von Behloul beschriebenen Erwartung realisiert finden: Die Kampagne zum Minarettbauverbot hat in gewisser Weise jene Geister gerufen, vor denen sie gewarnt hat und die sie bannen wollte. Am 25.10.2009, also etwa einen Monat vor der Abstimmung, wurde der salafistisch geprägte «Islamische Zentralrat Schweiz» (IZRS) gegründet, u. a. weil viele Muslime (wie die stimmberechtigten Schweizer Konvertiten) ihre Interessen durch die bisherigen muslimischen Dachverbänden zu wenig vertreten sahen. Der IZRS ist seit der Abstimmung in den Medien und auch sonst im öffentlichen Raum mit Demonstrationen und Info-Ständen, als Beistand bei Verfahren zum Kopftuch-Verbot usw. stark präsent. Diese Präsenz führt bei vielen Schweizern zum Eindruck, die Initianten hätten recht gehabt: der Islam stelle eine Gefahr für die schweizerische Gesellschaft dar und müsse zurückgedrängt werden.[22]

---

22 Siehe dazu auch den Beitrag von Rifa'at Lenzin in diesem Band.

2. Stimmen aus den evangelisch-reformierten Kirchen

Während sich die leitenden Gremien bzw. die Dachorganisationen der drei schweizerischen Landeskirchen – die römisch-katholische Bischofskonferenz, der Rat des Schweizerischen Evangelischen Kirchenbundes (SEK), und der Synodalrat der Christkatholischen Kirche – sowie (mit etwas größerer Zurückhaltung) auch der Verband evangelischer Freikirchen und Gemeinden in der Schweiz (VFG), sowie die Schweizerische Evangelische Allianz (SEA) gegen die Initiative ausgesprochen haben, stimmten deren Mitglieder der Initiative überdurchschnittlich zu: 59 % Katholische und 61 % Reformierte sprachen sich für das Minarettbauverbot aus.[23] Das zeigt, dass die Kluft zwischen dem Kirchenvolk und den Kirchenleitenden ebenso groß war wie die zwischen der Bevölkerung im Allgemeinen und den politisch Verantwortlichen.

Der Diskurs in den Kirchen unterschied sich nicht wesentlich von den Debatten, die auf gesamtgesellschaftlicher Ebene geführt wurden. In den offiziellen Stellungnahmen bemühte man sich um Sachlichkeit und wies auf die rechtlichen Probleme hin, wobei die Frage der Religionsfreiheit eine wichtige Rolle spielte. Es wurde für interreligiöse Toleranz im Interesse des gesellschaftlichen Friedens geworben und für eine differenzierte Wahrnehmung des Islam und der muslimischen Religionsgemeinschaften in der Schweiz plädiert. Diese Stellungnahmen spielten in der Debatte aber kaum eine Rolle und wurden selbst von den Kirchenmitgliedern in der Regel nicht wahrgenommen.

Da aber die Initiative von der «Eidgenössisch-Demokratische Union» (EDU), einer dem evangelikalen Spektrum zuzuordnenden christlichen Partei, mit ausging, und da deren Repräsentanten in der öffentlichen Diskussion immer wieder Raum zur Darstellung ihrer Positionen bekamen[24], waren aus dem christlichen Lager gegensätzliche Stimmen zu hören. Auch einige evangelikal geprägte Pfarrpersonen in Diensten der reformierten

---

[23] Siehe auch hier die «VOX-Analyse» der eidgenössischen Abstimmungen vom 29. November 2009 (siehe Anm. 12).

[24] Daniel Zingg: Warum gegen Minarette? Warum soll sich ein Christ in der Debatte positionieren?, Bollodingen 2009. Zingg ist EDU-Politiker, Mitglied beim Aktionskomitee «Gegen die strategische Islamisierung der Schweiz», das aus der Minarettinitiative hervorgegangen ist, und Geschäftsführer des Vereins «Aseba», der seit 1982 biblische Medien verbreitet. (Siehe: http://daniel-zingg.ch [15.03.2015]).

Landeskirche machten sich die Position der EDU zu eigen, sodass in Diskussionsveranstaltungen auf Gemeindeebene die Argumente der Kirchenleitungen zuweilen keine Verfechter hatten.

Die Leitungen der Kantonalkirchen standen (und stehen immer wieder) vor der Schwierigkeit, zum einen das christliche Ethos der Nächsten- und Fremdenliebe auch im Blick auf die Angehörigen anderer Religionen möglichst deutlich zum Ausdruck zu bringen, andererseits aber auch die Vielfalt der Befindlichkeiten und Meinungen in den Kirchengemeinden nicht aus dem Blick zu verlieren. Das führt nicht selten zu schwach profilierten Stellungnahmen und zum Versuch, Themen aufzugreifen, die an der «Basis» auf den Nägeln brennen. Christliche – zumeist evangelikale – pressure-groups, denen es gelingt, die «Basis» in den Kirchengemeinden für ihre Anliegen zu mobilisieren, können in der schweizerischen Kirchenlandschaft mit ihrer ausgeprägten Gemeindeautonomie und ihren schwachen Leitungsstrukturen enormen Einfluss auf die Leitungsgremien ausüben und diese gewissermaßen «vor sich her treiben».

Ein Beispiel dafür ist die Aufnahme des Diskurses zu Christenverfolgungen und Einschränkungen der Religionsfreiheit in muslimischen Ländern. Damit wurde ein Argument aufgegriffen, das schon beim Minarettstreit in Wangen 2006 ins Feld geführt worden war und das von den Befürwortern der Initiative auch im außerchristlichen Bereich immer wieder herangezogen wurde. Besonders die Zürcher Kantonalkirche unter der damaligen Leitung von Ruedi Reich machte sich dieses Thema zu eigen und erklärten den November 2009, also den Abstimmungsmonat, zum «Monat der verfolgten Christen». – So wichtig der Einsatz für verfolgte Christen zweifellos ist, so wurde doch mit dieser Initiative der Kirchen ein problematischer Link zur kochenden Islamdebatte in der Schweiz hergestellt.

In einer Rede im Mai 2008 in Bern sagte die damalige Präsidentin der «Arbeitsgemeinschaft für Religionsfreiheit» der Schweizerischen Evangelischen Allianz (SEA) und Geschäftsführerin von «Christian Solidarity International», Annette Walder-Stückelberger: «Ab heute erwarten wir von den Muslimen bei uns, dass sie Ungerechtigkeiten in ihrer Heimat ebenfalls deutlich und hörbar verurteilen und sich für Religionsfreiheit einsetzen.»[25] Damit stellte sie einen Konnex zwischen Christenverfolgungen in anderen Ländern und der Diskussion um Religionsfreiheit in der Schweiz her und forderte von den Muslimen hierzulande eine Gegenleistung für die Inanspruchnahme des Rechts auf Religionsfreiheit. Mit diesem Revancheargument wird eine Diskriminierungsgleichheit postuliert und ein Gleichgewicht des Unrechts hergestellt. Die hier lebenden Muslime werden zu Komplizen der Diskriminierungen in ihren Herkunftsländern erklärt.

Eine solche Argumentation findet sich bis in die Gegenwart hinein in evangelikalen Stellungnahmen. So heißt es im Positionspapier «Christlicher Glaube und Islam» der «Evangelischen Allianz in Deutschland» aus dem Jahre 2013: «Christliche Gemeinden sollten den Bau von Moscheen angesichts der damit verbundenen Problematik nicht fördern. Sie sollten insbesondere bei solchen Gelegenheiten die Einschränkungen der Versammlungsfreiheit, des Kirchbaus und der Instandhaltung von Gemeindehäusern in manchen islamischen Ländern thematisieren. Christen, Gemeinden und Kirchen sollen darauf drängen, dass Christen in islamischen Ländern gleiche Rechte erhalten wie Muslime in Deutschland. … Muslime werden in vielen Fällen im Bau von Moscheen und Minaretten und im Gebetsruf per Lautsprecher eine Proklamation des Islam in einem traditionell christlichen Land sehen.»[26]

Frank Mathwig wendet zu Recht gegen den hier hergestellten Zusammenhang zwischen der Ablehnung des Moscheebaus und der (an sich berechtigten) Klage über Einschränkungen der Religionsfreiheit in islamisch geprägten Ländern ein, dass sich religiös motivierte oder legitimierte Diskriminierung in diesen Ländern nicht «mit einer ebenfalls religiös begründeten ‹kompensatorischen Diskriminierung› in der Migrationspolitik hierzulande bekämpfen lässt»[27]. Das Recht, Minarette in der

---

[25] CSI (Hg.): Mediendokumentation 200 Millionen Christen verfolgt. Solidaritätskundgebung in Bern, Binz, 28. Mai 2008, 9 (https://www.yumpu.com/de/document/view/1148816/lo-csi [15.03.2015]).

[26] http://www.ead.de/arbeitskreise/islam/christlicher-glaube-und-islam.html [15.03.2015].

[27] Frank Mathwig: Das Kreuz mit dem Minaretten. Theologische Bemerkungen zur Rolle der Kirchen in der Minarett-Diskussion, in: Tanner u. a. (Hg.): Streit um das Minarett, a. a. O., 159. Siehe auch ders.: Zwischen Himmel und Politik. Die Minarett-Diskussion in der Schweiz aus theologischer Sicht, in: Danz/Ritter (Hg.): Zwischen Kruzifix und Minarett, a. a. O., 113–130; ders.: Diesseits

Schweiz zu errichten, würde damit von Bedingungen abhängig gemacht, die von denen, die dieses Recht in Anspruch nehmen wollen, kaum zu beeinflussen sind.

Wenn man den Bau von Minaretten als Inanspruchnahme des Grundrechts auf Religionsfreiheit versteht, dann kann die Wahrnehmung dieses Rechts nicht vom Einsatz der hier lebenden Muslime für verfolgte Christen in ihren Herkunftsländern abhängig sein. Die Wahrnehmung von Grundrechten kann nur dann eingeschränkt werden, wenn dadurch andere Grundrechte im Geltungsbereich der jeweiligen Rechtsordnung – in diesem Fall also in der Schweiz – verletzt werden.

Es wäre wünschenswert gewesen, wenn die Kirchen den Minarett-Diskurs klar unterschieden hätten vom Diskurs über verfolgte Christen in islamischen Ländern und wenn sie sich mit größerem Nachdruck eingesetzt hätten für das Recht der muslimischen Minderheiten auf Selbstdefinition der Bedeutung des Minaretts wie all der anderen Erscheinungsformen des Islam, um die es in der allgemeinen Islamdebatte ging. Das hätte nicht eine unkritische Parteinahme für den Islam insgesamt und für seine Erscheinungsformen in der Schweiz bedeuten müssen.

Dass es reale Probleme mit muslimischen Migranten der ersten, zweiten und dritten Generation gibt, lässt sich nicht leugnen. Diese dürfen allerdings nicht pauschalisiert und zu einem Generalverdacht verdichtet werden. Sie können nicht einfach auf die Zugehörigkeit zu einer bestimmten Ethnie oder Nation, einer Kultur oder einer Religion zurückgeführt werden. Das *framing*, d. h. die Wahrnehmung und Deutung der Probleme in solchen Bezugsrahmen (*frames*) erfordert eine (selbst-)kritische Reflexion.

Nicht alle Argumente der Befürworter eines Minarettbauverbots lassen sich als Angstmacherei und Ausdruck von latentem oder gar offenem Rassismus abtun. Viele haben einen realen Erfahrungshintergrund, der ernst genommen werden muss. Wie dieser aber zu verstehen und in politische Pragmatik umzusetzen ist, hätte intensiver erörtert werden können und müssen – was allerdings in der emotional aufgeheizten Stimmung nicht leicht zu realisieren war. Hier hätten die Kirchen stärker aufklärend wirken

der Projektion: Aus dem Alltag religionspolitischer Konflikte am Beispiel der religionspolitischen Kontroverse um das Minarettverbot in der Schweiz, in: Ethik und Gesellschaft 2/2011, http://www.ethik-und-gesellschaft.de/dynasite.cfm?dssid0=5550&dsmid=111278#dsarticle_965425.

können, auch dadurch, dass sie den Muslimen Raum für die Darstellung ihres Selbstverständnisses gewährt und ihnen damit eine größere Partizipation am öffentlichen Diskurs verschafft hätten.

Die Rolle der Kirchen als Akteure auf der gesellschaftlichen Debattenbühne war weniger die eines engagierten *stakeholders* und mehr die des vermittelnden Diplomaten auf Augenhöhe mit dem Staat. Sie fokussierten sich auf die Frage der Religionsfreiheit und ließen sich nur zurückhaltend auf die breitere Debatte über den Islam ein. Dabei argumentierten sie eher politisch, juristisch und moralisch, weniger aber theologisch. Zumindest für die *internen* Debatten in den Kirchen und zwischen den Landeskirchen und den Freikirchen wäre eine theologische Klärung aber wichtig gewesen. Diese hätte auch – und vielleicht vor allem – die Frage betreffen müssen, wie das Verhältnis zum Islam zu bestimmen ist und wie der Islam selbst theologisch zu perspektivieren ist.

Die evangelikale Theologie bezieht demgegenüber klarer – weil weniger von politischen Rücksichtnahmen geprägt – Position. In der «Lausanner Verpflichtung», dem Grundlagendokument der evangelikalen Bewegung, dessen vierzigjähriges Jubiläum am 7. Mai 2014 begangen wurde, heißt es in § 15: «Wir erinnern uns an seine (Jesu) Warnungen, dass falsche Christusse und falsche Propheten sich als Vorläufer des Antichristen erheben werden.» Diese Warnung ist jahrhundertelang auf Mohammed bezogen worden und hat die Beziehungen zwischen Christentum und Islam vergiftet. Seit Johannes von Damaskus († 754) galt der Islam im sogenannten «christlichen Abendland» weithin als die satanische, antichristliche Verführungsmacht, von der in der biblischen Johannesapokalypse die Rede war. Mohammed sei der falsche Prophet, der dort angekündigt ist (Apk 19,20). Er sei gekommen, die Christenheit zu verführen, um so die wahrhaft Glaubenden ausfindig zu machen. Dieser, in der «Lausanner Verpflichtung» nicht explizit enthaltenen, aber auch heute noch unter Evangelikalen anzutreffenden Deutung[28] zufolge wäre die Moschee der Ort einer Götzenverehrung und das Minarett ein Symbol für diesen Irrglauben. Beides stünde für die endzeitliche Verführungsmacht des Antichrist.

[28] Vgl.: Christliches Bekenntnis und biblischer Auftrag angesichts des Islam. Ein Wort der Konferenz Bekennender Gemeinschaften in evangelischen Kirchen Deutschlands und der AG evangelikaler Missionen (1984), Abschnitt V.

Daniel Zingg von der EDU begründete seine Ablehnung des Minarettbaus dezidiert theologisch: «(D)as Bekenntnis für Jesus Christus als Sohn Gottes beinhaltet die Ablehnung einer Ideologie, die einen anderen Gott als Christus propagiert.»[29] Damit ist eine in mehrfacher Hinsicht diskussionswürdige Positionsbestimmung vorgenommen: Der Islam wird als Ideologie gebrandmarkt, Christus mit Gott identifiziert und der im Islam verehrte Gott vom Gott Jesu Christi unterschieden. Jeder dieser Punkte (die in der öffentlichen Debatte natürlich keine Rolle spielten, aber charakteristisch sind für die Position der Initianten in innerchristlichen Debatten) wäre einer theologischen Klarstellung wert gewesen.

Was setzen die evangelisch-reformierten Kirchen solchen Positionsbestimmungen entgegen? Was ist ihre eigene Deutung? Schon 2006 hatte der Rat des SEK ein «Islam»-Projekt lanciert, das ein Sieben-Punkte-Programm vorsah.[30] Dieses Projekt ist aber nicht engagiert weiterverfolgt worden. 2007 veröffentlichte der Kirchenbund unter dem Titel «Wahrheit in Offenheit. Der christliche Glaube und die Religionen» ein Positionspapier (SEK Position 8)[31], in dem eine theologischen Klärung der Beziehung zwischen christlichem Glauben und anderen Religionen im Allgemeinen erfolgte. In diesem Positionspapier wird eine dialogische Haltung der Offenheit in der Begegnung mit Anhängern anderer Religionen nicht primär aus pragmatischen Erwägungen zur friedlichen Koexistenz der Religionen begründet, sondern aus der Mitte der christlichen Glaubensgewissheit. Zur Ausarbeitung der ursprünglich geplanten theologischen Stellungnahme zum Islam kam es dann aber nicht mehr. In die öffentliche Diskussion vor der Volksabstimmung hat sich der SEK intensiver als viele der Kantonalkirchen eingebracht: durch die Erarbeitung eines differenzierten Argumentariums (durch Frank Mathwig)[32] und durch Öffentlichkeitsarbeit auf vielen Kanälen. Dass der damalige Präsident des Rates des SEK, Thomas Wipf, zugleich dem Schweizerischen Rat der Religionen vorstand, hat diesem Engagement noch mehr Schubkraft gegeben.

---

29 Zingg: Warum gegen Minarette?, a. a. O.

30 http://www.kirchenbund.ch/de/themen/islam [15.03.2015].

31 http://www.kirchenbund.ch/de/publikationen/studien/wahrheit-offenheit [15.03.2015].

32 http://sek-feps.ch/de/stellungnahmen/volksabstimmungen/2009/zwischen-glockenturm-und-minarett [15.03.2015].

In theologischer Hinsicht bleibt das genannte Argumentarium des SEK allerdings schwach konturiert. Es konstatiert zwar, dass sich aus religionstheologischer Perspektive sehr weitreichende Fragen stellen wie etwa: «Ist der Gott, an den Muslime glauben, wirklich ein anderer, als der, den wir bekennen? Oder ist er, freilich in ganz anderer Weise, derselbe Gott?»[33], diskutiert diese Frage(n) allerdings nicht weiter. Zwei theologische Argumentationslinien sind angedeutet, aber nicht vertieft erörtert: Zum einen wurde aus dem Hinweis auf die Universalität der schöpferischen und erlösenden Gegenwart Gottes die Forderung abgeleitet, die Kirchen sollten sich für universale – auf Menschen aller Religionen bezogene – Religionsfreiheit einsetzen.[34] Zum anderen wurde die Angst als allgemeinmenschliche Grundbefindlichkeit angesprochen, die im Jesuswort «Fürchtet euch nicht» (Mt 28,10) Trost finden kann.[35]

Die meisten evangelisch-reformierten Kantonalkirchen haben klare Stellungnahmen zur Minarettinitiative abgegeben. Der Synodalrat der Kirche Bern-Jura-Solothurn hatte schon 2001 «Grundsätze für das Zusammenleben der Religionen in unserem Kirchengebiet und den Interreligiösen Dialog» formuliert und sich im Vorfeld der Minarettabstimmung in einem Brief an die Kirchengemeinden gewandt.[36] Die evangelisch-reformierte Kirche des Kantons Zürich, die sich ebenfalls klar gegen die Initiative ausgesprochen hatte[37], legte nach der Volksabstimmung ihre Haltung zum Islam in einem 40-seitigen Positionspapier fest.[38] Der Teil «Theologie und Ethik» ist darin jedoch wenig profiliert.

---

[33] A. a. O., S. 27.

[34] Zwischen Glockenturm und Minarett. Argumentarium des Rates des Schweizerischen Evangelischen Kirchenbundes (SEK) zur Volksinitiative «Gegen den Bau von Minaretten», 2. August 2008 (http://sek-feps.ch/de/stellungnahmen/volksabstimmungen/2009/zwischen-glockenturm-und-minarett) [15.03.2015], 26.

[35] A. a. O., 28.

[36] Beide Dokuments sind abrufbar unter «Downloads» auf: http://www.refbejuso.ch/standpunkte/minarett-initiative.html [15.03.2015].

[37] http://www.zh.ref.ch/handlungsfelder/gl/kommunikation/grundlagen/communiques/medienmitteilungen-bis-20-12-2010/kirchenrat-lehnt-minarett-initiative-ab [15.03.2015].

[38] http://www.zh.ref.ch/startseite/aeltere-startseiten-news/archiv/positionspapier-kirche-und-islam [15.03.2015].

Insgesamt kann man konstatieren, dass sich die evangelisch-reformierten Kirchen auf eine religionstheologische Debatte kaum eingelassen haben – auch nicht in ihren Binnendiskursen. Ihr Thema war das Zusammenleben mit Muslimen in der schweizerischen Gesellschaft, nicht aber der Islam in der Sicht des christlichen Glaubens. Sie haben eher sozialethisch als theologisch argumentiert. Um in der öffentlichen Debatte wahrgenommen zu werden, war diese Akzentuierung sicher erforderlich. Aber hätte darüber hinaus nicht auch ein engagierter und profilierter *theologischer* Diskussionsbeitrag zur Deutung des Minaretts, der Moschee und des Islam eingebracht werden können? Es hätte sicher innerkirchlich heftige Diskussionen ausgelöst, damit vielleicht aber auch Klärungsprozesse in Gang gebracht, wenn die Leitungen der evangelisch-reformierten Kantonalkirchen und der Kirchenbund auch auf diese Weise in den Kampf um die Deutungshoheit über das Minarett eingegriffen hätten.

3. Das Minarett als religiöses und religionstranszendierendes Symbol

Die Beurteilung einer Religionspraxis entscheidet sich nicht an bestimmten Gebäuden, sondern an dem Geist, der in ihnen weht. Ist eine Moschee ein Ort der Gottesverehrung und des nach innen verbindlichen, nach außen offenen Gemeinschaftslebens? Herrscht in der Religionsgemeinschaft eine Bereitschaft für konstruktive Partizipation an der Gesellschaft und zum Dialog mit anderen Religionsgemeinschaften? *Daran* entscheidet sich, wofür das Minarett dieser Moschee steht. Allgemeine abstrakte Bedeutungszuschreibungen sind dagegen essentialisierende Projektionen. Es mag Muslime geben, die im Minarett Macht- und Herrschaftsansprüche des Islam symbolisiert sehen. Für die große Mehrheit der Schweizer Muslime trifft das jedenfalls nicht zu.[39] Sie wünschen sich, ihre Religionsgemeinschaft und damit ihre religiöse und kulturelle Identität im öffentlichen Raum sichtbar machen zu können, um auf diese Weise Beheimatung

[39] Siehe dazu: EKA (Eidgenössische Kommission für Ausländerfragen) (Hg.): Muslime in der Schweiz, Identitätsprofile, Erwartungen und Einstellungen, Genf 2005; Samuel M. Behloul / Stéphane Lathion: Muslime und Islam in der Schweiz. Viele Gesichter einer Weltreligion, in: Martin Baumann / Jörg Stolz (Hg.): Eine Schweiz – viele Religionen. Risiken und Chancen des Zusammenlebens, Bielefeld 2007, 193–207.

und auch Anerkennung für ihren Beitrag zur Entwicklung der Gesellschaft zu erlangen.

Welche Bedeutung das Minarett für die jeweilige Religionsgemeinschaft hat, lässt sich nur in einem Gespräch mit ihr herausfinden. Mit dem grundsätzlichen Verbot des Minarettbaus und der vordialogischen und pauschalen Deutung des Minaretts als politischem Symbol eines aggressiven Machtstrebens ist dieser Dialog jedoch untergraben. Die Aushandlungsprozesse sind durch ein Machtwort der Mehrheit der Abstimmungsteilnehmer gestoppt worden. An die Stelle von Entscheidungen, die situativ, im Blick auf die Gegebenheiten des jeweiligen Einzelfalls und in Konsultation mit den Betroffenen vor Ort (also a posteriori), zu fällen wären, ist eine Grundsatzentscheidung gesetzt worden, die ein für alle Mal und unabhängig von den Gemengelagen des jeweiligen Kontextes (also a priori) gilt.

Im Folgenden präsentiere ich einen christlich-theologischen Beitrag zur Debatte um die Deutung des Minaretts, den sich die Muslime – und gewiss auch Christen – nicht zu eigen machen müssen, der sie aber herausfordern kann, ihre eigene Deutung in der dialogischen Auseinandersetzung damit zu profilieren.

Wie alle Sakralgebäude haben Moscheen und Minarette immer auch eine verweisende Funktion: Sie weisen zum einen hin auf eine bestimmte Religionsgemeinschaft, dienen der Bildung und Darstellung ihrer religiösen Identität, symbolisieren ihre Glaubenspraxis und stiften eine generationsübergreifende Zugehörigkeit. Letztlich aber weisen sie noch über die Religionsgemeinschaft hinaus auf den von ihr verehrten religionstranszendenten Gott hin. Wenn man will, kann man diesen Verweis schon in der Form des Minaretts (wie auch des Kirchturms) als zum Himmel gerichteten Pfeil angedeutet sehen (selbst dann, wenn diese nicht ein spitzes Dach haben). Würde man das Minarett nicht primär als Symbol einer bestimmten Religion und schon gar nicht als Symbol ihres Machtanspruchs, sondern als Symbol der religionsübergreifenden Gottesverehrung deuten, dann wäre es nicht nur ein religiöses, sondern auch ein religionskritisches Symbol, das auch die muslimische Gemeinschaft vor Selbstzentrierung bewahren kann, indem es sie auf ihren Grund hinweist.

Dieser göttliche Grund liegt ihr uneinholbar voraus und steht der darauf gegründeten Religionsform immer auch kritisch gegenüber. Die Unterscheidung zwischen Grund und Inhalt des Glaubens, zwischen Gott und einer bestimmten religiösen Gottesverehrung ist kein religionsphilosophisches Postulat, sondern ein Transzendierungsimpuls, der sich aus der innersten Mitte zumindest der theistischen Religionen speist. Darin liegt auch die theologische Basis von Religionsfreiheit. Denn wenn der Grund, auf den sich die jeweilige Religion bezieht, in ihr als ein *unverfügbarer* Grund zur Sprache kommt, gibt es keine Legitimation, eine bestimmte Religionsform für die einzig wahre zu erklären. In letztlicher Bindung an diesen einen Grund muss Freiheit auch in der Religion herrschen. Glaube kann also immer nur ein Vollzug von Freiheit sein. Und diese Freiheit schließt – in Anlehnung an das berühmte Wort von Rosa Luxemburg – die Freiheit des/der Andersglaubenden notwendig mit ein. Glaubensfreiheit ergibt sich aus der Freiheit Gottes sich zu vergegenwärtigen auf Weisen, die nur «er» kennt.[40]

Gerade der Islam betont die Einheit und Transzendenz, die Erhabenheit, Unverfügbarkeit und Entzogenheit Gottes. Offenbarung besteht in der Bekundung des souveränen Gottes, wie sie zentral im Koran erfolgt ist. Der Islam erhebt einen Letztgültigkeitsanspruch für diese Offenbarung als das definitive Wort Gottes in der Geschichte, das die islamische Religion begründet. Damit steht der Islam – wie im Grunde jede Offenbarungsreligion – in der Spannung zwischen – einerseits – dem Gegründetsein auf einer bestimmten Offenbarung, die – andererseits – aber über sich selbst als Offenbarung und erst recht über die darauf gegründete Religion hinaus auf die unausschöpfbare Geheimnishaftigkeit Gottes verweist. Im Islam ist diese Spannung deutlicher ausgeprägt als im Christentum, weil hier der Gedanke der Vermittlung zwischen Schöpfer und Schöpfung nicht so im Mittelpunkt steht, wie das christlicherseits mit dem Theologumenon der «Inkarnation» der Fall ist.

Im Minarett kann man diese Spannung symbolisiert sehen. Es steht – so mein Deutevorschlag – für den Islam als Religion einschließlich der damit verbundenen Glaubensinhalte und Praxisformen der dort gepflegten Gottesverehrung und es verweist auf den vom Islam verehrten, die

[40] Nach dem Dekret des Zweiten Vatikanischen Konzils «Über die Missionstätigkeit der Kirchen» (*Ad gentes*) (http://www.vatican.va/archive/hist_councils/ii_vatican_council/documents/vat-ii_decree_19651207_ad-gentes_ge.html), 7.

islamische Religion aber auch übersteigenden Gott selbst. In dieser Bedeutungszuschreibung kommt der «eschatologische Vorbehalt»[41] zum Ausdruck, dass Gott in unzugänglichem Lichte wohnt (1 Tim 6,16), sodass alle religiöse Symbolsprache sich auf ihn hin relativieren, also einer permanenten theologischen Selbstkritik unterziehen muss. Sie muss das Bewusstsein ihrer «Vorletztheit» in allen ihren Selbstvergewisserungen und Äußerungen stets mitführen.

Diese Bestimmung ist ekklesiologisch, aus der Reflexion auf das Wesen der Kirche gewonnen, lässt sich aber religionstheologisch auf alle – auch außerchristliche Institutionalisierungen des Gottesglaubens (zumindest in den sogenannten abrahamischen Religionen) übertragen. Wesen und Auftrag der Kirche nach evangelischem Verständnis bestehen darin, durchsichtig zu sein auf den sie konstituierenden göttlichen Grund hin und diesen nicht definitorisch, sondern verweisend zur Sprache zu bringen.

Wenn dieser Grund nun aber theologisch als die religionstranszendente Letztwirklichkeit zu bestimmen ist, so lässt sich annehmen, dass er sich auch in der Gottesverehrung anderer Glaubensformen und -gemeinschaften auf seine Weise manifestiert. Aus dieser Annahme ergibt sich ein dialogischer Imperativ, das heißt: der Appell, sich zu diesen Formen und Gemeinschaften in ein partnerschaftliches Verhältnis zu setzen.

Auf solche Weise mit Deutung besetzt, stünde das Minarett nicht nur für die legitime Vielfalt von Religionen in einem Land und nicht nur für das Recht auf Sichtbarkeit nichtchristlicher Symbolbauten im öffentlichen Raum, sondern letztlich für die Vielstimmigkeit des Gotteslobes und der vielgestaltigen Gegenwart Gottes in der Welt.

---

[41] Dieser Begriff wird hier in einem weiteren Sinn gebraucht. Er bezeichnet nicht eine temporale religions*immanente* Differenz in der Konzeptualisierung des Gottesgedankens, sondern dessen *kategoriale* Transzendierung.

Isolde Charim

Re-thinking Democracy. Religiöse Diversität und die Perspektive der offenen, post-nationalen Republik

«Wir müssen die Erzählung der Nation weiterentwickeln», «den ethnischen Nationsbegriff öffnen und in eine republikanische Richtung erweitern». Das sagte Ernst Fürlinger in einem Interview mit einer österreichischen Zeitung zu den Moscheebaukonflikten.[1] Ich möchte hier der Frage nachgehen, wie solch ein Republikanismus unter heutigen Bedingungen aussieht. Und: Was bedeutet er für den Einzelnen?

Demokratie ist jene Herrschaftsform, die laut Claude Lefort aus der «demokratischen Revolution»[2] hervorging. In Europa entsteht sie quasi auf der Guillotine. Das ist ihre Urszene. Dort, auf der Guillotine, wurde nicht nur der Monarch enthauptet, dort wurde auch jener Art von Macht ein Ende bereitet, die sich in einer Person, eben dem Monarchen, sinnfällig und leibhaftig verkörpert hat. Die Guillotine bedeutete aber nicht das Ende von Souveränität überhaupt. Vielmehr gab es und gibt es weiterhin einen «Ort der Macht». Nur – und das ist das entscheidende Kennzeichen für die Demokratie – ist dieser «Ort der Macht» nunmehr leer, so der bekannte Befund Claude Leforts. Auf der Guillotine entstand jenes Bild, jene Vorstellung von demokratischer Macht, die bis heute gültig ist: Der Ort der Macht ist leer. Das heißt, auch in der Demokratie gibt es – in politischer Hinsicht gedacht – ein Zentrum unserer Gesellschaft. Aber dieses Zentrum ist leer, es ist eine Leerstelle. Das ist ein Schwindel erregender Befund. Und es ist ein sehr weit reichender Befund, wie ich zeigen möchte.

Leerer Ort besagt zum einen, dass jeder demokratische Machthaber, jede gewählte Regierung nur ein vorübergehender Statthalter der Macht ist. Es gibt keine dauerhaften Vereinnahmungen, bzw. wenn es diese gibt,

---

1 «Moscheekonflikte sind ein öffentliches Ritual» (Interview), in: Der Standard, 19.3.2014. http://derstandard.at/1395056978123/Moscheekonflikte-sind-ein-oeffentliches-Ritual [6.3.2015].

2 Siehe dazu: Claude Lefort: Fortdauer des Theologisch-Politischen?, Wien 1999.

dann bedeuten sie das Ende der Demokratie. Es gibt nur wechselnde Besetzungen. Das bedeutet aber zum anderen, dass sich jede Demokratie in einer prekären Situation befindet. Denn natürlich sind Usurpationen immer möglich. Die Gefahr der Ausfüllung des leeren Orts der Macht ist der Demokratie von Anfang an eingeschrieben. Das bedeutet umgekehrt, dass die symbolische Ordnung der Demokratie genau darin besteht, solche Verkörperungen der Macht zu verhindern. Die symbolische Ordnung der Demokratie besteht darin, ihre zentrale Leerstelle offenzuhalten.

Zur Illustration:

In Shakespeares Stück «Julius Cäsar» ist die zentrale Szene nicht die Ermordung des Tyrannen, sondern die darauf folgende Szene, die Reden von Brutus und Mark Anton an das Volk. Daran zeigt sich, was das eigentliche politische Ereignis ist: Der Tod des Tyrannen hat einen Raum der öffentlichen Rede freigesetzt. Nun treten zwei Männer vor das Volk, deren Worte nicht durch ihre Personen gefüllt sind. Das demokratische Moment liegt nicht im Inhalt von Brutus' Rede, sondern darin, dass zwei widersprüchliche Reden gehört werden: Ihre diametral verschiedenen Angebote an das Publikum machen sie zu konkurrierenden Reden. Konkurrenz, Widerrede im Politischen gibt es aber nur, wenn der Raum der öffentlichen Rede frei, d. h. wenn er nicht Ausdruck eines «vollen» Zentrums ist. Wenn es kein Wort gibt, das absolut gesetzt wird. Wenn eben der «Ort der Macht leer» ist. In Rom ist die Sache bekanntlich schlecht ausgegangen (Brutus unterliegt und Octavian lässt sich als Kaiser Augustus krönen). Bei uns lief die Sache besser. Wir haben diese Offenheit als Öffentlichkeit bewahren können.

Das heißt: Der leere Ort der Macht eröffnet erst das, was wir Öffentlichkeit nennen. Das leere Zentrum eröffnet erst das, was wir öffentlichen Raum nennen. Anders gesagt: Der öffentliche Raum ist genuin demokratisch.

Nun ist dieser öffentliche Raum nicht identisch mit dem physischen Raum. Der öffentliche Raum wird vielmehr konstruiert. «Öffentlicher Raum: Das sind nicht nur konkrete Orte, … sondern auch ein semantisches, bedeutungsgeladenes Terrain», so Martin Baumann und Andreas

Tunger-Zanetti.[3] Der öffentliche Raum ist also Materialität und Bedeutung, physischer und symbolischer Raum gleichzeitig.

Damit ist er auch das ideale Terrain für die demokratische Ambivalenz: jene zwischen Fülle und Leere, zwischen Vereinnahmung und Offenhalten des leeren Zentrums. Denn der öffentliche Raum kann zweifach interpretiert werden: als Raum der Repräsentation des Gesellschaftsganzen, als Repräsentation einer substantialisierten Einheit – oder als Bühne, auf der sich eben nicht ein Ganzes, sondern vielmehr dessen Gegenteil, nämlich die gesellschaftlichen Konflikte repräsentieren, also darstellen. Das sind zwei unterschiedliche Konzepte von öffentlichem Raum, zwei unterschiedliche Konzepte von Repräsentation und zwei Konzepte von Gesellschaft entsprechend den Polen von Leere und Fülle.

Natürlich stehen die gegenwärtigen Konflikte um den öffentlichen Raum vor dem Hintergrund einer langen Geschichte dieses Raums. Demokratie entstand ja in «geschichtlicher Symbiose» mit der Nation (Habermas). Und gerade für Nationalstaaten war das Territorium eine wesentliche Kategorie. Im Nationalstaat wird der öffentliche Raum kolonisiert von der Vorstellung der Nation. Oder anders herum: Die emotionale Imagination der Nation vollzieht sich – auch – im Medium der Territorialisierung nationaler Emotionen vermittels vieler Praktiken (Schulen, Wetterbericht) – so viele Einübungen in die emotionale Besetzung des Raums.[4] Städte, Flüsse, Grenzen – alle territorialen Bestimmungen wurden emotional besetzt und aufgewertet. Ich möchte nur festhalten: Diese Aufladung war eine Füllung des öffentlichen Raums.

Nun leben wir heute aber in pluralisierten Gesellschaften: Die Pluralisierung ist ein unhintergehbares Faktum. Es führt kein Weg zurück zur homogenen Nation, nicht einmal zu deren Imagination. Denn selbst diese Imagination erodiert: Die nationale Erzählung funktioniert als Erzählung immer schlechter. Das heißt nicht, dass sie verschwunden ist. Es heißt nur, dass sie nicht mehr die unhinterfragt vorherrschende Erzählung ist. Es heißt, dass sich unsere Gesellschaften neu erzählen müssen. Und es heißt gleichzeitig, dass die Rückzugsgefechte des Nationalen – wie wir ja alle

[3] Martin Baumann / Andreas Tunger-Zanetti: Ansehen und Sichtbarkeit. Religion, Immigration und repräsentative Sakralbauten in Westeuropa, in: Herder Korrespondenz 65: 8 (2011), 407–409.

[4] Siehe dazu Benedict Anderson: Imagined Communities: Reflections on the Origin and Spread of Nationalism, London 1983.

wissen – durchaus heftig sein können. Etwa im Ringen um den öffentlichen Raum, das ja – entsprechend dem Objekt, um das gerungen wird – immer ein doppeltes Ringen ist: Es ist nicht nur der öffentliche Raum umstritten, sondern auch das Konzept, was der öffentliche Raum ist. Das Ringen um den öffentlichen Raum ist gleichzeitig ein Ringen um dessen Bedeutung. In diesem Sinne vollzieht sich die Auseinandersetzung durch die Konstruktion zweier konkurrierender Raumideologien: der Raumideologie der Exklusion, des Ausschlusses, und der Raumideologie der Inklusion, des freien Zugangs, der freien Nutzung für alle.

Erstere, die Raumideologie der Exklusion, als die sich die Repräsentation einer substantiellen Gemeinschaft artikuliert, funktioniert durch die Konstruktion, die Bestimmung: Was ist *störend*? Es ist ja weder kulturell noch historisch konstant, was als störend angesehen wird. Stören kann vieles: Gerüche, Lärm, Stille, Müll, Bewegungen, Symbole, Menschen.

Der Raumzugriff mittels des Konzepts der *Störung* ist ideal für eine Politik der Ausschlüsse: Über die Störung können Minderheiten vertrieben werden. Der Raum wird dabei zu einem Instrument des Regierens, der Politik als «Policey» im Foucaultschen Sinn. Gruppen können als Gefährdung der öffentlichen Sicherheit, der öffentlichen Ordnung definiert werden. Kurzum: Der Diskurs der Störung eröffnet einen sicherheitspolitischen und einen ordnungspolitischen Zugriff auf den öffentlichen Raums, ein Zugriff, der zugleich als gesellschaftlicher und kultureller Filter funktioniert.

Dieser kulturelle Filter führt mich zu der Unterscheidung zwischen teilbaren und unteilbaren Konflikten.[5] Teilbare Konflikte sind Interessenskonflikte. Da kann es Zugeständnisse, Tauschhandel und Kompromisse geben. Denn der Einsatz ist eine messbare Einheit wie etwa Geld. Dabei wird um ein Mehr oder Weniger gerungen – insofern sind solche Konflikte eben *teilbar*, also verhandel-, debattier- und vor allem lösbar. Unteilbare Konflikte hingegen sind jene, die all das nicht sind. Das sind Konflikte um Identitäten, Kulturen, Werte – Dinge also, die nicht messbar und insofern nicht teilbar sind. Die Münze dafür heißt Anerkennung. Und diese ist weder verhandelbar noch kompromissfähig. Ein bisschen Anerkennung gibt es nicht. Da geht es um alles oder nichts. Sie haben

---

[5] Albert O. Hirschman: Wieviel Gemeinsinn braucht die liberale Gesellschaft?, in: Leviathan 22, 2 (Juni 1994), 293–304.

deshalb ein Moment der «Unversöhnlichkeit».[6] Die gängige Vorstellung von demokratischer Politik besteht in der Transformation dieser unteilbaren, unlösbaren Konflikte in teil-, also verhandelbare Konflikte.

Tatsächlich aber ist es so, dass es keine säuberliche Trennung gibt: Konflikte sind weder rein teilbar, noch rein unteilbar. In jeder Tarifverhandlung werden auch so unteilbare Dinge wie gesellschaftliche Achtung, Anerkennung, Vorstellungen von Gerechtigkeit mitverhandelt. Umgekehrt hat auch jede religiöse Auseinandersetzung – wie die um Sakralbauten – Momente des Teilbaren, des Verhandelbaren. Eine *«res mixta»* nennen das Martin Baumann und Andreas Tunger-Zanetti. Eine *res mixta* zwischen Pragmatismus und Religiosität, zwischen Anerkennung und Ressourcen.

Gesellschaftliche Konflikte sind also immer überdeterminiert. Deshalb ist die Eröffnung des Teilbaren zwar genuin demokratische Politik – zugleich aber ist das Herunterbrechen aufs rein Teilbare eben deshalb auch nicht ausreichend. Denn Politik muss nicht nur einen rationalen, sie muss auch einen emotionalen Konsens herstellen. Das heißt, sie muss auch einen Umgang mit dem Unteilbaren finden.

Die rechten Populisten sind da einen Schritt voraus: Denn sie haben (z. B. mit dem Minarettstreit) gerade dem unteilbaren Konflikt eine Bühne eröffnet und den öffentlichen Raum zu einem Emotionsraum gemacht, der mit Unteilbarem negativ aufgeladen ist (populistische Lektion).

Es braucht also einen Umgang mit dem Unteilbaren. Und damit komme ich – erstmals – zur Frage der Sichtbarkeit. Denn genau an der Achse Sichtbarkeit/Unsichtbarkeit wird der Umgang mit dem Unteilbaren, mit dem Unverhandelbaren ja virulent.

Ich komme ja aus Wien und da leben wir – teilweise – immer noch im Zeichen des Josefinismus. Also im Zeichen jenes Toleranzpatents von 1781, das religiösen Minderheiten das Recht auf Religionsausübung nur in Bethäusern «ohne Turm und zur Straße führenden Eingang» gestattet. Also Kult ohne Sichtbarkeit. Und noch heute ist die Hauptsynagoge der Wiener Juden ein solches von außen unsichtbares Bethaus.

Wenn nun gesagt wird, es braucht keine Minarette zur Ausübung der Religion, dann folgt das dem Modell des Josefinismus, einem Modell des

---

[6] Helmut Dubiel: Gehegte Konflikte?, in: Jürgen Friedrichs / Wolfgang Jagodzinski (Hg.): Soziale Integration. Sonderheft 39 der Kölner Zeitschrift für Soziologie und Sozialpsychologie, Opladen 1999, 134.

aufgeklärten Absolutismus. Dieses Unsichtbarmachen entspricht der Hinnahme einer anderen Religion und vermeidet gleichzeitig deren Anerkennung. Man könnte auch sagen, das Verbot einer sichtbaren Religionszugehörigkeit sei die Umkehr jener Praktiken, die religiösen Gruppen Erkennungszeichen aufgezwungen haben (Bruno Latour). Haben wir also die Gleichung: sichtbar = demokratisch und unsichtbar = undemokratisch? Ja und nein. Manchmal sind die Dinge noch komplizierter.

Dazu drei Anmerkungen:

(1) 1811 hielt der Spätromantiker Achim von Arnim in Berlin einen Vortrag mit dem Titel: «Über die Kennzeichen des Judentums», wo er einerseits den Juden mangelnde Assimilationsfähigkeit vorwirft und sie auffordert, sich anzupassen – also ihre Sichtbarkeit, ihre sichtbare Differenz abzulegen. Gleichzeitig aber warnt er vor den «heimlichen Juden», vor den unsichtbaren Juden, die sich einschleichen würden und eine besondere Gefahr darstellen würden. Der Antisemitismus konstruierte also einen ausweglosen *double bind* für die Objekte seines Ressentiments, in denen alles – Sichtbarkeit und Unsichtbarkeit – gegen sie verwendet werden kann.

(2) Das führt mich zu der Frage, ob Muslime die Juden unserer Zeit sind. Meine Antwort lautet: Nein, die Muslime sind nicht die Juden unserer Zeit. Alter Antisemitismus und Islamophobie sind zwar beides Ressentiments, aber aus unterschiedlichen, ja gegensätzlichen Gründen. Die Juden wurden ja aufgrund der Unterstellung, nicht-ganze Subjekte – nicht-ganze Deutsche, nicht-ganze Österreicher – zu sein, ausgegrenzt, während die Ablehnung der Muslime von der Vorstellung getragen wird, diese seien eben hundertprozentige, eindeutige Identitäten und insofern eben Konkurrenten. Demzufolge ist die phantasierte Bedrohung, die von ihnen ausgehen soll, auch eine andere: den Juden, den nicht-ganzen Subjekten, wurde vorgeworfen, die Gesellschaft zu zersetzen, die «einheitlichen» Moslems hingegen drohen, den Westen zu «erobern».

Was dabei offen bleibt: Muslimische Einwanderer treffen sowohl auf eine säkulare Gesellschaft als auch auf deren christliche Fundierung, mehr oder weniger in allen Ländern Europas. Da stellt sich etwa beim Minarettkonflikt die Frage: Was ist «störend» (im genannten Sinn) – das volle Zeichen einer intakten Religiosität in Rivalität zu den Kirchen? Geht es also um eine Rivalität der vollen Zeichen? Oder steht das volle Zeichen einer säkularen Gesellschaft, die solche Zeichen nicht mehr produziert, gegenüber?

Das führt mich zu meiner dritten Anmerkung,:

(3) zu der Frage, die vielleicht provokant klingen mag, aber eine tatsächliche Frage ist (d. h. eine, deren Antwort nicht eindeutig ist): Wofür stehen sichtbare religiöse Symbole von migrantischen Minderheiten? Stehen sie für das Ankommen oder für das Nichtankommen? Bedeuten sie, diese religiöse Gruppe ist angekommen und beansprucht hier ihren Platz, oder bedeuten sie, diese religiöse Gruppe will nicht ankommen, sondern das Zwischenreich ihrer Parallelgesellschaft institutionalisieren? Ist Sichtbarkeit Zeichen für mangelnde oder für gelungene «Integration»? Das Problem dabei ist, dass diese religiösen Zeichen eben keine eindeutigen Zeichen sind, dass sie bestenfalls eben beides gleichzeitig sind – also weder einfach Parallelwelt, noch einfach Integration, sondern eben Diaspora – eine Doppeldeutigkeit, die nicht eben dazu angetan ist, die «Hysterisierung der Zeichen» zu kalmieren.

Die rechte Rekonstruktion der nationalen Gemeinschaft im Zeitalter ihrer pluralen Umformung hingegen bedarf der Konstruktion eines Raums des Homogenen, des substantiell Gemeinsamen. Diese rechte Strategie besteht darin, jene Kategorie, die in der Demokratie unbedingt leer bleiben muss, jene Kategorie, die sich nicht konkretisieren darf – nämlich das Volk –, so zu behandeln, als würde es real existieren, als könnte es wirklich verkörpert werden. Sie machen das Volk zu einem «empirischen Gespenst»,[7] wie Helmut Dubiel es so schön bezeichnet hat.

Der Gegenseite kommt die Aufgabe zu, die neuartige Gesellschaft auch neu zu erzählen. In Zeiten, wo die «geschichtliche Symbiose» von Demokratie und Nation sich auflöst, wird das leere Zentrum zu einem zentralen Element dieser neuen Erzählung; es entsteht die Notwendigkeit, den Ort der Macht leer zu lassen. Denn unsere Gesellschaften sind tatsächlich und unmerklich radikal neu geworden. Das radikal Neue ist nicht einfach, dass die Gesellschaften in Europa (aber auch in Kanada, in den USA oder in Indien) moralisch und religiös vielfältig sind. Das radikal Neue liegt darin, so Charles Taylor, dass diese Gesellschaften überhaupt «kein Weltbild mehr haben, das von allen geteilt wird».[8]

---

[7] Helmut Dubiel: Das Gespenst des Populismus, in: ders. (Hg.): Populismus und Aufklärung, Frankfurt a. M., 1986, 35.

[8] Charles Taylor / Jocelyn Maclure: Laizität und Gewissensfreiheit, Frankfurt a. M., 2011.

So eine Gesellschaft bedarf einer neutralen Öffentlichkeit, sie bedarf der Neutralität der Öffentlichkeit. Angesichts der steigenden Diversifizierung unserer Gesellschaften, angesichts der zunehmenden Schwierigkeit, diese Vielfalt zu integrieren, ist der Bereich einer neutralen Öffentlichkeit eine unumgängliche Notwendigkeit. Ein Bereich, der neutral gegen alle partikularen Identitäten ist, ein Bereich, an dem sich alle als Gleiche begegnen können – das ist genau jenes Konzept, das man konservativen Integrationsmodellen à la Leitkultur oder reaktionären Wiederbelebungen der Nation entgegenhalten kann.

Wie aber muss man sich solch eine Neutralität vorstellen? Was bedeutet das etwa für die unterschiedlichen Religionen, die hier aufeinandertreffen?

Soll die Neutralität jene «Gemeinsamkeit» sein, die eine heterogene Gesellschaft zusammenhält, dann muss die Religion, dann muss *jede* Religion in den Bereich des Partikularen, also ins Private verwiesen werden. Aber was bedeutet das in Zeiten der Pluralisierung, wo eine Vielzahl an Religionen, eine Vielzahl an Identitäten nebeneinander existieren?

In seiner Studie «Ein säkulares Zeitalter» schreibt Charles Taylor, der Gläubige könne heute nicht mehr im vollumfänglichen Sinn gläubig sein, da sein Glaube immer neben anderen Glauben ebenso wie neben dem Nichtglauben bestehen muss.[9] Die Pluralität konkurrierender Identitäten, Überzeugungen, Gemeinschaften hat Eingang in den Glauben selbst gefunden. Dieser funktioniert nur noch als Gegenbehauptung, nicht mehr als einfache Behauptung. Das gilt auch für ganz andere Identitätsangebote, weltliche, kulturelle, politische. Jede Identität, jede Gruppenzugehörigkeit steht heute, nach Verlust der Dominanzstellung von Kirche und Nation, von Hochkultur und was es mehr an solchen homogenisierenden Instanzen gab, neben anderen, und das Wissen darum schränkt diese ein. Selbst der überzeugteste Gläubige, selbst der glühendste Patriot gehört heute seiner Gemeinschaft nicht mehr voll an, sondern gewissermaßen nur noch nicht-voll. Nicht-voll heißt, dass die eigene volle Überzeugung und auch Bindung immer Bescheid weiß, dass sie nur eine Option unter anderen ist. Sie ist also, in den Worten Taylors, gleichzeitig engagiert und distanziert, in dem Sinne, dass sie sich selber als Vertreter eines Standpunkts neben anderen sieht. Man könnte das als eine partielle Säkularisierung bezeichnen.

---

[9] Charles Taylor: Ein säkulares Zeitalter. Frankfurt a. M. 2009.

Von daher ist auch *die* Frage unserer heutigen Demokratie zu stellen: Wie können wir gleichzeitig unsere Partikularismen leben und dennoch Gleiche sein? In der Demokratie haben wir zwei Formen, zwei Modi der Gleichheit: die quantitative und die qualitative Gleichheit. Quantitativ gleich sind wir etwa als Wähler, wo jeder unter Absehung seiner Besonderheiten als einer zählt. Und darin sind wir uns alle gleich. Qualitative Gleichheit aber hieß bislang Ähnlichkeit und wurde durch das nationale Narrativ, durch die Konstruktion einer nationalen Figur hergestellt. Von dieser Vorstellung einer Ähnlichkeit müssen wir uns heute verabschieden. Und wir sehen, dass dieser Abschied ein schmerzhafter Prozess sein kann. An die Stelle der Ähnlichkeit tritt eben die Einhegung, die partielle Säkularisierung.

Das bedeutet: Die Neutralität der Öffentlichkeit, der leere Ort der Macht, kann den Individuen nicht äußerlich sein. Das notwendig leere Zentrum unserer Gesellschaft muss sich auch im Einzelnen wieder finden. So ist etwa der Gläubige, so ist jede Partikularität zugleich auch Staatsbürger, Citoyen. Nur hat dieses Staatsbürgersein – zieht man die nationale Gestalt ab – in identitärer Hinsicht einen paradoxen Effekt: Die Verdoppelung unserer Identität in Bourgeois und Citoyen besteht heute gegen jede mathematische Logik darin, etwas abzuziehen – den Absolutheitsanspruch der je eigenen Überzeugungen in gesellschaftlicher Hinsicht. Die Verdoppelung, die wir als Mitglieder des Gemeinwesens erfahren, ist eigentlich ein Abzug: Sie grenzt unsere religiösen oder sonstigen Partikularismen ein.

Die Neutralität eines allgemeinen Bereichs braucht kein Bekenntnis zum Säkularismus. Dieser ist kein eigener Inhalt, kein eigenes Dogma (wie im radikalen Republikanismus). Die Neutralität der Öffentlichkeit braucht nur eine Einschränkung der eigenen Identität. Sie ist nichts anderes als ein kleines Minus, das zu jeder religiösen oder ethnischen Bindung hinzukommt. Es braucht keine Säkularisierung, keine Aufgabe des Glaubens, um heterogene Gesellschaften zu integrieren. Es braucht nur das Moment, dass wir als gläubige Christen, Juden, Moslems oder als Säkulare auch noch Staatsbürger sind. Und Staatsbürger sein bedeutet in diesem Zusammenhang nichts anderes, als in die Innenperspektive auf die eigene Community-Identität die Außenperspektive auf eben diese – dass sie eben eine unter anderen ist – zu integrieren. Das ist eben die partielle Säkularisierung, die eine Spaltung in alle vollen Zugehörigkeiten einführt. Und in diesem Sinne ist uns – jedem von uns – die demokratische Leere nicht äußerlich. Der leere Ort der Macht schreibt sich vielmehr in jedes Individuum ein – als partielle Säkularisierung, als Einhegung jeder Partikularität. Das ist der Preis für den Republikanismus, von dem Ernst Fürlinger sprach. Das Gesicht dieses Republikanismus ist jenes einer «Gemeinschaft» gespaltener Subjekte.

Die Ideologie der Inklusion ist deshalb ein komplexes Unterfangen. Ein öffentlicher Raum, der inklusiv sein will, muss heute ein Raum des Pluralen sein. Aber wie sieht ein solcher aus? Er ist weder ein Raum des Gemeinsamen – im Sinne einer substantiellen Ähnlichkeit, eines definierten Gemeinsamen noch einfach ein Raum der Differenzen – also einfach der Akkumulation von Unterschieden, der Ansammlung von kulturell, religiös unterschiedlichen vollen Identitäten. Tatsächlich sollte es ein Raum der Neutralität sein, der eben die erwähnten Veränderungen bewirkt und erfordert. Das verlangt Bewegung von Seiten der minoritären Gläubigen ebenso wie von Seiten der Mehrheitsgesellschaft. Das erfordert die partielle Säkularisierung aller – auch «unserer» – Identitäten.

Ich möchte dafür ein Bild anbieten: ein Bild, das die Österreicher übrigens den Schweizern verdanken – die Begegnungszone.

Die bisherige Straßenverkehrsordnung funktionierte über eine Autorität, die Regeln aufstellte – im wörtlichen und im übertragenen Sinne – und uns alle zu einheitlichen, disziplinierten Verkehrssubjekten machte. Die Straßenverkehrsordnung ist auch ein Gesellschaftskonzept. Dieses wird heute von einem genau gegenteiligen Konzept herausgefordert. Die Begegnungszone funktioniert über die Deregulierung dieses Ordnungssystems. Hier gibt es (fast) keine Regeln, keine Verkehrsschilder, keine Signale. Der Verkehr organisiert sich selbständig. Ohne Autorität, die eingreift. Und heraus kommt eine konfliktfreie, gemeinsame Nutzung des öffentlichen Raums, ein *shared space*. Dessen Funktionsweise ist komplex. Aber was mittels der Selbsterhaltung herauskommt, widerlegt Hobbes: Jenseits der alles regulierenden Autorität liegt nicht das Chaos, sondern der *shared space*.

Nicht einheitliche Verkehrssubjekte, sondern unterschiedliche Einzelne ziehen hier ihrer Wege, ohne einander zu stören. Die Begegnungszone hat das Zeug, zur Metapher, zum Sinnbild der Gesellschaft des 21. Jahrhunderts zu werden.

Die Autorinnen und Autoren

Prof. Dr. Martin Baumann: Studium der Religionswissenschaft, Philosophie und Anglistik an den Universitäten in Marburg, London und Berlin. 1993 Promotion an der Universität Hannover. 1999 Habilitation an der Universität Leipzig. Seit 2001 Professor für Religionswissenschaft an der Kultur- und Sozialwissenschaftliche Fakultät der Universität Luzern und Leiter des Religionswissenschaftlichen Seminars; seit 2010 Prorektor Forschung.

Publikationen u. a.: Zusammen mit Andreas Tunger-Zanetti: Wenn Religionen Häuser bauen. Sakralbauten, Kontroversen und öffentlicher Raum in der Schweizer Demokratie, in: Martin Baumann / Frank Neubert (Hg.): Religionspolitik – Öffentlichkeit – Wissenschaft: Studien zur Neuformierung von Religion in der Gegenwart, Zürich 2011, 151–188; Umstrittene Sichtbarkeit: Zur Öffentlichkeit religiöser Bauten von Immigranten in Europa, in: Michael Stausberg (Hg.): Religionswissenschaft: Ein Studienbuch, Berlin 2012, 365–377.

Prof. Dr. Reinhold Bernhardt: Studium der Evangelischen Theologie in Mainz, Zürich und Heidelberg. 1989 Promotion, 1998 Habilitation an der Theologischen Fakultät der Universität Heidelberg. Seit 2001 Professur für Systematische Theologie / Dogmatik an der Universität Basel. 2006–2008 Dekan der Theologischen Fakultät Basel. Herausgeber der Reihe «Beiträge zur einer Theologie der Religionen» (BThR).

Publikationen u. a.: Ende des Dialogs? Die Begegnung der Religionen und ihre theologische Reflexion. Zürich 2006 (BThR 2); hg. mit Perry Schmidt-Leukel: Interreligiöse Theologie. Chancen und Probleme, Zürich 2013.

Dr. Isolde Charim: Studium der Philosophie in Wien und Berlin. Lehrtätigkeit in Linz, Weimar und am Philosophischen Institut der Universität Wien. Seit 1998 freie Publizistin. Wissenschaftliche Kuratorin der Reihen «Diaspora. Erkundungen eines Lebensmodells» und «Demokratie reloaded» des Kreisky-Forums in Wien.

Publikationen u. a.: Der Althusser-Effekt: Entwurf einer Ideologietheorie, Wien 2002; Lebensmodell Diaspora. Über moderne Nomaden, Bielefeld 2012.

PD Mag. Dr. Ernst Fürlinger: Studium der katholischen Fachtheologie in Salzburg; 2001–2006 Forschungsaufenthalt in Nordindien; 2005 Promotion im Fach Religionswissenschaft an der Universität Wien. Seit 2007 wissenschaftlicher Mitarbeiter der Donau-Universität Krems, seit 2011 Leiter des Zentrums Religion und Globalisierung. 2013 Habilitation im Fach Religionswissenschaft an der Universität Wien.

Publikationen u. a.: Verstehen durch Berühren. Interreligiöse Hermeneutik am Beispiel des nichtdualistischen Shivaismus von Kaschmir, Wien/Innsbruck; Moscheebaukonflikte in Österreich. Nationale Politik des religiösen Raums im globalen Zeitalter, Göttingen 2013; (Hg.) Muslimische Vielfalt in Niederösterreich, Krems 2014.

Mag. Dr. Farid Hafez MSc: Studium der Politikwissenschaft an der Universität Wien, 2009 Promotion. 2008–2012 Lektor am Institut für Orientalistik der Universität Wien. Seit 2009 Lehrbeauftragter am Privaten Studiengang für das Lehramt für Islamische Religion an Pflichtschulen in Wien. Seit 2014 Mitglied der Affiliated Faculty des «Islamophobia Research and Documentation Projects» der University of California, Berkeley. Er ist Herausgeber des «Jahrbuchs für Islamophobieforschung» im deutschsprachigen Raum, das seit 2010 erscheint.

Publikationen u. a.: Islamophober Populismus. Moschee- und Minarettbaudebatten österreichischer Parlamentsparteien, Wiesbaden 2010; Islamisch-politische Denker. Eine Einführung in die islamisch-politische Ideengeschichte, Frankfurt a. M. 2014.

Gerdien Jonker, Ph. D.: Studium der Religionswissenschaft, Altorientalistik und Hebräisch in Amsterdam und an der EPHE Paris; Promotion an der Universität Groningen. Seit 1994 zahlreiche Forschungsprojekte zu Muslimen in Europa und der europäischen Wahrnehmung des Islam. 2007–2011 leitete sie das Projekt einer Website für den Unterricht über muslimische Kulturen und Geschichte(n).[1] Gegenwärtig Leiterin des Forschungsprojekts «Islamic Mission on the European Continent: Ahmadiyya in the Footsteps of Globalization 1920–1990» (DFG, 2013–2016) am Erlanger Zentrum für Islam und Recht in Europa (EZIRE).

[1] http://www.gei.de/forschung/arbeitsbereich-bilder/1001-idee-unterrichtsmaterialien-zu-muslimischen-kulturen-und-geschichte.html.

Publikationen u. a.: Eine Wellenlänge zu Gott. Der Verband der Islamischen Kulturzentren in Europa, Bielefeld 2002; Im Spiegelkabinett. Europäische Wahrnehmungen von Muslimen, Heiden und Juden 1700–2010, Würzburg 2013; Missionising Europe. The Ahmadiyya Quest for Adaptive Globalisation 1900–1965, Leiden 2015.

Dr. hc. lic. phil. Rifa'at Lenzin: Studium der Islamwissenschaft, Religionswissenschaft und Philosophie in New Delhi, Zürich und Bern, danach in der Privatwirtschaft tätig. Seit 2002 als freischaffende Islamwissenschaftlerin tätig, u. a. Lehre im Rahmen des Nachdiplomstudiums «Interkulturelle Kommunikation» der Universität Luzern. 2006–2012 Co-Präsidentin der «Gemeinschaft von Christen und Muslimen in der Schweiz». Seit 2012 Präsidentin der Interreligiösen Arbeitsgemeinschaft in der Schweiz (IRAS COTIS). Co-Leiterin und Dozentin am Zürcher Lehrhaus Judentum – Christentum – Islam.

Publikationen u. a.: Die Geschlechterfrage im Islam – eine west-östliche Perspektive, in: Gudrun Biffl (Hg.): Migration & Integration, Bad Vöslau 2010, 105–110; Vertrauen im Islam – Misstrauen gegen den Islam, in: Hermeneutische Blätter 1/2 (2013), 127–137.

PD Dr. Thomas Schmitt: Studium der Geographie und Physik, Ökonomie, Philosophie und Religionswissenschaft an den Universitäten Saarbrücken und München. 2002 Promotion an der TU München. Habilitation am Geographischen Institut der Universität Bonn. Anschließend Tätigkeit am Max-Planck-Institut zur Erforschung multireligiöser und multiethnischer Gesellschaften in Göttingen. Derzeit wissenschaftlicher Mitarbeiter am Institut für Geographie der Universität Erlangen-Nürnberg und Vertretungsprofessur am Institut für Geographie (Lehrstuhl für Humangeographie) der Universität Augsburg.

Publikationen u. a.: Moscheen in Deutschland. Konflikte um ihre Errichtung und Nutzung, Flensburg 2003; Moschee-Konflikte und deutsche Gesellschaft, in: D. Halm / H. Meyer (Hg.): Islam und die deutsche Gesellschaft, Wiesbaden 2013, 145–166; Cultural Governance. Zur Kulturgeographie des UNESCO-Welterberegimes, Stuttgart 2011.

Dr. Yasemin Shooman: Studium der Neueren Geschichte und Neueren Deutschen Philologie an der TU Berlin, 2008–2009 Leiterin des Projektbüros «Jugendforum denk!mal» im Abgeordnetenhaus von Berlin. 2013

Promotion am Zentrum für Antisemitismusforschung der TU Berlin. Seit 2013 Leiterin der Akademieprogramme des Jüdischen Museums Berlin, wo sie die Programme Migration und Diversität sowie das Jüdisch-Islamische Forum der Akademie verantwortet.

Publikationen u. a.: Das Zusammenspiel von Kultur, Religion, Ethnizität und Geschlecht im antimuslimischen Rassismus: Aus Politik und Zeitgeschichte 32 (2012), H. 16–17, 53–57; «... weil ihre Kultur so ist.» Narrative des antimuslimischen Rassismus, Bielefeld 2014; Antimuslimischer Rassismus am rechten Rand, Münster 2014 (mit Iman Attia und Alexander Häusler).

PD Dr. Nikola Tietze: Studium der Politikwissenschaft an der FU Berlin; 1999 Promotion im Fach Soziologie an der Ecole des Hautes Etudes en Sciences Sociales Paris und der Universität Marburg. Seit 2000 wissenschaftliche Mitarbeiterin am Hamburger Institut für Sozialforschung mit den Schwerpunkten: Zugehörigkeitskonstruktionen mithilfe von Sprache, Religion und Territorium; normative Konflikte in europäischen Gesellschaftszusammenhängen. 2013 Habilitation an der Universität Hamburg.

Publikationen u. a.: Islamische Identitäten. Formen muslimischer Religiosität junger Männer in Deutschland und Frankreich, Hamburg 2001; Imaginierte Gemeinschaft. Zugehörigkeiten und Kritik in der europäischen Einwanderungsgesellschaft, Hamburg 2012; hg. mit Ulrike Jureit: Postsouveräne Territorialität. Die Europäische Union und ihr Raum, Hamburg 2015.

Personenregister

Kursiv gesetzte Seitenzahlen verweisen auf Fußnoten.